Rakete

DROEMER

Sarah Spiekermann

Digitale Ethik

Ein Wertesystem für
das 21. Jahrhundert

DROEMER

Besuchen Sie uns im Internet:
www.droemer.de

FSC
www.fsc.org
MIX
Papier aus verantwortungsvollen Quellen
FSC® C083411

Ein Imprint der Verlagsgruppe Droemer Knaur GmbH & Co. KG, München

Redaktion: Dr. Thomas Tilcher
Abbildungen innen: S. 26 Le-Tex publishing services nach Gartner, »Hype Cycle Methodology,« 2018. https://www.gartner.com/en/research/methodologies/gartner-hype-cycle; S. 28 Le-Tex publishing services nach Sarah Spiekermann; S. 151 Lyubov Timofeyeva / Shutterstock.com; S. 153 Scotshot / Shutterstock.com; S. 174 Le-Tex publishing services nach Sarah Spiekermann
Covergestaltung: Rothfos & Gabler
Coverabbildung: Shutterstock
Satz: Adobe InDesign im Verlag
Druck und Bindung: CPI books GmbH, Leck
ISBN 978-3-426-27736-2

2 4 5 3 1

INHALT

VORWORT

In diesem Buch beschreibe ich die individuellen, ökonomischen und technischen Bedingungen für einen menschengerechten Fortschritt im digitalen Zeitalter. Es enthält eine Vision davon, wie wir die Kräfte der Digitalisierung nutzen könnten, um uns zu stärken, statt zu schwächen. Allerdings erfordert diese positive Zukunft, dass wir alle in unseren unterschiedlichen Rollen als Privatpersonen, Manager, Investoren, Unternehmer oder Politiker umdenken. »Don't be evil« reicht nicht. »Be good« ist das Schlagwort. Und damit enthält dieses Buch eine andere Zukunftsvision als die, die uns als Verpackungsbeilage aus dem Silicon Valley rübergeschoben oder von kapitalmarktgesteuerten Investoren heute betrieben wird.

Dieses Buch heißt »Digitale Ethik«, weil es *nicht* darum geht, Unternehmen zu erklären, wie sie mit ein paar ethischen Feigenblättern noch mehr Geld mit der Digitalisierung machen können oder wie sie mit dem Abhaken einiger Wertprinzipien der Ethik Genüge tun. Vielmehr will ich zeigen, wie wir auf allen Ebenen der Gesellschaft besser und weiser mit dem Digitalen umgehen sollten, um in eine wert*vollere* Zukunft einzutreten. Meine Zielfunktion ist also nicht das Geld. Meine Zielfunktion ist ein gutes Leben, die Eudaimonia, bei der das Geld nur eine Randbedingung ist.

Wenn ich sage, dass es mir hier um menschengerechten, wertvollen Fortschritt geht, dann werden mir viele Startupper und Silicon-Valley-Visionäre entgegenhalten, dass sie doch alle nun schon seit Jahren mit der Digitalisierung das Leben zu verbessern suchen. Ich verstehe, dass viele ehrliche und gute Absichten haben. Aber gute Absichten reichen leider manchmal nicht aus. Man muss auch das Richtige wollen können. Man braucht einen nüchternen Verstand in der Abschätzung dessen, was das Digitale kann und was nicht – wo es guttut und wo es schädlich ist. Man muss in der

Lage sein, theoretisches Wissen mit emotionaler Intelligenz zu verbinden, um eine auch gefühlt angenehme Zukunft zu erschaffen. Ob die Digitalisierung mit all ihrem exorbitanten Energie- und Ressourcenverbrauch dem Menschen und der Natur letztlich dient, ist offen. Die Beantwortung dieser ethischen Frage würde den Rahmen dieses Buches sprengen. Vielmehr betrachte ich die Digitalisierung als Realität, die heute und in Zukunft unser Leben bestimmen wird, ob wir das wollen oder nicht – und möchte, dass wir weise mit ihr umgehen. Diese Weisheit aber erfordert in erster Linie ein positives Menschenbild. Das Menschenbild, auf das dieses Buch fundamental aufbaut, hat Goethe einmal so beschrieben: »Wenn wir Menschen behandeln, wie sie (scheinbar) sind, so machen wir sie schlechter; wenn wir sie so behandeln, wie sie sein sollten (wenn wir das Gute in ihnen bejahen), so machen wir sie zu dem, was sie werden können.«[1]

Dieser Spruch hat mich beim Schreiben dieses Buches begleitet, und ich glaube, dass auch viele meiner wunderbaren Freunde und Kollegen dieses Menschenbild mit mir teilen – all jene, die mir in unterschiedlichen Phasen geholfen haben, dieses Werk fertigzustellen. Mein allergrößter Dank gebührt meinem Mann, Professor Dr. Johannes Hoff, ohne dessen Wissen und die langen Gespräche über viele Jahre ich mir nie die philosophischen Grundlagen hätte erarbeiten können, die diesem Text zugrunde liegen. Größter Dank geht auch an meine Kollegen von der Wirtschaftsuniversität Wien, Professorin Dr. Bernadette Kamleitner und Professor Dr. Rupert Sausgruber sowie Professor Dr. Axel Polleres und insbesondere auch an meinen Arbeitgeber, die Wirtschaftsuniversität Wien, deren Rektorat mich ein knappes Jahr freigestellt hat, um dieses Buch zu schreiben. Das ist keine Selbstverständlichkeit. Dr. Wilfried Stadler, Dr. Ben Wagner, Dr. Clemens Billek und Bill Price haben mir wertvolles Feedback auf einzelne Kapitel gegeben, ebenso wie meine Doktoranden Jana Korunovska, Kathrin Bednar, Till Winkler und Soheil Human. Meine Studentin Dragana Saric und meine Sekretärin Hannah Waltl haben viele Kleinarbeiten übernommen und Recherchen. Mein Lektor Jürgen Bolz hat geduldig die Entstehung begleitet, und Dr. Thomas Tilcher hat als Redakteur das Manuskript mit Argusaugen bearbeitet. Mein Agent Daniel Graf hat mir immens geholfen, die Idee zum Buch zu fassen; er hat einige Kapitel redigiert und den Verlag gefunden. Und schließlich sind da noch all die anderen Freunde, Bekannten und Kollegen, von denen ich im Laufe meines Lebens lernen durfte, sodass es möglich wurde, dieses Werk zu vollenden. Danke.

1.
INS SILICON VALLEY UND ZURÜCK

Ich war 22 Jahre alt, als mich erstmals das digitale Fieber ergriff. Es war im Jahr 1996, und wie so oft nahm mein durchkontrolliertes Leben eine unerwartete Wendung: Ich stieg beim Silicon-Valley-Unternehmen 3Com ein. Als Letzte meines Studienjahrgangs ohne Praktikumsplatz sandten mich meine Oxforder Professoren zu dieser Firma, die mein Leben verändern sollte. 3Com stellte Produkte her, die mir auch nach dreifachem Erklärungsversuch zunächst unverständlich blieben: grüne Plastikplatten mit Chips und Schaltkreisen und schwarze Boxen mit Blinklichtern, mit denen man etwas besuchen konnte, was kurz vorher ein paar Hundert Kilometer südlich bei der Europäischen Organisation für Kernforschung (CERN) in der Schweiz erfunden worden war – das World Wide Web. 3Com war Marktführer im Bereich der ersten Netzwerktechnologien, die erste Autobahnauffahrt ins Internet. Ohne es zu wissen, war ich in einem der Geburtshäuser der Digitalisierung im Silicon Valley gelandet.

3Com war eine ungeheuer reiche Firma, die junge Leute wie mich aufsog, so wie es das Silicon Valley bis heute tut. Eigentlich eingestellt als Praktikantin für die Organisation eines Firmentrainings, saß ich kurz darauf schon in einer gläsernen Fabrik in Irland, um mit dem Europachef von 3Com die europäische Telekomstrategie auszuarbeiten. Am Wochenende brachte ich mir in einem Do-it-yourself-Studium die Welt der Hardware, Software und Netzwerke bei. Ich war stolz auf meinen ersten Firmenwagen, und dank Esther Dysons Blog Release 1.0 – einem der ersten Blogs überhaupt! – wurde mir eins klar: Wenn ich die Welt verändern will, dann nur über die IT.

Die New-Economy-Jahre, die für mich nun folgten und die mich in unterschiedliche Unternehmen und Institutionen führten,

1.
INS SILICON VALLEY UND ZURÜCK

Ich war 22 Jahre alt, als mich erstmals das digitale Fieber ergriff. Es war im Jahr 1996, und wie so oft nahm mein durchkontrolliertes Leben eine unerwartete Wendung: Ich stieg beim Silicon-Valley-Unternehmen 3Com ein. Als Letzte meines Studienjahrgangs ohne Praktikumsplatz sandten mich meine Oxforder Professoren zu dieser Firma, die mein Leben verändern sollte. 3Com stellte Produkte her, die mir auch nach dreifachem Erklärungsversuch zunächst unverständlich blieben: grüne Plastikplatten mit Chips und Schaltkreisen und schwarze Boxen mit Blinklichtern, mit denen man etwas besuchen konnte, was kurz vorher ein paar Hundert Kilometer südlich bei der Europäischen Organisation für Kernforschung (CERN) in der Schweiz erfunden worden war – das World Wide Web. 3Com war Marktführer im Bereich der ersten Netzwerktechnologien, die erste Autobahnauffahrt ins Internet. Ohne es zu wissen, war ich in einem der Geburtshäuser der Digitalisierung im Silicon Valley gelandet.

3Com war eine ungeheuer reiche Firma, die junge Leute wie mich aufsog, so wie es das Silicon Valley bis heute tut. Eigentlich eingestellt als Praktikantin für die Organisation eines Firmentrainings, saß ich kurz darauf schon in einer gläsernen Fabrik in Irland, um mit dem Europachef von 3Com die europäische Telekomstrategie auszuarbeiten. Am Wochenende brachte ich mir in einem Do-it-yourself-Studium die Welt der Hardware, Software und Netzwerke bei. Ich war stolz auf meinen ersten Firmenwagen, und dank Esther Dysons Blog Release 1.0 – einem der ersten Blogs überhaupt! – wurde mir eins klar: Wenn ich die Welt verändern will, dann nur über die IT.

Die New-Economy-Jahre, die für mich nun folgten und die mich in unterschiedliche Unternehmen und Institutionen führten, übernommen und Recherchen. Mein Lektor Jürgen Bolz hat geduldig die Entstehung begleitet, und Dr. Thomas Tilcher hat als Redakteur das Manuskript mit Argusaugen bearbeitet. Mein Agent Daniel Graf hat mir immens geholfen, die Idee zum Buch zu fassen; er hat einige Kapitel redigiert und den Verlag gefunden. Und schließlich sind da noch all die anderen Freunde, Bekannten und Kollegen, von denen ich im Laufe meines Lebens lernen durfte, sodass es möglich wurde, dieses Werk zu vollenden. Danke.

waren ungeheuer spannend. Wir Mitstreiter in der ersten Internetphase, dem Web 1.0, hatten das Gefühl, dass etwas vollkommen Neues geboren wird. Ein faszinierendes Ei, das aus dem Modem schlüpft. Ein neues Lebewesen, das, wenn auch technischer Natur, die Welt zu einem globalen Dorf zusammenwachsen lässt – ein gigantisches Friedensprojekt. Ein bunter Raum voller Kreativität, in dem wir Menschen uns neu entfalten können würden.

Nach meiner Zeit bei 3Com in Dublin, London und Warschau begann ich bei A.T. Kearney, einer der angesehensten Strategieberatungen, und ich insistierte darauf, nur Projekte für Telekommunikationsunternehmen betreuen zu wollen. Junge Berater werden oft zunächst in wechselnden Branchen eingesetzt. Und Frauen in der IT? *Nur* IT? Meine Vorgesetzten waren einigermaßen überrascht. Aber ich setzte mich durch und verbrachte so manche schlaflose Beraternacht bei den damaligen Platzhirschen der Telekombranche, die alle das rasante Internet- und Mobilfunkwachstum bewältigen mussten. Anschließend promovierte ich an der Humboldt-Universität in Berlin. Fachbereich? Natürlich Wirtschaftsinformatik, denn nur in diesem Brückenfach zwischen Betriebswirtschaft und Informatik war mir die Möglichkeit gegeben, mich aus gesellschaftlicher Sicht mit der neuen digitalen Welt zu beschäftigen.

Dann kam jedoch der 11. September 2001, und ich glaube, dass dieser Tag nicht nur für mich, sondern auch für die Entwicklung des Internets ein Wahrheitsmoment war. Ich war mit meiner Promotion gerade fertig und fuhr zwei Wochen nach den Anschlägen nach Berkeley, um bei dem Verhaltensökonomen Dan Ariely ein Postdoc-Jahr zu beginnen. Dan war ein aufstrebender Wissenschaftler und hatte mich während meiner Promotion über die Distanz hinweg unterstützt. Über das Internet konnten wir damals erstmals mit der weltweiten Forschungsgemeinschaft in Verbindung treten und spontan die besten Leute kontaktieren, die sogar antworteten! Ich war begeistert. Dan erschien mir als der einzige Forscher weltweit, der sich für die technischen Themen interessierte, die auch mich umtrieben: Wie könnten wir Künstliche Intelligenzen schaffen, die uns Menschen bei unseren täglichen Entscheidungen sinnvoll unterstützen? Wie müssten solche Avatarähnlichen Wesen mit uns interagieren?

Bevor ich mich jedoch mit Antworten auf diese Fragen befassen konnte, hatte sich die westliche Welt plötzlich verändert. Ich reiste ins Silicon Valley mit dem mulmigen Eindruck, vielleicht in ein Kriegsgebiet zu gelangen. Zu allem Überfluss riss mir auf dem Weg dorthin auch noch eine Sehne am Knöchel. Ohne Versicherung und auf Krücken verbrachte ich die ersten Tage in Dan Arielys akademischer Obhut in Berkeley und wartete auf eine Nachricht vom Deutschen Akademischen Austauschdienst (DAAD), der mir ein Stipendium für das lang geplante Forschungsjahr verleihen sollte. Aber ich hatte kein Glück, denn das politisch visionäre Thema meines Forschungsantrags war nach den Anschlägen vom 11. September 2001 nicht mehr opportun: Ich hatte beantragt, mich mit dem Wert der digitalen Privatheit (auf Englisch »Privacy«) zu beschäftigen. Wie könnten wir Künstliche Intelligenzen so gestalten, dass sie zwar unsere schlauen Freunde werden, aber unsere Privatheit dabei nicht verletzen?

Ich muss gestehen, dass dieses Thema nach den Anschlägen in New York tatsächlich etwas fremd erscheinen musste. Die ganze Welt war auf der Jagd nach Osama bin Laden, und die Vorstellung, man könne Terroristen oder Schläfer in kürzester Zeit dank Telekommunikations- und Internetdaten aufspüren, wurde von uns allen gewünscht und unterstützt. Einem großen amerikanischen Datenbroker war es möglich gewesen, innerhalb von wenigen Stunden die Attentäter zu identifizieren. Und diese technische Fähigkeit, Verbraucherdaten für andere Zwecke als das Marketing zu nutzen, legte wahrscheinlich einen wichtigen Grundstein dafür, dass seitdem das damals noch unschuldige Internet in eine gigantische Überwachungsinfrastruktur verwandelt worden ist. Damit zerbrach die ungetrübte Vision von etwas Gutem und Schönem, die die New Economy und das aufstrebende Internet bis dahin geprägt hatte. Es war eine von Unschuld und Schönheit bestimmte Vision, ein Mix aus *Star Trek* und dem *Whole Earth Catalog*. All das versank mitsamt den Türmen des World Trade Center in einer Staubwolke. Die US-Regierung gründete das Department of Homeland Security und beschloss den Patriot Act, nach dem ab 2001 die amerikanischen Sicherheitsbehörden das Recht erhielten, ihre Bürger ohne jeglichen richterlichen Beschluss auf Verdacht hin zu überwachen und dabei sämtliche verfügbaren Daten zu nutzen. Das betraf dann umgehend auch alle Europäer, die Produkte von amerikanischen Firmen wie Google, Microsoft oder Yahoo nutzten oder eine Kreditkarte hatten. Der Wert der Privatheit schien durch die Ereignisse vom 11. September erloschen. Und auch der DAAD hatte wohl dieses Gefühl. Jedenfalls gab es keine Unterstützung, und ich musste erfolglos nach Berlin zurückkehren.

Im Silicon Valley sind wir Weltgestalter

Schon wenige Monate später begann ich bei Apenwaze Systems,[1] einer Silicon-Valley-Firma, die als Pionier des mobilen Internets fast 2 Milliarden US-Dollar Börsengeld eingesammelt hatte. Der Apenwaze WAP-Browser war auf Millionen Handys installiert. Viele meiner 3Com-Kollegen waren zu der Firma im Valley gewechselt. Als Leiterin der europäischen Business Intelligence führte ich ein Leben, das für die globale Dorfstruktur der Silicon-Valley-Unternehmen eine Selbstverständlichkeit ist: ein Leben der allgegenwärtigen, grenzenlosen Präsenz.

Die Unternehmen im Silicon Valley sehen sich nicht als lokale Geschäftsstellen, die man in der Bay Area besuchen kann und die für so manchen europäischen Rotarier Club mittlerweile zum beliebten Kaffeefahrt-Ziel geworden sind. Die Angestellten in diesen Unternehmen sind Globetrotter, die meistens eine internationale und sehr elitäre Ausbildung genossen haben, räumlich, infrastrukturell, personell und mental flexibel sind und insofern global und vernetzt arbeiten und denken. Letztlich ist es egal, ob man in San Francisco, London oder Berlin im Soho House sitzt und dort eine Strategie entwirft oder einen Code revidiert. Die Welt ist unser Zuhause. Die Welt ist unsere Gestaltungsplattform – so ticken die Silicon Valley People.

Vor diesem Hintergrund war mein Leben fortan glamourös, aber auch sehr anstrengend. Mein Homeoffice blieb in Berlin, weil ich dort leben wollte. Mein direkter Chef, François, saß in Paris, unsere Headquarters waren in London. Ein Produktteam, das ich begleitete, war in Stockholm angesiedelt. Und dann musste ich natürlich regelmäßig nach Redwood City, wo meine eigentlichen Chefs saßen. Das alles fühlte sich so großartig an, wie es alle berichten, die bis heute im Valley arbeiten. Ein richtiger Tanz auf dem Vulkan. Beruf: Weltgestalter. Wenn wir nach einer langen Strategietagung am Lake Tahoe, einem Lieblingsretreat für die Bay-Area-Firmen, in der Abendsonne einen Absacker genossen, hatte ich das Gefühl, die Welt gehört mir. Ich fühlte mich großartig, ganz vorne mit dabei zu sein und durch das mobile Internet etwas Neues und Wichtiges in die Welt zu bringen. Auf diese Zukunft wurden die Firmenmitarbeiter eingeschworen. Aber wenn ich ehrlich bin, dann stimmte irgendetwas nicht. Tief in mir verspürte ich, dass Apenwaze trotz des Pioniergeistes auf die Dauer nicht funktionieren konnte. Warum?

Dem chinesischen Gelehrten Lao-tse, der im 6. Jahrhundert v. Chr. gelebt haben soll, wird folgender Spruch zugeschrieben: »Nur wer sein Ziel kennt, findet den Weg.« Und genau das war das Problem. Apenwaze war – wie so viele gehypte Tech-Start-ups – ein Ingenieurssandkasten aus lauter technischen Burgen, die man mit dem NASDAQ-Geld zusammengekauft und weiterentwickelt hatte, aber ohne eine langfristige Vision davon, was durch ein mobiles Internet überhaupt in die Welt gebracht werden sollte. 20 Meilen südlich von Redwood City hatte Steve Jobs zur selben Zeit das angestoßen, was einmal das mobile Internet werden sollte. Die Vision seiner Firma war nicht primär eine technische Funktion, sondern Emotion. Er wollte bewusst oder unbewusst Werte schaffen. Und die haben wir bekommen, denn das iPhone übertraf wenige Jahre später alle Erwartungen an Schönheit und Einfachheit. Ich kann mich nicht erinnern, dass sich Apenwaze je über Werte wie Einfachheit und Schönheit Gedanken gemacht hätte. Das Unternehmen baute und kaufte Technologien so, dass ein technischer Zoo entstand; vielleicht sollten sie mal in einen funktionierenden Großtechniksandkasten münden. Das Resultat war jedenfalls, dass Apple sich im mobilen Internet eine unbestrittene Marktmacht gesichert hat, während Apenwaze praktisch bedeutungslos geworden ist.

Die damalige Herangehensweise von Apenwaze an das Thema technischer Fortschritt ist für mich symptomatisch: Normale Manager sind wie Herdentiere. Sie reflektieren wenig über das Warum in den Dingen und entwickeln keine eigenen Wertprioritäten, an denen sie arbeiten. Stattdessen versuchen sie, im Innovationsstrom so mitzuschwimmen, dass sie nicht untergehen, denn sie glauben, dass alles neu Erfundene quasi automatisch besser sein muss beziehungsweise entstehen wird, ohne dass sie das selbst beeinflussen könnten. Sie planen die Technologieentwicklung ihrer Produkte daher anhand von drei Fragen. Erstens: Welche technischen Neuerungen kommen auf uns zu, auf die wir uns einstellen müssen? Zweitens: Was macht die Konkurrenz? Drittens: Wie schnell müssen wir mit der Umsetzung sein? Wenn zu viele Ingenieure das Unternehmen bestimmen, kommt noch eine dominierende Frage hinzu: Was könnten wir sonst noch technisch ausprobieren? Die Frage, wozu das Ganze gut sein soll und ob man das überhaupt will, wird kaum gestellt. Die Frage »Wozu oder warum?« ist aber die wichtigste. Sie orientiert sich an den Werten, die man mit neuen Technologien in die Welt setzen will. Wird die Welt schöner durch eine neue Technik? Einfacher? Gesünder, stärker oder wissender?

Ich habe mich damals nicht getraut, bei Apenwaze die Frage zu stellen, wozu der WAP-Knopf eigentlich gut sein sollte, auf den alle so stolz waren. Ich habe ihn zu meiner Schande nie benutzt. Nur eines habe ich getan: über die Nutzerzahlen gestaunt. Die Zahlen, die unsere IT-Systeme lieferten und für deren Analyse ich verantwortlich war, suggerierten, dass die ganze Welt permanent das mobile WAP-Internet auf den kleinen runzligen Schwarz-Weiß-Handys nutzte, nur ich nicht und niemand, den ich kannte.

Von falschen Zahlen und geschönten Realitäten

Die Zahlen, die aus den IT-Systemen von Apenwaze herauskamen, stifteten zum Zeitpunkt meiner Einstellung eine gigantische Verwirrung im Unternehmen. Und vielleicht ist es diese praktische Erfahrung im betrieblichen Umgang mit der Digitalisierung, die mich aufgeweckt hat und mir zu der Erkenntnis verhalf, dass nicht jedes digitale Gold glänzt und dass technische Systeme Werte wie Kontrolle und Vertrauen vernichten können, weil sie ihre ganz eigenen Fehlerwelten haben, so perfekt sie uns auch anfangs erscheinen.

Digitale Systeme und ihr Output sind entschieden fehleranfälliger, als sich das der normale Manager, Politiker oder Journalist vorstellt. Wer nicht selbst ein IT-System entworfen hat und die Datenstrukturen, Datenflüsse und Dateneigenschaften genau kennt, hat eigentlich selten eine Ahnung, was die Maschine macht. Mein Job bei Apenwaze war es, genau das zu verstehen. Ich verbrachte die ersten Monate meiner Anstellung exklusiv mit nur einer Aufgabe: herauszufinden, wie viele Kunden das Unternehmen wirklich hat. Die einfachste und wichtigste Kennzahl, die es überhaupt gibt für die Unternehmensführung, fehlte Apenwaze nach immerhin sieben Jahren Firmenexistenz. Der Grund dafür war, dass alle Abnehmer unseres Produkts, das sie wiederverkauften, eine eigene Definition von dem hatten, was ein Kunde ist. Ist ein Kunde jemand, der einmal vorbeikommt – also einmal auf den WAP-Knopf drückt? Oder ist ein Kunde jemand, der regelmäßig wiederkommt? Und was heißt eigentlich »regelmäßig«? Zehnmal einen Service nutzen pro Woche? Oder 25-mal pro Monat? Digitale Infrastrukturen leiden daran, in solchen relevanten Detailfragen oft unvollständig dokumentiert zu sein. Jeder benutzt sie und definiert sie, so wie es gerade zum Zeitpunkt der Inbetriebnahme gepasst hat; seltener jedoch werden die gefundenen Konventionen systematisch dokumentiert und nachgehalten. Dadurch ist es in vielen Firmen mit der Zeit zu einem sagenhaften Informationschaos gekommen. Meine Apenwaze-Erfahrung ist überhaupt kein Einzelfall. Gemäß einem Artikel in der *Harvard Business Review* aus dem Jahr 2013 verbringen Leute, die in ähnlichen Positionen tätig sind wie ich damals, 50 Prozent ihrer Arbeitszeit damit, die Zahlen zu korrigieren und zu erklären, die ihre betrieblichen IT-Systeme liefern.[2] Wo diese Zeit nicht investiert wird, kommt es zu Wertvernichtung durch Misstrauen, Verwirrung, Kontrollverlust und Stress.

Die Ernüchterung über solche Schattenseiten der IT war aber nur der Anfang meines Erwachens. Nachdem ich unsere eigenen Zahlen endlich verstanden hatte, ging es nun darum, relevante technische Entwicklungen im Marktumfeld zu analysieren. Mein Management war sehr daran interessiert zu wissen, wie die Zukunft des Handys aussehen würde. Ich erinnere mich an Flurdiskussionen darüber, ob es je so etwas wie ein »Handy für alles« geben würde, ein Gerät also, das wir heute Smartphone nennen. Würden die Leute mit dem Handy im Internet surfen? Heute ist diese Frage beantwortet, und man fragt sich stattdessen, wie intelligent Künstliche Intelligenzen wirklich sein werden und wann autonome Fahrzeuge tatsächlich auf die Straße kommen werden.

Für Apenwaze war es damals wichtig zu wissen, welches Betriebssystem sich wohl für mobile Datenservices durchsetzen würde. Ohne viel nachzudenken, hatte meine Firma jedoch schon eine unumstößliche Antwort, denn alle Zukunftsanalysen der Branche prognostizierten den Erfolg des technisch gelobten Nokia-Betriebssystems Symbian. Zukunftsanalysen sind in der IT-Industrie ein absolut zentraler Baustein, den man verstehen muss, um die Branche zu verstehen. Zukunftsanalysen sind Modellrechnungen, die von sogenannten IT-Analysten regelmäßig herausgegeben werden und die unter der Flagge einer fast schon mystisch geheim gehaltenen Wissenschaftlichkeit für alle möglichen bestehenden und kommenden IT-Produkte die zukünftigen Absatzzahlen vorhersagen.[3] Kein Start-up kriegt Geld, wenn es sich nicht irgendwo in diesen Zukunftsmodellen verorten kann.

In meiner Rolle als Business-Intelligence-Verantwortliche musste ich regelmäßig mit diesen Analysten und ihren Berichten arbeiten; sie sind die Quelle für all die Technik-Hypes, die sich wie Wogen durch unsere Medienwelt schieben – von Big Data bis zur Künstlichen Intelligenz, der Cloud, dem Internet der Dinge und Industrie 4.0. Als ich mich in diese Berichte einlas, in denen unser WAP zur Jahrtausendwende der Renner war, freute ich mich vor allem über eins: Wie bei allen Wahrsagern weichen die Vorhersagen immens voneinander ab. Wahrhaft richtige Modelle von der Zukunft gibt es nun mal nicht, und man kann vieles irgendwie hochrechnen und begründen – je nachdem, wie man Annahmen verschiebt und bestehende Zahlen interpretiert. Der eine definiert einen Kunden als jemanden, der einmal reinschaut. Der andere hingegen lässt nur zehn Besuche pro Monat gelten. Und je nachdem, wie man das definiert, hat man halt weniger oder mehr Kunden in seinen Zukunftsmodellen. Das ist alles ziemlich willkürlich, und wenn ich meiner Firma dann meine eigene Variante von unserer Zukunft hochrechnen wollte, dann konnte ich immer irgendeinen schicken Analystenreport nehmen, der mit seinen Prognosen genau in meine eigene Story reinpasste. Der Wert der Wahrheit war und ist extrem biegsam in diesen Zukunftsmodellen, und wie ich in Kapitel 4 zu unserem Fortschrittsdenken zeigen werde, spielt das Vertrauen in die Richtigkeit dieser biegsamen Modelle im Rahmen unserer Technologiegläubigkeit eine fatale Rolle.

Realität wahrnehmen statt Zukunftsprognosen glauben

Zum heutigen Zeitpunkt wissen wahrscheinlich die meisten von Ihnen, liebe Leser, dass Nokia das Rennen um das mobile Internet nicht gewonnen hat und keine große Rolle mehr spielt in der Handywelt, die das Unternehmen einst dominierte. Als ich jedoch im Jahr 2003 vor meinem Chef stand und ihm sagte, dass Nokias Betriebssystem Symbian das Rennen um die Vorherrschaft im mobilen Internetmarkt nicht machen würde, da verlor er auf der Stelle den Respekt für mich. Ich werde nie vergessen, wie der Mann, den ich bewunderte und der mich bis dahin als Mitarbeiterin geschätzt hatte, plötzlich das Vertrauen in mich verlor. Das tat ziemlich weh. Er glaubte zutiefst an das, was alle IT-Analystenmodelle vorhersagten: dass das Nokia-System, auf das er persönlich bei Apenwaze in der Entwicklung baute, erfolgreich sein würde. Wie konnte eine Mitarbeiterin wie ich so dumm sein, diese Wahrheit infrage zu stellen?

Ganz einfach: Ich liebe die Wahrheit. Sie ist für mich ein ganz hoher Wert, den ich in meinem Leben immer zu verteidigen versuche. Und so hatte ich damals schon in meiner Rolle als Business-Intelligence-Verantwortliche ein komisches Gefühl in der Magengrube, wenn mir die Analysten-Statistiken erlaubten, die Wahrheit in jede beliebige Richtung zu biegen. Vielleicht bin ich auch zu deutsch. Deutsche lieben die Pflicht und Immanuel Kant. Und nach Kant ist die Wahrheit nun mal ein universaler Wert, der gebietet: Du sollst niemals lügen. Also entschied ich mich in meinen Analysen der Handywelt, meiner ethischen Pflicht zu folgen und anders vorzugehen. Ich warf all die Zukunftsanalysen der Analysten weg und schaute mir die Realität an – das, was tatsächlich war. Ich engagierte einen Studenten, der in wochenlanger mühseliger Kleinarbeit die Läden aller Telekomanbieter in Europa besuchte (online oder physisch) und überprüfte, welche Handys in der Auslage angeboten wurden, die Zugang zum Internet boten, und welches Betriebssystem sie hatten. Und was kam heraus? Nokia spielte kaum eine Rolle, Microsoft hingegen, das von Analysten nicht gehypt wurde, war klarer Marktführer. Die Realität sah anders aus als die digital aufbereiteten professionell wirkenden Analystenmärchen. Ich schöpfte daraus die Lehre, dass all die schönen Berichte, Statistiken, Pressemitteilungen und sogar die datenintensiven Modelle, die wir mit dem digitalen Medium so leicht erstellen können, eine verführerische Oberfläche haben. Ihre professionelle Form sagt jedoch noch gar nichts über die Qualität ihrer Inhalte aus. Man sollte sich deshalb möglichst immer auch an der wahrnehmbaren Alltagsrealität orientieren; ihr muss man seine volle Aufmerksamkeit schenken, um zu verstehen, was wirklich vor sich geht.

Mein Chef wollte mir nicht glauben, dass Microsoft stieg und Nokia fiel, und wir verabschiedeten uns voneinander mit einem schlechten Gefühl. 2011 ging Nokia mit Microsoft eine Partnerschaft über Windows-basierte Mobiltelefone ein. Symbian war gescheitert, und wenig später verkaufte das Unternehmen seine gesamte Handysparte an den einstigen Wettbewerber. Da hatte ich Apenwaze schon lange verlassen.

Werte brauchen kein Storytelling

Aus alldem habe ich gelernt, dass ich Modellen, News und Hypes in der IT-Branche nicht vertrauen kann. Ich vertraue überhaupt gar keiner Statistik mehr, die ich nicht selbst erstellt habe, und wenn ich heute Berichte über all die generellen Künstlichen Intelligenzen, Big-Data-Revolution und Lieferdrohnen lese, dann schmunzele ich immer wieder. Für mich ist das erst einmal Science-Fiction.

Was tue ich aber, um zu verstehen, was wirklich Sache ist? Ich versuche, die reale Wirklichkeit um mich herum aufmerksam zu betrachten, und suche dort nach den Werten, die wirklich eine

Rolle spielen. Ich rede viel mit den Leuten; mit Taxifahrern, Nachbarn und meinen Studenten. Ich gehe mit offenen Augen durch unsere Städte und schaue mir die Läden an, die aufmachen und die schließen. Was haben sie in ihren Auslagen? Einen Nokia-Communicator, der durch seinen Mangel an Ästhetik und Unhandlichkeit auffällt? Oder ein formvollendetes Samsung-Gerät, das aufgrund von Leichtigkeit, Handlichkeit und Bedienungskomfort besticht? Die Werte, die unsere technischen Geräte und Services entfalten, spielen die größte Rolle beim Markterfolg und brauchen weit mehr als nur eine Werbestrategie. Sie müssen im Produkt selbst wahrhaft verankert sein.

Wie ich im nächsten Kapitel ausführlicher zeigen werde, sind Werte Phänomene, die unser Denken, Handeln und Fühlen maßgeblich bestimmen.[4] Wir empfinden sie in nahezu jeder Situation, denn fast alles kann Wertträger sein – Dinge, Aktivitäten, Beziehungen und Menschen. All das Zeug um uns herum wird erst zum *Gut,* wenn es wertvoll ist. Nur wenn ein Ding wie etwa unser iPhone wirklich nützlich ist oder einfach schön aussieht und uns Zeit spart, dann erschließen sich uns die Werte von Nützlichkeit, Schönheit, Einfachheit und Effizienz. Leider können mit einem Ding auch negative Werte verbunden sein, etwa wenn es fehlerhaft ist, uns süchtig macht, uns ausspioniert oder unterbricht. Dann stehen negative Werte im Raum wie Frustration, Abhängigkeit, Machtstreben, Gier und Zerstreutheit.[5]

Positive Werte werden unseren digitalen Produkten und Services heute zu oft durch Analysten oder gutes Marketing nachträglich angedichtet; zum Beispiel die Idee, Software könnte »intelligent« sein oder Datenbanken besäßen Wissen. Aus meiner Sicht entfalten *echte* Innovationen, die uns *wahren* Fortschritt bringen, positive Werte, die kein derart übertriebenes Storytelling brauchen. Sie verkaufen sich von selbst und sind in unserem Leben sehr schnell präsent. Man muss keine schicken Konferenzen besuchen, Berichte lesen oder Zukunftsmodellen Glauben schenken, um zu wissen, dass Mobiltelefone uns Werte wie Erreichbarkeit und Flexibilität vermitteln. Das Internet brachte uns Erleichterung beim Wissenszugang, genauso wie es unsere Neugier fördert. Soziale Netzwerke unterstützen Gemeinschaft, Anteilnahme und Freude; ebenso empfinden viele dort aber auch Neugier und Neid. Und Musikstreaming gibt uns positive Energie, Vitalität, Kraft, Freude und Unterhaltung.

Auch wir Menschen sind Wertträger, denn unser Verhalten ist idealerweise geprägt von Werten wie Mut, Loyalität, Großzügigkeit, Ehrlichkeit, Willensstärke und Liebe. Da spricht man von Tugenden. Ebenso brüten wir Menschen negative Werte aus, wie Faulheit, Unehrlichkeit, Oberflächlichkeit, Stolz und Selbstüberschätzung. Beides, Tugenden und Laster, kann von der Digitalisierung beeinflusst sein. Schlechte Technik kann bei uns Menschen die Laster fördern und die Tugenden untergraben, was im digitalen Zeitalter letztlich zu einem Mangel an Ethik führt und zu Rückschritt statt Fortschritt. Facebook verleitet zum Beispiel viele Leute dazu, Neid zu empfinden.[6] Spielewelten machen uns süchtig. Viele Onlineplattformen erheben Informationen zu Wissen, das in Wirklichkeit kein Wissen ist. Dadurch entstehen bei uns Menschen negative Werte wie Verwirrung und Misstrauen. Die Werte der Freundschaft, Kooperationsfähigkeit und Respekt leiden.

Die Entstehung von Lastern und negativen Werten und das Untergraben von positiven Werten können technisch beeinflusst werden. Wie ich in Kapitel 3 zeigen werde, ist es heute oft sogar Teil des Geschäftsmodells, uns zu schwächen, etwa wenn Services uns süchtig machen, damit es für die Betreiber mehr Werbe-Impressionen gibt. Es wird mit ökonomischer Rationalität argumentiert, wenn die Digitalisierung heute absichtlich so gestaltet ist, dass sie bei Nutzern zu Abhängigkeiten führt, wenn IT-Produkte so gebaut sind, dass sie nach einer bestimmten Zeit kaputtgehen, oder wenn bewusst vage informiert wird über die Leistungsfähigkeit von Maschinen. Ob dieses ökonomisch rationale Handeln allerdings das Lob der Fortschrittlichkeit verdient, sei dahingestellt. Technisch wäre es möglich, weniger die rein ökonomische Rationalität voranzustellen und stattdessen unsere neue digitale Welt so zu gestalten, dass sie unserer menschlichen Entfaltung dient. Menschengerechter Fortschritt, wie ich ihn in diesem Buch zu einer digitalen Ethik beschreibe, bedeutet, die ökonomisch rationalen Schlechtigkeiten unserer Zeit wegzulassen, während gleichzeitig Tugenden und positive Werte in der Gesellschaft gefördert werden. Würden wir die Digitalisierung mit so einem ehrlichen, am Menschen orientierten Wertebewusstsein vorantreiben, dann könnten wir positiv gestimmt in die Zukunft schauen.

Fortschritt entsteht durch Wertebewusstsein

Ich komme noch einmal zurück zu meiner eigenen Geschichte. Mit 30 Jahren hatte ich hinsichtlich meines Wissens, meiner finanziellen Möglichkeiten, Erfahrungen und Titel eine steile Wachstumskurve vollzogen. Bei Apenwaze hatte ich gelernt, wie die IT-Industrie des Silicon Valley und ihr weitverzweigtes Netz nach Europa hin funktioniert. Aber die Welt der Werte war mir damals nur instinktiv nahe. Ich vermisste den Wert der Wahrheit und den Realitätsbezug in den Zukunftsmodellen, denen man dort oft Glauben schenkt. Und speziell bei Apenwaze vermisste ich auch Werte wie Privatheit, denen in unseren Produkten und Services zu wenig Aufmerksamkeit geschenkt wurde. Also wollte ich das Unternehmen verlassen. Aber wohin? Ich fühlte mich wie auf dem Zenit eines Gartner-Hype-Zyklus-Modells: ganz oben und kurz vor dem Absturz.

Gartner Inc. ist eine der wichtigsten Analystengruppen der IT-Industrie. Das Unternehmen gibt offen zu, dass die mit ihren Prognosen gehypten Technologien normalerweise nach einer ersten steilen Wachstumsphase in ein umsatzschwaches Tal der Tränen stürzen, bevor sie sich wieder erholen – ähnlich einem Berg, hinter dem eine weitere, flachere Bergkette mit Aufstieg zu erwar-

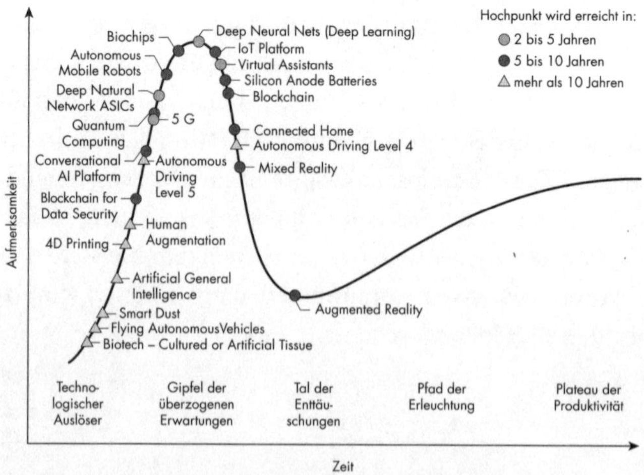

1.1: Das Gartner-Hype-Zyklus-Modell für neue Technologien, 2017

ten ist. In diesem Zyklusmodell scheint es so, als müssten alle Technologien abstürzen, bevor sich ihr Markt wieder erholt. Aber stimmt das? Ist es nicht richtiger, zu sagen, dass alle Technologien, die wertvoll sind und uns spürbaren Fortschritt gebracht haben, nie in so ein Tal gestürzt sind? Man denke, wie bereits gesagt, an Mobiltelefone, das Internet oder soziale Netzwerke.

Ich stürzte nicht, denn ich fasste den Entschluss, mich an einem attraktiven Punkt in meiner Karriere umzuorientieren. Ich verließ die Industrie und ging in die Wissenschaft, wo der Wert der Wahrheit ernster genommen wird als in der Industrie. Hier würde ich mich auch mit dem Wert der digitalen Privatheit auseinandersetzen können, der mir schon so lange am Herzen lag. Mit dem Mut, meinen Werten zu folgen, tat ich unbewusst etwas, was in diesem Buch eine Kernbotschaft ist: Um die Kurve ansteigen zu lassen, müssen wir uns an Wendepunkten bewusst mit den Werten auseinandersetzen, die wir schätzen und verfolgen wollen. Gleichzeitig müssen wir uns darum bemühen, Wertvernichtung zu vermeiden. Die bewusste und realistische Auseinandersetzung mit solchen Wertzielen ermöglicht es, das Schiff des eigenen Lebens oder des eigenen Unternehmens immer wieder auf einen gesunden Kurs zu bringen. Diese Kernbotschaft ist in der folgenden Grafik (1.2) zusammengefasst, die die Kernfrage dieses Buches visualisiert: Wie verläuft echter Fortschritt bei zunehmender Digitalisierung? Und wie kommt es zu Rückschritt statt Fortschritt?

Wenn ich in diesem Buch von echtem oder wahrem Fortschritt spreche, dann meine ich damit menschengerechten oder sprichwörtlich »wertvollen« Fortschritt. Um zu verstehen, wie wir menschengerechten Fortschritt im 21. Jahrhundert erreichen können, widme ich mich im folgenden Kapitel zunächst der Frage, was Werte überhaupt sind, wie man sie erkennen kann und wie man sie in die Digitalisierung fruchtbar einbringt oder vernichtet. Bewusst verwende ich den Begriff der »Wertschöpfung«, den ich etwas anspruchsvoller auslege, als die herkömmliche Wirtschaftswissenschaft es tut. Mir geht es hier nämlich nicht nur um die Differenz zwischen Aufwand und Ertrag in Form von Geld, wie man Wertschöpfung dort regelmäßig modelliert und misst. Vielmehr geht es mir um die Frage, wie es gelingen kann, dass wir durch die Digitalisierung die gefühlten menschlichen und gesellschaftlichen Werte fördern, deren Erleben sich kaum in Geld umrechnen lässt. Zum Beispiel frage ich mich, wie man digitale Systeme so bauen und nutzen kann, dass sie das menschliche Wissen aufbauen helfen, Freundschaften unterstützen, menschliche Freiheit und Privatheit erhalten und zum gegenseitigen Respekt beitragen. Würden digitale Systeme und Services mit solchen Wertzielen von Anfang an konzipiert werden, dann könnte man davon ausgehen, dass sich diese hinterher auch in den so gebauten Dingen und ihrer Nutzung manifestieren. Wenn das passiert, ergibt sich Wertschöpfung, wie ich sie hier verstehe und die ich mit menschengerechtem Fortschritt gleichsetze. Umgekehrt vollzieht sich ein Rückschritt, wenn wir Werte nicht schöpfen, sondern untergraben – etwa weil wir IT-Systeme so entwickeln oder nutzen, dass wir unsere Freiheit verlieren, immer dümmer werden, weil wir Wissen in Maschinen auslagern, unsere Privatheit aufgeben,

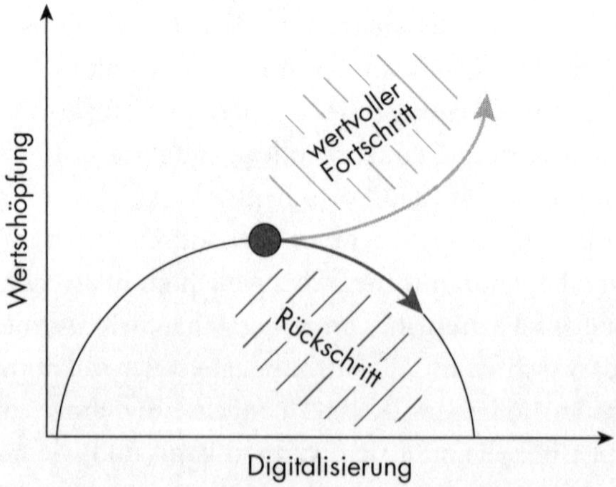

1.2: Fortschritt in der Digitalisierung entsteht durch Wertschöpfung.

unsere Gesundheit ruinieren oder sogar zu flachen Persönlichkeiten werden. Damit das nicht passiert, müssen wir zuerst die Natur des Digitalen besser verstehen lernen. Ebenso wie man nicht alle Kleider nur aus Polyester fertigen kann und will, sollte man auch die Digitalisierung nicht stumpf überall einsetzen. Das Digitale hat nämlich eigene Stärken und Schwächen, die Wechselwirkungen mit unseren Werten haben. Und zweitens müssen wir auch uns selbst besser verstehen, damit wir in unseren verschiedenen Rollen als digitale Nutzer, Käufer, Investoren, Manager oder Politiker unseren Werten treu bleiben, wenn wir mit dem Digitalen umgehen, und nicht historisch gewachsene, aber leider im digitalen Zeitalter problematische Denkmuster weiter abspulen, die uns in eine rasante Rückschrittsfalle führen könnten.

2.
MENSCHENGERECHTER FORTSCHRITT DURCH WERTETHIK

Wie könnte eine digital durchwobene Welt der Zukunft aussehen, in der wir wertvollen und menschengerechten Fortschritt erzielen? Ich behaupte, dass wir eine neue Technologie- und Unternehmenskultur brauchen, die beim verantwortlichen Handeln jedes Einzelnen ansetzt. Viele Leute denken bei Ethik spontan an die zehn Gebote. Um solch eine konkrete Handlungsanleitung geht es hier aber nicht. Mit digitaler Ethik ist hier weniger die klassische Moral gemeint. Stattdessen brauchen wir ein bewussteres Wirklichkeitsverständnis, das es uns erlaubt, die Welt der Werte wiederzuentdecken und damit das Streben nach dem Guten, Wahren und Schönen neu zu beleben. Leider haben wir in der Moderne dieses in der Antike formulierte Ideal ins Märchen verbannt. Können wir es wiederentdecken?

Das Dead End der klassischen Produktplanung

Ich beginne mit dem Status quo: An der Wirtschaftsuniversität Wien unterrichte ich das Fach Innovationsmanagement, und dazu gehört, dass ich Studierenden beibringe, wie man heute den Einsatz von Informationstechnik plant und nutzt, damit das Unternehmen am Fortschrittsball bleibt. Eine typische Aufgabe besteht darin, eine Produkt-Roadmap zu entwickeln. Es handelt sich dabei um den Plan für die technische Weiterentwicklung einer Firma – eine Weiterentwicklung, die man vor allem im Hinblick auf Digitalisierung heute für selbstverständlich hält. Das Denken in permanent abzuarbeitenden Produkt-Roadmaps entspricht einer einfachen Formel: neu = gut und digital = besser.

In einer meiner Aufgaben geht es exemplarisch um einen Lieferservice mit dem fiktiven Namen FoodIS, der den Services Foodora oder Deliveroo ähnlich ist, die wir heute in Großstädten wie Wien oder Berlin antreffen. Haushalte können Essen online bestellen, und Fahrradkuriere bringen ihnen dann die Bestellung nach Hause. Die Studenten sollen sich überlegen, wie das IT-System von FoodIS vom Webauftritt bis zur Handy-App der Kuriere gestaltet sein müsste, das die Fahrradkuriere und Essenslieferungen von der Firma koordiniert und den Service im Wettbewerb differenziert. Die Studenten kommen bei dieser Übung immer auf eine Vielzahl von technischen Ideen. So sollte die Handy-App der Kuriere von einer Künstlichen Intelligenz gesteuert sein, damit die kürzesten Wege gewählt und Aufträge möglichst effizient abgearbeitet werden können. Aufträge sollten von einer menschlich klingenden Computerstimme übermittelt werden, um möglichst Reibungsverluste mit menschlichen Auftraggebern zu vermeiden. Eine automatische Ortungsfunktion sollte sie haben, damit Kuriere auch nachweislich immer die kürzesten Strecken wählen und man Pausenzeiten überwachen kann. Die App sollte mit allen herkömmlichen Mobilfunkgeräten kompatibel sein, damit alle Smartphone-Nutzer potenziell mitmachen können. Allgemein anerkannte Werte wie Sicherheit und Privatheit werden auch brav als gute Eigenschaften des Systems genannt – meistens ohne Begründung, warum sie wichtig sein sollen. Die abschließende Entscheidung, ob man überhaupt so ein System braucht, statt mit klassischer telefonischer Annahme und Zuteilung der Aufträge zu arbeiten, wird normalerweise mit »Ja« beantwortet. Die fast durchgängige Begründung für die Investition ist, dass solche technischen Funktionen schlichtweg die Zukunft sind. Eine Digitalisierung dieser Art ist, so wird argumentiert, ein Fortschritt, dem man sich nicht entziehen kann, zumal der Wettbewerber sicherlich auch so arbeiten wird. Kurz: Die Ideen und Antworten der Studenten entsprechen unserer heutigen Mainstream-Herangehensweise an technische Innovationen und der Art von Fortschritt, die wir überall um uns herum beobachten können. Sie sind geprägt von einem Fokus auf technische Einzelheiten und einer nicht hinterfragten Einsicht in die Notwendigkeit der Digitalisierung. Ein Wert wie Privatheit wird zwar als wichtig erkannt, aber offenbar ohne Vorstellung davon, warum er wichtig ist. Gleichzeitig fehlt in den Antworten jeglicher Bezug zu den Folgen der digitalen Servicevorschläge für die betroffenen Menschen, die in diesem System mitmachen sollen – die Fahrradkuriere, die Kunden und die Mitarbeiter von FoodIS. Die skizzierten hochtechnisierten und effizienten Services ohne Herz entsprechen allen Befürchtungen der Philosophen; unweigerlich denkt man an Marcuses Beschreibung einer eindimensionalen Denkversklavung in technopolitischem Interesse,[1] an Borgmans Kritik am »Paradigma des Geräts«[2] oder an Bernard Stieglers jüngste Diagnose, dass unsere Ökonomie auf einen Zustand der »systemischen Gleichgültigkeit« zusteuert. [3]

Technisch und methodisch gesehen leisten die Studenten gute Arbeit. Ich muss vielen zwangsläufig eine Eins oder Zwei als Note für ihre Hausübungen geben, weil sie meine Aufgabe, eine Produkt-Roadmap nach klassischem betriebswirtschaftlichem Vorgehen zu erarbeiten, professionell durchführen. Würde ich sie allerdings mit diesem methodischen Wissen allein in die Praxis entlassen, dann würde genau das passieren, wovor die oben genannten Philosophen gewarnt haben: »Es ist ein Knochenjob«, schreibt das Onlinemagazin *PULS* über den Job der digital durchgetrimmten Fahrradkuriere. »Schlechte Kleidung, hohe Handyrechnungen und so gut wie kein zwischenmenschlicher Kontakt: Ein Kurier erzählt uns, wie es wirklich ist, wenn dein Chef eine App ist.«[4] Erste Gewerkschaften organisieren sich zur Verteidigung von Fahrradkurieren.[5] So manche Trendstudie lamentiert über den Verlust von Essenskultur durch Lieferservices.[6] Und allerorts wird Forschung betrieben, die zeigt, dass die von Maschinen zugeteilten »Mikroarbeiten« wie die der Fahrradkuriere kritisch zu hinterfragen sind.[7]

Wenn man an die Digitalisierung so herangeht, wie wir das bisher in der Praxis tun, dann müssen wir damit rechnen, dass sich die Konflikte rund um die neue digitale Arbeitsgestaltung ausweiten, dass es zu Lagerbildung und Konfrontationen zwischen Firmen und ihren Mitarbeitern kommt. Dieser schmerzliche Prozess kostet Geld, Vertrauen, Nerven und Marktanteile. Irgendwann mögen solche Konflikte in jeder Branche zu gesetzlichen Regelungen führen und den Fahrradkurieren etwa einen Mindestlohn oder Kleidungsgeld einbringen; dieser Weg ändert jedoch nichts an der viel grundsätzlicheren entmenschlichten Arbeits- und Essenskultur, die hier geschaffen wird und eigentlich vermieden werden könnte. Müssen wir solche Konflikte unbedingt durchmachen?

Drei philosophische Fragen und eine neue Essenskultur

Dass das nicht nötig ist, haben meine Studenten bewiesen, nachdem ich sie in die Welt der Werte eingeführt habe. Es ist nur ein kurzer Crashkurs, den meine Studenten von mir brauchen. Kaum haben sie verstanden, was Werte sind und wie sie damit arbeiten können, lasse ich sie ihre »Innovation« noch mal überdenken und den Kurierdienst noch einmal neu entwickeln. Der Crashkurs, den sie brauchen, um über menschengerechten Fortschritt nachzudenken, ist eine Einführung in unser vergessenes ethisches Erbe: die Philosophien vom guten Handeln, so wie sie uns in den ethischen Schriften von Aristoteles, John Stuart Mill und Kant hinterlassen wurden – Grundlagentheorien, die es meinen Studenten erlauben, ihr inneres Auge auf Wertpotenziale zu richten, die durch die Digitalisierung ausgeschöpft werden könnten.

Ich stelle ihnen genau drei Fragen:

1. Wie wirkt sich die Technik, die ihr euch in eurer ersten Hausübung ausgedacht habt, langfristig auf den Charakter der betroffenen Stakeholder, beispielsweise also der Kuriere und der Kunden, aus?
2. Welche menschlichen, sozialen, ökonomischen oder sonstigen Werte sind im Positiven wie im Negativen durch den neuen Dienst tangiert? Überwiegen Vor- oder Nachteile?
3. Welche persönlichen Maximen oder Wertprioritäten seht ihr durch den Service betroffen, die ihr aus eurer Sicht für so wichtig haltet, dass ihr sie gerne in unserer Gesellschaft bewahren möchtet?

Der Fachmann wird erkennen, dass es bei der ersten Frage um die Entwicklung der Tugend eines Menschen geht. Ich erkläre den Studenten, dass die persönlichen Eigenschaften, um die es mir hier geht, die Verhaltenstugenden sind, also die Loyalität oder der Gemeinschaftssinn der Betroffenen, deren Großzügigkeit, der Mut oder die Selbstdisziplin. Die zweite Frage ist utilitaristisch ausgerichtet; hier werden das Positive und Negative fast schon quantitativ gegeneinander abgewogen. Und die dritte Frage basiert auf Kant, der in seinem kategorischen Imperativ empfahl, ein Mensch sollte pflichtgemäß seinen ethischen Maximen folgen, wenn er davon ausgeht, dass diese von universaler Bedeutung sind. Ich brauche ein paar Stunden, um den Studenten diese drei Philosophien hinreichend zu erklären. Was jedoch eine solche kurze Einführung in die Ethik an kreativen und menschenfreundlichen Ideen für den Innovationsprozess bewirken kann, hat selbst mich überrascht.

Eine Essensauslieferung mit dem Fahrrad besteht aus Aktivitäten, die allesamt auf ihre Weise »Träger« von Werten sind. Man nehme etwa die Aktivität des *Fahrradfahrens* der Kuriere, *das Warten* auf Jobzuteilungen, *das Abgeben* des Essens an der Wohnungstür des Bestellers und *den Verzehr* der Speisen: Beim Fahrradfahren, so meinen die Studenten, könne es nicht nur um den Wert der Effizienz bei der Auslieferung gehen, sondern auch um den Wert der Freude und Gesundheit der Kuriere. Viele Fahrradkuriere ergreifen den Beruf, weil sie gerne Fahrrad fahren. Vielleicht könnte die FoodIS-App ihnen helfen, Strecken mit weniger Verkehr zu wählen, sodass sie weniger Stress erleben und zugleich besser vorankommen. Oder sie könnte ihnen erlauben, sich sportliche Ziele zu setzen. Vielleicht hätte ein Kurier Lust, an bestimmten Tagen vor allem bergige Routen zu wählen, um sportliche Ziele mit den Auslieferungen zu verbinden. Die App könnte ihm oder ihr die Möglichkeit geben, solche Bezirke und Routen zu wählen, wo die Verknüpfung solcher privaten Ziele mit Firmeninteressen möglich ist. Die App könnte auch – ähnlich wie Fitness-Apps – Trainingsziele und Lernprogramme anbieten und Feedback geben. Wenn ein Kurier sich schlapp fühlt und es eher leicht angehen will, jedoch trotzdem fahren möchte, könnte die App dies bei der Streckenauswahl und Jobzuteilung ebenso berücksichtigen. Über eine Sensorik könnte sie die Kuriere sogar darauf hinweisen, ob er oder sie aus gesundheitlichen Gründen an bestimmten Tagen überhaupt fahren sollte oder nicht.

Das Warten auf Auslieferungsjobs könnte positiv verknüpft werden mit Community-Funktionen in der App. Das heißt, die App könnte FoodIS-Kuriere darüber informieren, wo sich Kollegen gerade aufhalten, in welchen Cafés oder Plätzen sie sitzen, und sie könnte sogar so intelligent sein, einer Fahrerin nicht gerade dann einen neuen Auslieferungsjob zuzuweisen, wenn sie sich gerade mit einem Kollegen in einem Café getroffen hat. So könnte beim Warten der Wert der Gemeinschaft zwischen den Kurieren gefördert werden. Es sollte nicht ausschließlich ein Algorithmus darüber entscheiden, ob jemand einen Job machen muss oder ihn nicht bekommt. Und ebenso sollte es im Sinne der Privatheit möglich sein, auch während einer Auslieferung für die Zentrale nicht sichtbar zu sein. Vielleicht möchte der Kurier während der Fahrt zwei Minuten abzweigen, um Privates zu erledigen? Auch diese Freiheit sollte gegönnt werden.

Die Auslieferung selbst wurde von den Studenten ebenso als potenzieller Wertträger angesehen. Die App sollte immer zehn Minuten für ein nettes Gespräch an der Tür einplanen, um Gemeinschaft mit den Kunden zu fördern und gegebenenfalls Informationen über das Essen auszutauschen. Kunden könnten gezielt Kuriere bestellen, die sie schon kennen und die mit der Zeit nette Bekannte werden könnten. Die Studenten stellten auch fest, dass viele Menschen heute unter Fettleibigkeit leiden und dass ihre Mahlzeiten ungesund sind. FoodIS könnte die Auslieferung wahlweise auf eine Essensberatung oder ein Essenscoaching ausdehnen. Die Internet-Schnittstelle der Besteller könnte genutzt werden, um die Freude an Essensvielfalt und den Wert der Gesundheit zu fördern. Sie könnte Diät- und Ernährungsprogramme mit anbieten, und interessierte Fahrradkuriere könnten ihrerseits eine Beraterfunktion mit ausüben. Sie könnten zusätzlich zu ihrer Auslieferungsfunktion mentale Unterstützung bei der Diät geben. So könnte eine gesündere Gesellschaft mit mehr Gemeinschaft entstehen.

Auch die Köche wurden von den Studenten noch bedacht, denn sie stellten fest, dass der Wert der Freude, der sich bei Köchen einstellt, wenn sie gutes Feedback auf ihre Speisen erhalten, verloren geht, wenn Mahlzeiten anonym bestellt werden. Eine direkte Kommunikations- und Feedbackfunktion zwischen Köchen und Kunden sollte daher ebenso in der App ermöglicht werden.

Kurz: Unter Zuhilfenahme derselben technischen Möglichkeiten entwickelten die Studenten Innovationsszenarien mit völlig anderen technischen Roadmaps für die FoodIS-Plattform, in denen die Essensauslieferung zu einem Gemeinschafts- und Gesundheitserlebnis wird. Insgesamt kamen sie auf weit mehr als 400 potenzielle Serviceideen; das sind dreimal so viele im Vergleich zu denen, die sich beim klassischen Planungsansatz ergeben hatten.[8] Noch wichtiger: Sie identifizierten viele wertorientierte Maßnahmen, potenzielle Geschäftsfelder und Einnahmequellen, die es FoodIS erlauben würden, das eigene Geschäftsmodell anders auszurichten, als es bei der ersten Roadmap-Übung geplant war. Nun sah das Szenario vor, dass Wettbewerb nicht auf der Basis von technischer Funktionalität gelebt wird, sondern von einem echten Wertversprechen. Hinzu kommt, dass die Studenten auch alle absehbaren negativen Wertfolgen durch den ethischen Ansatz proaktiv identifizieren konnten und Lösungen dafür entwickelten. Im Gegensatz dazu hatte der klassische Planungsansatz kaum welche ausgemacht. Aus der Praxis wissen wir heute, dass das Nachrüsten von ethischen Systemanforderungen extrem kostenintensiv ist, etwa im Bereich Datenschutz oder Sicherheit. Und da sind Entschädigungen für ethisch problematisches Verhalten noch gar nicht mitberechnet, die heute in einigen Bereichen wie etwa der Automobilbranche in die Milliarden gehen können.

2.1
Das Wertesystem

Die drei philosophischen Fragen sind nicht ganz hinreichend für die Roadmap-Übung. Wichtig ist auch, dass die Studenten den Begriff »Wert« richtig einordnen und verstehen, denn in allen möglichen Zusammenhängen ist von Werten die Rede; nur wenige wissen jedoch auf Anhieb, wofür dieser Begriff eigentlich steht.

Die materiale Wertethik

Der deutsche Philosoph und Soziologe Max Scheler, auf dessen materiale Wertethik ich meine Arbeit zur digitalen Ethik in weiten Teilen aufbaue, spricht von Werten als »klar fühlbare Phänomene«[9], die wir als abgrenzbare Einheiten geistig erleben, ähnlich wie wir Gegenstände wahrnehmen. Wir nehmen Werte wie Freundschaft, Gemeinschaft oder Respekt als klar umrissene Einheiten wahr und unterhalten uns über sie, auch wenn sie de facto immateriell und unsichtbar sind. Scheler betont: Werte sind »unreduzierbare Grundphänomene fühlender Anschauung.«[10] Sie gehören uns nicht persönlich und sind auch nicht *in* unserem Kopf – auch wenn viele Menschen darauf Wert legen, dass bestimmte Sachverhalte »ihren« Werten entsprechen –, sondern sie sind unabhängige, geistig erlebte Einheiten in der Welt.[11]

Werte sind in unserem Leben omnipräsent, und ihre Anzahl ist nicht bestimmbar. In welchem Kontext wir uns auch immer befinden, werden wir stets mit zahlreichen Wertphänomenen konfrontiert sein. Wir betreten beispielsweise eine Wohnung, empfinden sie als schön oder geschmackvoll, als ordentlich und modern oder als chaotisch und dreckig. Sofort stehen Werte im Raum: Schönheit, Harmonie, Modernität oder negative Werte wie Chaos, Unreinheit, Kitsch. Genauso klar, wie wir etwa rote Farbe als Rot sehen, erschließen sich uns auch die Wertphänomene.

Max Schelers Werk *Der Formalismus in der Ethik und die Materiale Wertethik* wurde mitunter als eine Hauptleistung der Ethik im 20. Jahrhundert bezeichnet, auch wenn die nationalsozialistische Diktatur und der Zweite Weltkrieg mit dazu beigetragen haben, dass Schelers Werke nie wirklich populär geworden sind. Seine Philosophie ist aber von vielen der großen Gelehrten des 20. Jahrhunderts rezipiert worden, etwa Nicolai Hartmann, Martin Heidegger, Maurice Merleau-Ponty, Karol Józef Wojtyła (Papst Johannes Paul II.) oder in jüngster Zeit von Eugene Kelly in den USA oder Ni Liangkang in China.[12] Scheler war ein profunder Denker, der in seiner 620 Seiten umfassenden Wertethik nichts dem Zufall überließ. Seiner Ethik kommt insofern ein besonderer Stellenwert zu, als sie auf der Anfang des 20. Jahrhunderts maßgeblich von Edmund Husserl begründeten Phänomenologie aufbaut, einem einschlägigen Zweig der Philosophie.[13]

Die Phänomenologie als philosophische Methode hat es in den letzten 100 Jahren nicht leicht gehabt, weil sie das moderne positivistische Modelldenken der klassischen Wissenschaft in seinem

Bedeutungsgrad hinterfragt und ergänzend zu einer Verantwortung des Denkens aufruft. Verantwortung des Denkens heißt, dass wir Menschen jenseits von wissenschaftlichen Modellen und Theorien unsere Wahrnehmungsorgane und Intuitionen nutzen und schulen sollten, um aufmerksamer zu betrachten, was in der Realität um uns herum wirklich passiert. Wir sollten uns also nicht auf irgendein vorgefertigtes Denkschema einlassen, etwas, was per se richtig oder falsch ist. Stattdessen sollten wir unsere Alltags- und Beziehungswirklichkeit Schritt für Schritt nachvollziehen und betrachten, was sich gerade um uns herum abspielt. Durch die haarscharfe Beobachtung und Beschreibung von dem, was sich in einem Raum zwischen uns, den Menschen, und den Dingen abspielt, erkennen wir, was wirklich ist. Und diese wirkliche und reale Erkenntnis sollte dann eine wesentliche Grundlage für unser ethisch-moralisches Handeln und Urteilen sein.

Urteilen ist dabei kein reiner Faktencheck, bei dem wir jedes Wort haarklein »auf die Goldwaage« legen sollten. Man kennt das aus Streitgesprächen, in denen Person A der Person B entgegenhält, dass B dies und jenes gesagt habe, und B antwortet dann, dass er das wohl gesagt, aber nicht so gemeint habe. Statt sich nur über Worte zu streiten, sollte Urteilen ein Prozess sein, bei dem wir auch dem einfühlenden Schauen und Aufdecken von Werten nachgehen. Wie fühlt es sich an, was der andere gesagt hat, oder wie fühlt sich die Situation insgesamt an? Dieses intuitive Erkennen, das wir auch rational beschreiben können, sollte unser Handeln mit informieren. Scheler schreibt: »Werte sind uns im Fühlen gegeben«, und spätere Philosophen wie Merleau-Ponty, die ebenso aus der Schule der Phänomenologie hervorgegangen sind, vertieften diese Einsicht und beschäftigten sich damit, welch große Bedeutung dem Körper bei diesem Fühlen zukommt. Manchmal merken wir schon physisch, dass etwas nicht richtig ist, weil es uns »schwer im Magen liegt« oder »kalt den Rücken runterläuft«.

Werte sind nicht mit Gefühlen gleichzusetzen, obwohl sie leicht verwechselt werden. Sie hängen nur insofern damit zusammen, als wir durch unsere Gefühle merken, dass wir nach bestimmten Werten streben. Es ist schwer zu sagen, was zuerst kommt. Scheler selbst fragte: »Müssen wir die Werte zunächst fühlen, die wir erstreben, oder fühlen wir sie im Erstrebten oder erst nachträglich, indem wir auf das Erstrebte reflektieren?« [14]

Ein Aspekt des Fühlens ist, dass es sich nicht auf ein unmittelbar Gegebenes beziehen muss. Die Gefühle und das Streben können auch einfach nur in unserer Vorstellung präsent sein. So war es meinen Studenten möglich, einen Wert wie Gemeinschaft für die FoodIS-Kuriere als positiv zu bewerten, weil sie sich emotional vorstellen konnten, dass Gemeinschaft etwas Gutes ist. Ebenso können wir physisch feststellen, dass wir nach bestimmten negativen Werten nicht streben, sondern uns im Gegensatz abgestoßen fühlen. Wenn wir zum Beispiel einen Film anschauen und beobachten, dass jemand einen anderen schändlich belügt, dann empfinden wir als Zuschauer Mitleid mit dem Belogenen und streben nach der Wiederherstellung der Werte der Gerechtigkeit und Ehrlichkeit. Das Gefühl, nach etwas zu streben bzw. sich von etwas abgestoßen zu fühlen, ist ein wesentlicher Schlüssel zum Erkennen von Werten und damit für das ethisch richtige Handeln.

Natürlich wird so mancher moderne positivistisch denkende Mensch, der glaubt, dass man nur auf gemessene Fakten, tatsächlich Gesprochenes und wissenschaftliche Statistiken vertrauen sollte, mit dieser Philosophie auf Kriegsfuß stehen. Die Vorstellung, dass Ethik vor allem nach menschlicher Intuition und Vertrauen in menschliche Gefühle verlangen könnte statt nach Rechten, Gesetzen oder Messmodellen, erscheint vielen als ziemlich fremd, radikal und sogar gefährlich.[15]

Max Scheler hingegen nutzte die Phänomenologie, um zu zeigen, dass die objektiv erfahrbaren Werte der Schlüssel zur Ethik sind. Das Sittliche ergibt sich für ihn aus dem aktiven Werterleben und dem Abwägen von höheren gegenüber niedrigeren Werten. »Unser Wollen ist gut«, schrieb er, »sofern es den höheren Wert erwählt.«[16] Im Prinzip zeigt uns die Alltagswirklichkeit auch ganz klar, dass er richtig liegen muss. Die durch Gefühle erschlossenen Werte wie Sorge, Sympathie, Loyalität oder Respekt bestimmen ganz maßgeblich, wie gut man sich intuitiv gegenüber jemand anderem verhält. Auch ein Objekt, das Werte wie Sorgfalt, Schönheit und Perfektion ausstrahlt, wird besser behandelt als eines, das Hässlichkeit und Billigkeit signalisiert. Ein hoher Wert wie die Freundschaft wird meistens intuitiv als wichtiger wahrgenommen als der vorübergehende Enthusiasmus für jemanden. Die Werte laden uns ein, uns den Dingen und Menschen gegenüber so oder so zu verhalten. Ein solches Handeln kann auch objektiv nachvollzogen werden. Wenn man etwa sagt, man habe jemandem vergeben, der eigentlich schuldig ist, dann begründet man das unter Umständen damit, dass dabei der Wert der Sorge im Raum gestanden habe oder der Loyalität, der Freundschaft oder Gemeinschaft – allesamt hohe Werte, die dieses Vergeben möglich machten.

Leider können wir nicht immer genau sagen, warum wir Werte in einer bestimmten Weise wahrnehmen. Es gibt Abweichungen zwischen uns Menschen, wie stark oder schwach wir bestimmte Werte wahrnehmen, wie wir sie gewichten und wie stark wir sie schätzen. Wir können sie auch falsch einschätzen, denn beim Erkennen von Werten handelt es sich nicht um einen streng logischen Vorgang, sondern eher um ein gefühltes Streben nach einer bestimmten Sache, ein Sich-hingezogen-Fühlen zu etwas oder umgekehrt um ein Sich-abgestoßen-Fühlen von etwas, wenn es sich um einen negativen Wert handelt. Streng genommen erkennt nicht jeder alle Werte gleichermaßen. Menschen aus unterschiedlichen Milieus, mit unterschiedlichen Disziplinen und unterschiedlichen Interessen nehmen das Wertespektrum mit verschiedenen Intensitäten wahr. Max Scheler beschreibt das sehr schön am Beispiel von zwei Bauern, die sich auf einem Hof treffen, der verkauft werden soll. Der verkaufende Bauer interessiert sich für Wertqualitäten bei seinem Käufer wie Verlässlichkeit und Vertrauenswürdigkeit. Der kaufwillige Bauer hingegen schenkt seine Aufmerksamkeit anderen Werten; er beachtet die Qualität des Hofes, die Sorgfalt, mit der dort die Dinge betrieben werden, und die Nachhaltigkeit der Bewirtschaftung. Unterschiedliche Interessen führen also zur Wahrnehmung unterschiedlicher Werte. Nun kommt noch ein Dritter ins Spiel: der Maler. Er sieht wiederum ganz andere Werte als die beiden Bauern – die Schönheit des Gebäudearrangements, aber auch das Chaos in den Drecksecken.[17] Es ist sein Erfahrungshintergrund als Maler, der seine Wertwahrnehmung beeinflusst. Vor diesem Hintergrund ist bei meiner FoodIS-Übung auch immer ein Sachverhalt ganz faszinierend zu beobachten: Verschiedene Studenten kommen teilweise auf völlig unterschiedliche Werte, die sie für bedeutsam halten. Keiner hat da mehr recht als der andere. Sie ergänzen sich. Wenn Menschen jedoch sehr abgestumpft oder müde sind und ihrer Umwelt wenig Aufmerksamkeit schenken, nehmen sie ihre Umgebung generell als weniger wert*voll* wahr. Auch diese Fälle meine ich bei einigen meiner Studierenden beobachten zu können.

Drei Wertebenen

Wenn wir uns mit mehreren Leuten rational über Werte austauschen und nachträglich rekapitulieren, dann gibt es meistens eine gute Schnittmenge zwischen dem, was von allen beobachtet wurde. Das liegt daran, dass Werte in den Dingen bewusst angelegt sein können, dass sie objektive Voraussetzungen haben, die dafür sorgen, dass sie sich entfalten können.

Um auf das Beispiel von der Wohnung zurückzukommen: Wir können darüber lästern, warum wir sie ziemlich schrecklich fanden. Oder wir können auch feststellen, dass sie toll war. Es fallen uns meistens eine ganze Reihe von »Wertqualitäten« ein, die entweder gestimmt haben oder nicht. Zum Beispiel kann die Schönheit einer Wohnung dadurch beeinflusst sein, dass die Räume großzügig sind, dass viel Licht hineinfällt und das Mobiliar stilvoll und gut verarbeitet ist. Solche Wertqualitäten wie Großzügigkeit,

Helligkeit, Stil und Solidität sind auch wieder Werte, aber diese sind hier sekundär oder nachgelagert, weil sie lediglich dem höheren Wert der Schönheit dienen bzw. auf diesen verweisen.[18]

Diese wahrnehmbaren Wertqualitäten wie Großzügigkeit und Stil sind meistens nicht zufällig gegeben. Wenn man genau hinsieht, dann erkennt man, dass sich der Besitzer der Wohnung Mühe gegeben hat, damit sie so schön aussieht, so hell und großzügig wirkt. Vielleicht haben die Räume nicht nur eine entsprechende Quadratmeterzahl, sondern sie sind außerdem noch gut aufgeteilt, haben eine angenehme Deckenhöhe und sind nicht zugestellt. Die Fenster sind nicht nur groß, sondern auch frei von Gardinen, und über Spiegel wird die Helligkeit noch gesteigert. Das Mobiliar ist von hoher Qualität und farblich wie von den verarbeiteten Materialien her sorgsam aufeinander abgestimmt. Diese »Voraussetzungen« für eine schöne Wohnung – oder »Dispositionen«, wie Scheler sie nennt –, an denen ein Wohnungsbesitzer aktiv mitarbeiten kann, schaffen die Wertqualitäten, die dann von den Betrachtern wahrgenommen werden und sich für sie im Wert der Schönheit vereinen.[19] Insgesamt kommt es so zu einem Wertesystem, das den Grundwert der Schönheit konstituiert. Das Fundament dieses Wertesystems bilden auf der untersten Ebene die technischen – und manchmal auch die organisatorischen – Voraussetzungen, an denen jeder mitarbeiten kann. Diese erlauben, dass auf einer folgenden Ebene Wertqualitäten überhaupt entstehen können, die wahrnehmbar sind und dann zusammengenommen (auf der höchsten Ebene) den Grundwert ausmachen. Ein »Gut« stellt somit eine »dinghafte Einheit von Wertqualitäten […] dar«.[20]

Das Zusammenspiel von Werten und Technik

Das Spannende an uns Menschen ist, dass wir Werte unmittelbar und intuitiv erfassen. Wir kommen in eine Wohnung und sehen sofort, dass sie schön ist oder schrecklich, ordentlich, liebevoll, kitschig, gemütlich oder kalt und chaotisch. Genau das interessiert uns auch am meisten! Und das ist auch bei technischen Objekten der Fall. Wir erkennen, ob ein Rechner oder eine virtuelle Welt durch Schönheit besticht, und fühlen uns hingezogen zu Wertqualitäten wie Robustheit, Geschwindigkeit, Responsivität oder grafische Sorgfalt. Ohne die Einzelheiten genau runterzubrechen, haben wir sofort eine einheitliche Wahrnehmung dieser Wertqualitäten, um die sich alles dreht.

Dabei entscheiden nicht wir in unserem kleinen Kopf, dass es diese Werte und ihre Qualitäten gibt, dass es zum Beispiel so etwas wie den Wert der Ordnung *an sich* gibt. Dieser existiert auch ohne uns. Scheler schrieb dazu sehr trefflich: »Das Sein des Wertes setzt so wenig ein Ich voraus, als die Existenz von Gegenständen (z. B. Zahlen) oder als die gesamte Natur ein ›Ich‹ voraussetzt.«[21] Wir »haben« also keine Werte, auch wenn wir das umgangssprachlich oft behaupten. Sie gehören uns nicht. Wir können sie lediglich mehr oder weniger sehen, schätzen und uns so oder so zu ihnen verhalten. So kann ein IT-System beispielsweise so gebaut werden, dass es allen technischen Voraussetzungen für Privatheit gerecht wird. Es kann die Daten verschlüsseln, dezentral verarbeiten und anonymisieren. Allerdings erkennt das nicht jeder Laie sofort. Dieser Wert der Privatheit wird vom Laien oft gar nicht wahrgenommen – so wie die Bauern nicht das sehen, was der Maler sieht. Ein Profi hingegen, den es interessiert, wie Maschinen in ihrem Inneren funktionieren, wird diese Wertqualität goutieren, weil er oder sie eine geschulte Wahrnehmung für diese hat und ihr wahrscheinlich Aufmerksamkeit schenkt. Als Folge dieses Wissens wird er oder sie das so gebaute System vorziehen, so wie viele meiner IT-Freunde sich zu ihren Linux-Rechnern hingezogen fühlen, weil sie mit ihnen die Wertqualität der Kontrolle über alle Rechnerfunktionen verbinden, die Apple- und Microsoft-Geräte nicht zu bieten haben. Die Beispiele zeigen, dass es möglich ist, Wertvoraussetzungen in unsere Computer einzubauen, ebenso in alle smarten Dinge und Infrastrukturen, die derzeit in der Entwicklung sind. Wir können dafür sorgen, dass die technischen und organisatorischen Voraussetzungen berücksichtig werden, die es erlauben, dass sich Wertqualitäten wie Privatheit, Vertrauen und Kontrolle zu Werten entfalten können – wenn auch manchmal nur für Experten sichtbar.

Wir könnten uns zum Beispiel vornehmen, humanoide Roboter so zu bauen, dass sie, fast wie englische Butler, den Wert des Respekts fördern. Der Grundwert des Respekts hängt von vielen Wertqualitäten im Roboter ab, wie etwa seiner Aufmerksamkeit, seiner Responsivität oder seiner Höflichkeit.[22] Diese Wertqualitäten sind keineswegs selbstverständlich, wie wir an unseren heutigen eher widerspenstigen Maschinenparks leicht beobachten können.

Für die Wertqualität der Höflichkeit eines Roboters müssten die folgenden Voraussetzungen erfüllt sein: Er müsste höfliche Umgangsformen haben, was bedeutet, dass seine Sprache und Spracherkennung auf die Nuancen kulturbedingter Redeweisen, Förmlichkeiten und idiomatischer Ausdrucksweisen trainiert ist. Er müsste Gesten des Respekts, etwa den Umgang mit körperlichen Abständen, Gesten des Nickens oder Bückens formvollendet beherrschen. Er müsste die Höflichkeit besitzen, zu sagen, in wessen Namen und unter wessen Kontrolle er operiert. Er müsste darauf eingestellt sein, uns zu sagen, wie wir seinen Betreiber erreichen, falls es Probleme gibt. Und er müsste uns, die Basis allen Respekts, Wahlfreiheiten geben, diese dann respektieren und sich an unsere Präferenzen erinnern. Zum Beispiel sollte er uns die Wahl lassen, welche Räume unserer Wohnung er betreten darf und welche nicht. Vielleicht wollen wir nicht, dass uns ein humanoider Roboter aufs WC oder ins Schlafzimmer folgt. Das müsste er respektieren. Vielleicht wollen wir aber auch nicht, dass er sich mit unseren Kindern unterhält. Auch das müsste er bzw. sein Betreiber respektieren. Wäre dies alles gegeben, so hätten wir einen Roboter geschaffen, der durch seinen höflichen Habitus als jemand oder etwas wahrgenommen würde, das den Wert des Respekts bei uns

Menschen aktualisiert. Ich könnte mir vorstellen, dass das bei uns Kunden gut ankäme. Wir hätten einen ethischen Roboter im Sinne der materialen Wertethik.

Aufmerksamkeit für Werte

Zurück zu FoodIS: Nachdem ich den Studenten eine Einführung in das Wertedenken gegeben habe, ging es darum, dieses nun auf den beispielhaften FoodIS-Essensservice zu übertragen. Sie sollten zunächst in einer Selbstreflexion ihr inneres Auge auf die sozialen und ethischen Folgen der Essensdienstleistung richten und darüber nachdenken, welche technischen Voraussetzungen nötig wären, um Wertqualitäten zu schaffen, die dann zu entsprechend positiven Werten führen. Ebenso sollten sie darüber nachdenken, welche technischen Dispositionen missbraucht werden oder fehlen könnten, sodass es zu Wertvernichtung oder negativen Werten kommt.

Es sei an dieser Stelle gesagt, dass die Fähigkeit zu einer solchen ethischen Wertreflexion geübt sein will; man braucht eine »moralische Aufmerksamkeit« dafür. Ein fortschrittlicher Mensch, wie ich ihn in diesem Buch skizziere, hat die Fähigkeit, achtsam wahrzunehmen, welche Werte in seiner Umgebung im Spiel sind, und ist dann in der Lage, angemessen zu reagieren. Er hat auch die Fähigkeit, sich Werte vorzustellen. Die Fähigkeit zu einer solchen verlässlichen Sensitivität ist jedoch nicht von heute auf morgen erlernbar; nicht jeder Student in meiner Übung ist dazu in gleicher Weise fähig. Es erfordert, dass man zunächst anderen wirklich zuhört, dass man liebevoll betrachtet. Man muss bereit sein, zu verstehen, worum es im ethischen Sinn wirklich geht, welche Werte im Raum stehen. Daher wäre es eigentlich notwendig gewesen, dass meine Studenten Fahrradkuriere aufsuchen. Sie hätten mit ihnen sprechen und aufmerksam ihre Perspektive auf den Beruf einholen müssen. Vielleicht hätten sie sogar selbst ein paar Tage als Kurier arbeiten müssen, um sich in die Situation einzufühlen. Und sicherlich wären auch Gespräche mit Managern und Restaurantbesitzern sinnvoll gewesen, die für ähnliche Firmen wie Foodora oder Deliveroo arbeiten. Managementgurus wie der japanische Wirtschaftswissenschaftler Ikujiro Nonaka empfehlen genau diesen aufwendigen Schritt hinaus in die Realität, um wirklich wertvolle Produkte zu konzipieren. Sie glauben nicht mehr an die theoretisch entwickelten Marktmodelle einer Marketing- oder IT-Abteilung. Sie empfehlen ein Hineinfühlen und »Envisioning« der Kundensituation.[23]

Statt also die Aufmerksamkeit lediglich auf die Funktionalität der Essensauslieferung, auf technische Entwicklungen, Wettbewerb, Marktpotenziale und Gewinnmaximierung zu lenken, forderte ich die Studenten auf, sich in den realen Kontext eines solchen Essensauslieferungsservice hineinzuversetzen und darüber nachzudenken, wie sich FoodIS-Fahrer und Kunden nach Einführung ihrer ersonnenen technischen Innovationen aus der ersten Hausübung fühlen und entwickeln würden. Konkret sollten sie darüber nachdenken, welche technischen Voraussetzungen sie für sinnvoll halten würden, um positive Werte in diesem Kontext maximal zu fördern bzw. negativen Werten vorzubeugen – ähnlich wie ich das weiter oben für den höflichen Roboter erläutert habe. Dazu nehmen sie die drei philosophischen Fragen nach den Tugenden, den Wertfolgen und den persönlichen Maximen als Denkanstöße zu Hilfe, um potenziell relevante Werte zu antizipieren. Den Tugenden kommt dabei eine besondere Bedeutung zu; sie stellen die Charakterentwicklung der Stakeholder in den Mittelpunkt. Wie verändern sich Einstellungen und Verhalten der Fahrradkuriere, Essensbesteller, FoodIS-Manager oder Restaurantangestellten mit der Zeit, wenn das Essen auf Rädern zum Normalfall wird und die dafür genutzte digitale Plattform nur auf Effizienz und Gewinnmaximierung getrimmt wird? Welche Werte werden verletzt? Das Reflektieren über diese Folgen für die Tugenden der betroffenen Menschen führt zu den meisten Ideen, wie man den Service technisch besser entwickeln könnte.

Die Bedeutung der Tugenden

Ähnlich wie bei Werten ist auch der Begriff Tugend vielen unklar. Was sind Tugenden, und was unterscheidet sie von Werten? Genau genommen sind alle Tugenden Werte, aber nicht alle Werte sind Tugenden. Von Tugenden spricht man, wenn es um die sittlichen Eigenschaften eines Menschen geht. Zum Beispiel Ehrlichkeit, Großzügigkeit, Gerechtigkeit, Mut, Selbstkontrolle, Bescheidenheit, Treue oder Geduld. Scheler sagt: »Tugend ist die unmittelbar erlebte Mächtigkeit, ein Gesolltes zu tun.«[24]

Wahrscheinlich sind wir Menschen die einzige Spezies, die Tugenden entfalten kann, wenn man voraussetzt, dass man sich ihrer bewusst sein muss. Die Fähigkeit, *bewusst* tugendhaft zu sein und an dieser Eigenschaft zu arbeiten, unterscheidet uns vom Tier. Katzen sind zwar auch geduldig, und Hunde sind treu. Tiere sind für uns wunderbare Vorbilder in dem, was tugendhaftes Verhalten sein kann, aber sich dessen bewusst zu sein, das ist eine einzigartige menschliche Gabe. Diese ist wichtig, weil sie uns Gegensatz zum Tier auch erlaubt, im an unseren Tugenden zu arbeiten – sie zu kultivieren und dadurch fortzuschreiten in dem Bestreben, ein guter Mensch zu sein.

Menschen nachempfundene künstliche Wesen wie Roboter oder Sprachassistenten können daher vermutlich nie Tugenden besitzen, weil sie kein Bewusstsein haben. Sie könnten aber die technischen Voraussetzungen in sich tragen, dass Menschen ihnen Tugendhaftigkeit wie Höflichkeit zuschreiben, genauso wie ich das oben beschrieben habe und wie wir das auch mit Tieren machen. Vielleicht könnte man einem Roboter auch ein *künstliches* Bewusstsein bzw. internes Argumentationsmodell davon mitgeben, was es heißt, höflich oder in anderer Weise tugendhaft zu sein.

Wir machen uns selten die Bedeutung der Tugenden bewusst, die man im Leben braucht, um zufrieden in Gemeinschaft zu leben. Im antiken Griechenland war, auch wenn man den Begriff des Fortschritts noch nicht benutzte, das Leben sehr darauf ausgerichtet, sich tugendhaft zu verhalten, weil man davon ausging, dass man nur so persönlichen Fortschritt hin zum eigenen Glück erlangen würde; im 4. Jahrhundert v. Chr. schrieb Aristoteles mit der *Nikomachischen Ethik* das erste Fundamentalwerk der Tugendethik.[25] Und es ist anzunehmen, dass viele technische Innovationen dieser Zeit kein Selbstzweck waren, sondern, wie zum Beispiel die Bäderkultur, den Tugenden dienten, etwa der Gesundheit.

Erst langsam haben in den letzten 50 Jahren große Philosophen wie Alasdair MacIntyre[26] oder Michael Sandel[27] die Tugendethik neu zugänglich gemacht. Diese Gelehrten lassen die Einsicht neu aufleben, dass die Entwicklung der Tugendhaftigkeit das ist, was einen Menschen letztlich dazu befähigt, ein glückliches Leben zu führen. Es ist nicht verwunderlich, dass wir uns zu den Tugenden der Charaktere hingezogen fühlen, die wir in Büchern, Serien und Spielfilmen erleben. Wir fühlen uns hingezogen zu der Selbstlosigkeit Frodos in *Der Herr der Ringe*, zu der Bescheidenheit seines Gefährten Sam, dem Mut von Aragorn oder der Weisheit von Gandalf. Im Gegensatz dazu stehen Laster, von denen wir uns abgestoßen fühlen, wie etwa die Selbstüberschätzung (oder Hybris) und empathielose Kälte Sarumans, die unkontrollierte Neugierde Pippins oder der Geiz Gollums. Wir lesen unseren Kindern Märchen vor, weil wir ihnen unbewusst beibringen wollen, für welche Tugenden es sich zu leben lohnt und welche Laster man meiden sollte. Wir schulen sie für die Wertewelt.

Die Idee, man könnte die reale, politische, unternehmerische und technische Welt auf wertneutrale Verhaltensmodelle reduzieren und so tun, als würden Tugenden und Werte nur im Märchen existieren, ist ein eigenartiger Auswuchs der Moderne. Tugenden und Laster spielen nicht nur im Märchen eine Rolle. Ganz im Gegenteil: In Zeiten großer Komplexität und des Umbruchs durch die Digitalisierung brauchen unsere Gesellschaften mehr Orientierung und Halt denn je. Und Werte geben Halt, weil sie Orientierung bieten. Viele Menschen empfinden heute eine tiefe Bewunderung für Papst Franziskus wegen seiner Bescheidenheit gegenüber einfachen Leuten und seinem Mut, amtskirchlichen Bürokraten die Stirn zu bieten. Wir verehren Mutter Teresa für Berichte über ihre Empathie und Milde. Wir haben Respekt für Angela Merkels Stabilität gebende Gelassenheit und Besonnenheit, von der wir in politisch schwierigen Zeiten profitiert haben. Wir fürchten und kritisieren Donald Trump für seine Selbstüberschätzung, seinen Mangel an Selbstkontrolle und seine Unbescheidenheit. Und es gibt in unserer alltäglichen Wirtschaft auch Unternehmer, die auf ihre Weise hohes Ansehen dafür genießen, dass sie sich tugendhaft für das Wohl ihrer Mitarbeiter einsetzen und ihr Geld entsprechend so investieren, wie sie es sozial für richtig halten. Dazu gehören beispielsweise Götz Werner, Gründer der Drogeriekette dm, und Johannes Gutmann, Gründer des Kräuterhandels Sonnentor.

Tugenden fallen nicht vom Himmel und werden auch nicht von Geburt an mitgegeben. Wie ich später zeigen werde, hat Fortschritt seit der Antike in allen großen Kulturen und Weltreligionen immer bedeutet, dass der Mensch seine Tugendhaftigkeit schult und seine Lasterhaftigkeit bekämpft, dass er also als Wertträger an sich arbeitet, sich selbst kultiviert. Fortschritt kam nicht durch neue Produkte oder Erfindungen in die Welt, sondern durch erfolgreiche Selbstkultivierung, wobei Technik ein unterstützendes Mittel sein kann.

Selbsterkenntnis und Selbstkultivierung wurden von dem amerikanischen Philosophen Ralph Waldo Emerson einmal als die Suche nach »meinem nächsten, unerreichten, aber erreichbaren Selbst« beschrieben (auf Englisch: »my further, next, unattained but attainable, self«).[28] Im Buddhismus wird von Selbstbeherrschung (auf Englisch: »mastery of the self«) gesprochen. Und der konfuzianische Gelehrte Mengzi war davon überzeugt, dass die moralische Selbstkultivierung essenziell sei, um die Samen des Guten, die in jedem Menschen von Natur aus vorhanden sind, zur Entfaltung zu bringen. Allen Kulturen der Welt ist gemein, dass sie diese Kultivierung von Tugenden und die Aufmerksamkeit für Werte als wesentlich für ein gutes Leben erachten. Darin besteht der menschengerechte Fortschritt jedes Einzelnen, der sich gesamtgesellschaftlich zu einem positiv fortschreitenden Gesellschaftssystem aggregiert. Eine ganz wesentliche Frage für das Erreichen von Fortschritt in diesem Sinne sollte daher sein, wie die Digitalisierung genutzt werden könnte, damit sie uns Menschen in der Entwicklung unserer Tugenden schult und stärkt, und wie wir sichergehen können, dass sie nicht das Gegenteil bewirkt.

Tugendhafte Manager für tugendhafte Kunden

Was mich besonders beeindruckt, wenn Studierende diese Aufmerksamkeit für Werte aufbringen, ist der Umstand, dass sie ohne mein Zutun in sich selbst eine Tugend zu kultivieren beginnen, die in der klassischen Roadmap-Übung nie präsent ist: die Sorge. Sorge um die Kunden, die zu Hause faul vor der nächsten Folge von *Game of Thrones* sitzen, nicht mehr rausgehen und ungesund essen. Sorge um Fahrradkuriere, die vereinsamen und nur noch effizient sein sollen. Sorge aber auch um die Köche, die nur noch Zulieferer von Nahrung sind, statt »Maîtres«, die gute Speisen für dankbare Kunden zaubern. Diese Sorge lässt die Studenten über menschengerechten Fortschritt nachdenken und Abstiegspotenziale erkennen. Unsere ökonomische Rationalität hingegen kennt die Sorge nicht; sie wird nirgends modelliert. Ja, sie erscheint fast schon fremd, obwohl sie doch eine grundlegende Tugend für Produktentwickler und Innovationsteams ist, die menschengerechten Fortschritt schaffen wollen – zumindest, wenn digitale Ethik sie interessiert. Denn es ist die Sorge, die den Blick für die spezifischen Tugenden schärft, die in einer konkreten Situation gefragt sind oder auf der Kippe stehen.

Ein Wert, der von meinen Studenten mit Sorge gesehen wurde, ist die Entwicklung der Zugehörigkeit und Freundschaft zwischen Kurieren bzw. die Gefahr ihrer Vereinsamung und Isolation durch diese Form von Arbeitsleben. Sie schlugen daher vor, dass die Kurier-Community gefördert werden könnte. Die Kuriere könnten sich an speziellen Plätzen treffen, die von der App ebenso koordiniert würden wie die Kundenlieferungen.

Gemeinschaft ist in der Wertethik von besonderer Bedeutung. Werte entfalten sich nämlich für uns nie in der Isolation, selbst wenn die Voraussetzungen dafür geschaffen worden sind. Selbst wenn ein Freund sich bei der Vorbereitung eines gemeinsamen Kaminabends riesige Mühe gibt, seine Wohnung liebevoll herrichtet und ein sensationelles Essen kocht – also alle Voraussetzungen für ein wertvolles Zusammentreffen schafft –, entfalten sich Werte wie Sympathie, Gemütlichkeit, Freude und Geselligkeit doch erst in dem Moment, in dem wir, die Freunde, eintreten und das alles wertschätzen; erst dann werden die Wertpotenziale ausgeschöpft.

Natürlich ist ein Essen auch wertvoll, wenn es nur sehr sorgfältig und mit guten Zutaten zubereitet wurde; ohne diese Voraussetzungen geht es nicht. Aber der Wert des Genusses und die Freude entstehen erst, wenn ich essend in die Beziehung eintrete, wenn der Wert in Form von Resonanz mit dem Genießer oder den Genießenden entsteht. Das Gleiche gilt auch für das Beispiel FoodIS: Die Mitarbeiter des Unternehmens könnten sich die tollsten Services für ihre Plattform ausdenken, vom Fitnessprogramm für ihre Kuriere bis hin zum Diätprogramm für die übergewichtigen Kunden. Diese Wertpotenziale wären jedoch vergeudet, wenn Kuriere und Kunden stumpf und passiv sind und nicht wahrnehmen, was ihnen geboten wird – wenn sie die Wertqualitäten nicht wertschätzen.

Mangelnde Wertschätzung von etwas Dargebotenem ist ein häufig zu beobachtendes Phänomen in einer Gesellschaft, in der die meisten unter Zeitdruck leben. Die Beschleunigung der Prozesse um uns herum, vor allem der digitalen Prozesse, erfasst uns Menschen in einem rasenden Strom, der uns in einer Weise hinwegreißt, dass wir immer weniger Muße haben, Werten Beachtung zu schenken. Das ist fatal. Werte wollen beachtet werden. Sie sind das unsichtbare Bindeglied zwischen Lebewesen und der Schlüssel zur Freude. Dafür aber brauchen sie zwangsläufig einen Gefährten oder ein Gegenüber, das die Wertschätzung vollzieht. Werte wie Großzügigkeit, Mut, Gerechtigkeit, Güte und Bescheidenheit existieren allesamt nur in der Wahrnehmung eines Gegenübers. Großzügig gegenüber wem? Mutig gegenüber was und wem? Gerecht gegenüber wem? Gütig gegenüber wem? Die Welt der Werte ist eine Welt der Gemeinschaft, Wechselseitigkeit und Resonanz.

Werte in der Technik sind das neue »Bio« im Internet

Das fiktive FoodIS-Beispiel zeigt eines ganz deutlich: Ein und dieselbe digitale Plattform kann auf zwei völlig unterschiedliche Arten konzipiert werden. Und je nachdem, mit welcher Werthaltung, welchem ökonomischen Ehrgeiz, welcher Achtsamkeit, welcher Wertschätzung und welchem Menschenbild ein Unternehmen die eigene Technik entwickelt, werden völlig unterschiedliche Sozialwelten für uns geschaffen. Damit haben diejenigen, die solche technischen Entwicklungen einführen – Startuppers, Innovationsmanager, Ingenieure, Softwareentwickler und IT-Investoren –, einen ungeheuren Einfluss darauf, wie sich unsere Gesellschaft entwickeln wird. Und wir alle – die Nutzer, die Kunden, Restaurants, Köche und Fahrradkuriere – sind in einer vergleichsweise passiven Empfängerrolle. Wir haben wenig Einfluss darauf, wie die technische Infrastruktur uns behandelt, obwohl wir alle von ihr abhängen.

Gäbe es viele Wettbewerber unter den neuen digitalen Dienstleistern, etwa mehrere alternative Essenslieferanten, dann könnten wir Käufer natürlich einen gewissen Druck ausüben und gezielt bei solchen Unternehmen kaufen, die wirklich versuchen, Werte zu schaffen, die ihre Kuriere fair bezahlen, gut behandeln und sich gewissenhaft um unsere Essens- und Gesundheitsprobleme kümmern. Allerdings würde das voraussetzen, dass es in der digitalen Welt Wettbewerber gibt, die bereit sind, die »grüne« Strategie einer »wertvollen« Technikgestaltung zu verfolgen. Wettbewerber also, wie man sie in der Lebensmittelbranche als Bio-Anbieter kennt. Aber wo gibt es die?

Für Bio gibt es bisher keine Tradition in der Informatik. Biologisch-dynamische Landwirtschaft hat eine uralte Tradition. Nebst einem reichen Fortschritt an Methodik ist die Art und Weise, wie unsere Vorfahren Lebensmittel hergestellt haben, ein großes Wissensgeschenk. Auch die klassischen Ingenieurswissenschaften kennen eine lange Tradition, wenn es um die Sicherheit und Verlässlichkeit ihrer Systeme geht. Viele Vorzeigemaschinen des technologischen Fortschritts, denen wir heute vertrauen – etwa Flugzeuge oder Autos –, sind aus traditionellen Bereichen der Ingenieurskunst erwachsen, in denen Verlässlichkeit und Sicherheit der Systeme sehr hochgehalten werden – mehr noch als die Effizienz, die man gleichzeitig zu maximieren versucht. In der Informatik werden diese Sorgfaltswerte jedoch weniger kultiviert. Die Philosophie vieler Informatiker, Digitales »im Sprint« zu entwickeln und möglichst »früh und schnell« auf den Markt zu werfen (release early, release often), auch wenn man weiß, dass die Dinge nicht hundertprozentig funktionieren, verführt sogar klassische Ingenieurteams häufiger dazu, ihre Sorgfaltspflicht zu vernachlässigen. Die »Dieselsoftware« von VW, die den Verbrauchern umweltfreundliche Motoren vorgaukelte, ist das beste Beispiel für diese Mentalität. Schnell eine Software für das Problem zu schreiben war viel effizienter, als sich dem ethischen Problem der Umweltverschmutzung zu stellen und, wie versprochen, wirklich Schadstoffe abzubauen.

Die Idee, fertig durchdachte Software zu erstellen, die sich dann nur langsam verändert, wurde in den letzten 20 Jahren weitestgehend über Bord geworfen. Software wird niemals als fertig angesehen. Sie entwickelt sich permanent von Version zu Version, von Prototyp zu Prototyp. Wiederholt wird das Ad-hoc-Feedback der Nutzer integriert, und dieser gefeierte kontinuierliche Verbesserungsmodus, den man auch als »agil« bezeichnet, führt über die Zeit zu einem immer ausgereifteren System. Diese Herangehensweise an die Systementwicklung hat natürlich Gründe und Vorteile. Abgesehen davon, dass man sich Arbeitszeit spart, ist man stolz darauf, das Feedback der Kunden ständig zu integrieren, statt ihnen Vorgefertigtes zu bieten. Der Nachteil dieser Entwicklungsform ist jedoch, dass sie oft einsetzt, bevor überhaupt die Frage nach den Werten des Systems gestellt wird – bevor die »Warum«-Frage gestellt wird und bevor potenzielle negative Werte erkannt werden. Letztlich wird in der Informatik zu wenig über Wertziele nachgedacht, bevor man mit der Entwicklung beginnt. Das Innovationsschiff reagiert nur noch auf Wellen, statt einem Kurs zu folgen.

Übertragen auf das FoodIS-Beispiel bedeutet dies, dass die Fahrradkuriere am Anfang wahrscheinlich mit einer App zu kämpfen haben, die nur auf einem Betriebssystem läuft und dauernd abstürzt. Nach Ausmerzung dieser Kinderkrankheiten wird die App verlässlicher und läuft dann auch auf mehreren Betriebssystemen. Die Beschwerden der Fahrradkuriere können in einer folgenden Version dazu führen, dass die Menüführung bei Bezahlvorgängen verbessert wird, und vielleicht gibt es in Zukunft sogar eine künstliche Stimme, die ihnen den Weg ansagt. Alles schön und gut. Mit wertvollem Fortschritt für eine Gesellschaft hat diese optimierte technische Funktionsfähigkeit jedoch nichts zu tun.

Wertträger sind Firmen mit Herz

Damit es in unserer Gesellschaft zu menschengerechtem, sinnvollem Fortschritt kommt, ist die Bereitschaft von Unternehmen entscheidend, sich ein Wertdenken anzueignen. Persönliche Freiheiten und Zeitgeschenke für Kuriere bedeuten potenziell einen Verzicht auf geldwerte Vorteile aufseiten des Unternehmens. Wahrscheinlich müsste eine Firma wie FoodIS ein paar mehr Fahrer einstellen, um die gleiche Leistung zu garantieren. Außerdem müsste sie auf die Tugendhaftigkeit ihrer Mitarbeiter vertrauen, wenn sie etwa auf Überwachungsfunktionen (Tracking) verzichtet oder proaktiv Community-Funktionen anbietet. Würden die Kuriere dann häufig private Abstecher fahren oder zu lange in Cafés rumsitzen, statt ihre Aufträge abzuarbeiten? Hier kommt das Menschenbild des FoodIS-Managements zum Tragen: Glaubt man an den maßvollen Umgang des typischen Kuriers mit persönlichen Freiheiten oder an den opportunistischen Mitarbeiter, den selbstoptimierenden, allein geld- und sanktionsgesteuerten Homo oeconomicus, der in Volkswirtschaftskursen bis heute »aus Vereinfachungsgründen« noch gepredigt wird?

Letztlich werden es bei den FoodIS-Managern die Tugenden des Vertrauens, des Mutes, des ökonomischen Verzichts und der Sorge sein, die bestimmen, ob der Service zu einem Fortschritt beiträgt, wie ich ihn im vorhergehenden Kapitel in der Grafik 1.2 dargestellt habe; ob sie ihren Kurieren also dazu verhelfen, Werte wie die Freiheit und Privatheit auszuleben oder ihre Freundschaften und ihre Gesundheit zu fördern, oder ob sie das nicht interessiert; ob sie nur an ökonomischer Effizienz orientiert sind oder an der bewussten Unterstützung gesellschaftlich begrüßenswerter neuer Wertstrukturen. Am Scheidepunkt zwischen wertvollem Fortschritt und Rückschritt, zwischen Aufstieg und Fall werden es Managementtugenden und ein empathisches Menschenbild sein, die über die Zukunft entscheiden.

Für so manchen Zyniker unter den ernüchterten Praktikern

werden sich solche Aussagen natürlich völlig naiv anhören. Es erscheint vielen absurd, den heutigen Managementkontext mit Tugenden wie Großzügigkeit oder Sorge zu verbinden, geschweige denn mit Verzicht. An so etwas denken Start-ups und ihre Investoren ganz sicher nicht. Vielmehr ist es das Stichwort der »Creative Destruction« von bestehenden Werten in gewachsenen Branchen und Prozessen, die die Investments in die Digitalisierung befördert, um möglichst schnell möglichst viel Gewinn beim Börsengang rauszuholen.[29]

Im Gefolge der Finanzkrise von 2008 war das jedoch anders. Der Schock, der international durch die Märkte ging, hatte kurzfristig viele wachgerüttelt. Internationale Managementvordenker wie der amerikanische Wirtschaftswissenschaftler Michael Porter und der bereits erwähnte Ikojiro Nonaka sprachen sich mit Nachdruck dafür aus, dass menschliche und gesellschaftliche Werte essenziell seien für das nachhaltig erfolgreiche Führen von Unternehmen. Michael Porter prägte den Begriff des »Shared value« und schrieb, dass das Ziel einer Firma umdefiniert werden müsse im Sinne von »geteiltem Wert« mit der Gesellschaft. Es könne nicht der Profit allein sein, der alles bestimmt. »Shared value« sei das, was die nächste Welle an Innovation und Produktivitätswachstum in einer globalen Ökonomie hervorbringen müsse. Dies zu erlernen sei die beste Chance, Unternehmertum wieder zu legitimieren.[30] Und Ikojiro Nonaka schrieb: »[Unternehmerische] Entscheidungen müssen abgeleitet sein von den Werten und der Ethik von Individuen. Ohne fundierte Werte können Führungskräfte nicht entscheiden, was gut oder schlecht ist.«[31]

Schon heute gibt es genug Beispiele von Firmen, die in diese Richtung denken und arbeiten: etwa die Firma Weleda, die Pflegeprodukte für die Haut herstellt, oder die Firma Sonnentor, die die Kräuter, die sie verkauft, zu einem Teil sogar von Hand ernten lässt, damit die ätherischen Öle bei der Ernte nicht verloren gehen. Firmen wie diese boomten in den letzten Jahren. Vielleicht ohne sich das von mir beschriebene Wertesystem voll bewusst zu machen, gehören sie zu einem Typus von Firma, den die Kollegen Raj Sisodia, Jag Sheth und David Wolfe als »Firms of Endearment« bezeichnet haben, als »Firmen mit Herz«. Und die Kollegen beschreiben die Kultur solcher Firmen als geprägt von den Tugenden des Vertrauens, der Sorge und der Authentizität. Ihren Mitarbeitern und ihren Kunden bieten sie klar artikulierte und authentische Wertziele, die sich jenseits von Profitmaximierung bewegen. Gerade in Europa haben und hatten wir viele solcher Firmen, auch wenn manche heute im globalen Wettbewerb fragen, ob sie diese Wertorientierung durchgehend aufrechterhalten können.[32]

Die Autoren des Buches *Firms of Endearment* argumentieren, dass sich selbst Ökonomien wie die USA in einem historischen Übergang befinden – weg von rein materiellen Bedürfnissen und hin zum Bedürfnis nach authentisch gelebter Bedeutung (»Meaning«), was nichts anderes meint als das Bedürfnis nach gelebten Werten. Die Kollegen analysieren in ihrem Buch 13 Firmen, die ihrer Ansicht nach »Freude und Erfüllung verbreiten und diese Welt zu einem besseren Platz machen«. Die Börsenperformance dieser 13 Firmen vergleichen sie mit elf klassischen Börsenlieblingen, also mit Firmen, die über 15 Jahre (bis in die späten 1990er-Jahre hinein) eine dreifache Kapitalrendite für ihre Investoren erwirtschafteten. Der Vergleich ist erstaunlich: Firmen mit Herz sind über einen Zehn-Jahre-Horizont dreimal so erfolgreich wie die klassischen Börsenlieblinge; über einen Fünf-Jahre-Horizont knapp doppelt so gut. Warum schlagen also nicht gleich alle Firmen einen Weg der Werte ein?

Ein mangelndes Werteverständnis in der Betriebswirtschaftslehre

In der Betriebswirtschaftslehre scheint es eine erstaunlich große Verwirrung darüber zu geben, was Werte wirklich sind – und das ist äußerst problematisch. Offenbar kennen nur sehr wenige Wissenschaftler die oben beschriebenen philosophischen Grundlagenarbeiten, die bereits im frühen 20. Jahrhundert geleistet wurden[33] – und das, obwohl im Zentrum von jedem guten Geschäftsmodell die Aufgabe stehen sollte, eine sogenannte Value Proposition zu erarbeiten (Wertversprechen).

Wenn ich mir anschaue, wie führende Managementgurus dieses Wertversprechen konkret beschreiben bzw. ausfüllen, dann muss ich regelmäßig feststellen, dass das mit Werten kaum etwas zu tun hat. So beschreibt der hoch angesehene Strategietheoretiker Alexander Osterwalder in einem Vortrag das Wertversprechen des Automobilherstellers Tesla mit den folgenden Komponenten: »das Auto!, eine leistungsstarke Batterie, viel Raum im Auto, Luxusimage, umsonst tanken, Upgrades, super Design, Leistungskraft, Reichweite (um mit der Batterie fahren zu können) und Sicherheit«[34]. Selbst der betriebswirtschaftlich unbescholtene Laie wird mir zustimmen, dass es bei dieser Beschreibung des Wertversprechens nur einen einzigen Wert gibt, und das ist die Sicherheit. Alle anderen genannten Punkte sind lediglich Voraussetzungen bzw. Dispositionen, die im Auto gegeben sein müssen, um Wertqualitäten und Werte zu schaffen, die jedoch per se noch keine Werte sind. Eine leistungsstarke Batterie kann etwa – wenn sie exzellent ausgeführt ist – Wertqualitäten wie die Flexibilität, Zeitersparnis und Reichweite unterstützen, die dann wiederum Voraussetzungen sind für den Kernwert der Mobilität, um den es bei einem Auto gehen muss. Upgrades sind erforderlich, um die Verlässlichkeit des Autos zu steigern, die wiederum der Sicherheit zuarbeitet. Mit anderen Worten: Wer Produktdispositionen wie eine Batterie und Upgrades zu Werten erhebt, der hat die logische Kette eines echten Wertesystems noch nicht verstanden. Er riskiert, bei einer von vielen technischen Voraussetzungen stehen zu bleiben, die erforderlich wären, um ein wirklich gutes Auto zu bauen. Er riskiert, einfache Dinge – in Heideggers Worten: »Zeug« – zu »Gütern« zu erheben, bevor diese überhaupt die Bezeichnung verdient haben.

2.2 Wert*volle* Unternehmen

Gibt es in der IT-Industrie Vorbilder, die heute schon auf eine Wertestrategie zurückschauen können, wie ich sie hier vorschlage? Ja. Und es überrascht kaum, dass hier ein Unternehmen in den Fokus rückt, das heute von den Börsen als das wertvollste eingestuft wird: Apple.

Steve Jobs war nicht korrumpierbar in seinem Ziel, Computer mit drei Werten zu segnen: Schönheit, Perfektion und Einfachheit. Diese Werte, die vielleicht inspiriert waren von seiner Begeisterung für Kalligrafie und japanische Kultur, haben Apple-Computer von Anfang an zu etwas ganz Besonderem gemacht.

Die Werte Schönheit, Perfektion und Einfachheit waren für Steve Jobs nicht nur theoretisch wichtig, sondern gingen direkt in seine Arbeit an den technischen Voraussetzungen für die Apple-Produkte ein – einerlei, ob es dabei nun um den Aufbau einer Fertigungsanlage oder die Konturen der Hardware handelte. Jobs' Mitarbeiter konnten hautnah miterleben, wie er, von seinen Werten getrieben, die Dinge formen wollte, vergleichbar mit einem begeisterten Programmierer, der seinen Algorithmus »elegant« gestalten möchte. Das Leitprinzip seines Handelns beruhte darauf, dass die Form der Emotion folgen müsse. Und er drückte damit den Kern der hier beschriebenen Wertethik aus, dass das Handeln dem emotionalen Wunsch nach Werterschaffung folgen sollte. Wie bedingungslos er dieses zutiefst »ethische« Handeln in der technischen Produktentwicklung verfolgte, zeigt ein Auszug aus der autorisierten Jobs-Biografie von Walter Isaacson:

Von seinem Vater hatte Jobs gelernt, dass ein wirklich guter Handwerker auch das Unsichtbare sorgfältig gestaltet. Eine der extremsten – und typischsten – Anwendungen dieser Philosophie betraf die Hauptplatine, auf der tief im Innern des Macintosh die Chips und andere Elektronikbauteile montiert waren. Kein Käufer würde sie je zu Gesicht bekommen, aber Jobs kritisierte sie trotzdem nach ästhetischen Gesichtspunkten … Einer der neuen Ingenieure wollte wissen, warum das wichtig sei. »Es kommt doch nur darauf an, wie gut es funktioniert. Kein Mensch sieht diese Platine.« Jobs' Reaktion war typisch: »Es soll so schön wie möglich sein, auch wenn es im Gehäuse verborgen ist. Ein guter Schreiner wird für die Rückseite seines Schranks auch kein schlechtes Holz verwenden, nur weil sie niemand sieht … Der Schreiner weiß nämlich, dass sie da ist [die Rückwand] und wie sie aussieht … Damit du nachts gut schlafen kannst, muss die ästhetische Qualität komplett durchgezogen werden.«[35]

Digitale Ethik heißt: »das Richtige« tun, »das Richtige« bauen – auch wenn es nur darum geht, ruhig schlafen zu können. So schwierig Steve Jobs als Persönlichkeit gewesen sein mag – gnadenlos beharrend auf seinen Werten und unbeeindruckt von den Konflikten, die er für sie austragen musste –, sollte er doch ein großes Vorbild für Unternehmer sein, wenn es um Wert*haltung* geht. Das heißt, dass man sich zu den Werten, die einem wichtig sind, loyal verhält. Wenn Schönheit und Qualität in den Produkten kostenintensiv sind, darf man nicht beim ersten Gespräch mit dem Finanzvorstand einknicken. Man muss wissen, wo und wofür man steht. Im Prinzip ist das ein alter Hut in der Betriebswirtschaft: Schon Michael Porter beschrieb in seinen berühmten Analysen zur Wettbewerbsstrategie von Unternehmen, dass man sich entweder für eine Kostenminimierungsstrategie oder für eine Qualitätsstrategie einsetzen könne. Beides ginge nicht gleichzeitig, und man müsse in seiner Haltung konsequent sein, sonst säße man als Unternehmer »zwischen den Stühlen«.[36] Die Wertestrategie, die ich hier für Unternehmen der Digitalbranche und IT-Hersteller anrate, ist natürlich eindeutig eine Qualitätsstrategie. Für menschengerechten Fortschritt darf uns nichts zu teuer sein. In jedem Fall sollte man sich nicht einbilden, dass man mit der Billigstrategie wirklich Fortschritt für die Gesellschaft in die Welt setzt.

Die jüngste Geschichte zeigt bedauerlicherweise, dass es qualitätsorientierte Unternehmen in Zeiten von Kosteneffizienz und gewinnhungrigen Kapitalmärkten schwer haben. Rund 90 Prozent des Tradings an den Börsen werden heute automatisch abgewickelt, teilweise von Künstlichen Intelligenzen.[37] Und die eingesetzten Firmenbewertungsalgorithmen sind natürlich von ihren Gewichtungen her hochsensibel für Gewinnmeldungen von Unternehmen. Da es kaum noch Menschen auf den Tradingfloors gibt, die Unternehmen historisch, ganzheitlich und auf der Basis ihrer Philosophie beurteilen, sind börsennotierte Unternehmen heute einer gnadenlosen maschinellen Gewinnlogik ausgesetzt: Wenn heute ein junges börsennotiertes Unternehmen eine echte Wertestrategie verfolgen will und dafür lange Zeit hohe Kosten und geringe Gewinne akzeptiert, weil es der »richtige« Weg ist, riskiert es, von den Kapitalmärkten abgestraft zu werden. Außerdem kennen die Kapitalmärkte keine Zeit. Sie leben in Echtzeit, und wenige Monate sind schon Ewigkeiten für ungeduldige Anleger. Wert*volle* Innovationen brauchen jedoch Zeit. »Gut Ding will Weile haben«, sagt ein altes Sprichwort. »Gott liegt im Detail«, sagte Mies van der Rohe, einer der visionärsten Architekten des 20. Jahrhunderts.

Das Spannungsverhältnis von Kostendruck und Qualität bekam auch Steve Jobs zu spüren. »Ich will hier eine Revolution machen, nicht Profit um jeden Preis!«, wetterte er gegenüber seinem Geschäftsführer John Scully, als es um die Einführung des ersten Mac ging.[38]

Ökonomische Konsequenzen der Automatisierung

Das Spannungsverhältnis zwischen Werterschaffung auf der einen Seite und Kostendruck auf der anderen ist eine Kernherausforderung für den menschengerechten und wertvollen Fortschritt, den ich hier propagiere. Der Nobelpreisträger für Ökonomie Milton Friedman vertrat die Ansicht, dass Firmenvertreter keine Verantwortung für die Schaffung von Werten haben; ihr einziges Ziel müsse es sein, so viel Geld zu machen wie möglich. Eine Abkehr von dieser ökonomischen Ausrichtung wäre seines Erachtens in der Lage, die Fundamente unserer freien Gesellschaft massiv zu untergraben.

Folgt man der Friedman-Doktrin, kommt die Digitalisierung wie gerufen, denn sie trägt dazu bei, die Kosten eines Unternehmens massiv zu senken. Sie kann die schon seit Beginn der Industrialisierung verfolgte Automatisierung von Arbeitsprozessen maximieren, denn sie ermöglicht es, die teuren Sozialsysteme in Unternehmen in weiten Teilen durch digitale Workflowsysteme zu ersetzen. In fast allen Branchen hat daher eine Automatisierungswelle eingesetzt, die in vielen Betrieben heute schon zu einer auf Robotern basierten Fertigung geführt hat. Laut einer Aussage des VW-Betriebsrats sind die Produktionsstraßen für Automobile heute schon zu über 90 Prozent automatisiert.[39] Amazon setzt 45 000 Roboter in seinen Lagerhallen ein.[40] In China sind Logistikzentren im Einsatz, die sogenannten Dark Factories, in denen nur noch Roboter arbeiten.[41] Allerorts entlassen immer mehr Supermärkte, Callcenter, Bahnhöfe, Flughäfen – ja, sogar Restaurants – Mitarbeiter und setzen ihren Kunden Automaten vor.[42] Jeder, der dieser Tage mit offenen Augen durch die Straßen geht, sieht, wie sich die Welt um uns herum in einen eiskalten Automatenladen verwandelt. Und die Menschen, die in diesen Branchen und automatisierbaren Positionen arbeiten, fürchten sich vor der Entwicklung. Sie sprechen von »Fabriken der Angst«. Wenn Unternehmen die Digitalisierung nutzen, um vor allem ihre Gewinne zu steigern, tragen sie wohl kaum zu einem menschengerechten und wertvollen Fortschritt im 21. Jahrhundert bei.

Geld wird als Wert empfunden. Es ist das effizienteste Tauschmittel, das wir uns vorstellen können. Für unser heutiges Denken und Wirtschaften ist es so wichtig geworden, dass einige Kollegen (vor allem in den Wirtschaftswissenschaften) überhaupt nur noch an Geld denken oder an Gewinne, wenn sie von »Werten« sprechen. Automatisierung kann für viele im Wettbewerb überlebenswichtig sein, vor allem wenn sie auf die Kostenstrategie setzen. Vor diesem Hintergrund wird diskutiert, wie Firmen, die von den Gewinnen aus der Automatisierung profitieren, ihre Gewinne aus der Produktivitätssteigerung fair mit denjenigen teilen können, die wegrationalisiert werden. Ein Schema in diesem Gedankenspiel ist die Auszahlung eines lebenslangen bedingungslosen Grundeinkommens. Diskutiert wird darüber rege. Wenn die politischen und wirtschaftlichen Kräfte ein langfristig tragbares Finanzierungs- und Gestaltungsmodell schaffen würden, könnte sich die Fortschrittskurve vielleicht für viele Menschen ins Positive neigen, die zwar ihre Arbeit verloren haben, aber, so wird argumentiert, sich dann den Aktivitäten widmen könnten, die ihnen wirklich Spaß machen.

Interessant finde ich in diesem Zusammenhang die Möglichkeit, dass ein solches Szenario der friedlichen Automatisierung den Friedman-Kapitalismus in eine Nische verweisen könnte, nämlich in die Nische bzw. das Marktsegment, in der die Produkte gefertigt werden, die kaum menschliche Qualitätsarbeit brauchen. Dazu gehören etwa IT-Produkte (Computer, Mobilfunkgeräte), homogene Gebrauchsgüter (Reinigungsmittel, Autos, Küchenmaschinen), aber auch Services wie beispielsweise Kreditkartenservices. Durch die Prozessautomatisierung dieser Produktbereiche entstehen freie Kapazitäten hinsichtlich Arbeit und Kapital, die irgendwo hinmüssen. Ein Gedanke ist, dass sie Eingang finden könnten in neue Märkte, wo die »befreiten« Menschen, gegebenenfalls teilfinanziert durch ein Grundeinkommen, mit viel Kreativität und Lebensfreude wieder manuell Produkte herstellen, an denen sie Freude haben. Sie könnten in Branchen migrieren oder migriert werden, deren Produkte und Services speziell von manueller Arbeit profitieren. Das hört sich zunächst realitätsfern an. Ein Blick auf die Firma Sonnentor zeigt jedoch, dass in diese Richtung schon heute gedacht und gearbeitet wird. Sonnentor setzt auf manuelle Arbeit bei der Kräuterernte und -bearbeitung, statt mit den sonst üblichen Maschinenparks zu arbeiten. Zwar kommen auch einige Maschinen bewusst dort zum Einsatz, wo die menschlichen Fähigkeiten suboptimal sind, etwa beim Sortieren der Kräuter und bei der Qualitätsprüfung, aber zu einem großen Teil ist die Arbeit manuell. Johannes Gutmann gründete das Unternehmen in den 1980er-Jahren und musste sich den Vorwurf gefallen lassen, ein »Spinner« zu sein.[43] Doch mit viel Überredungsarbeit und Geduld gelang es ihm, immer mehr österreichische Bauern davon zu überzeugen, wieder manuell zu arbeiten, alte Gewürze, Kräuter und Getreidesorten anzubauen und auf Düngemittel und Gifte zu verzichten.[44] Im Wettbewerb punktet das Unternehmen durch die Wertqualitäten der Wirksamkeit, Heilkraft, Reinheit und Güte der Waren, die in diesem Produktbereich bei anderen Herstellern vielfach verloren gegangen sind. Der Markterfolg des Unternehmens Sonnentor ist entsprechend; es macht heute über 40 Millionen Euro Umsatz.[45] Die Mitarbeiter, die ich bisher kennenlernen durfte, sind hoch motiviert, denn sie wissen alle, dass sie etwas Wert*volles* erschaffen.

Denkt man das Sonnentor-Beispiel im größeren Rahmen weiter, dann könnte durch solche Betriebe vielleicht ein Teil derjenigen Menschen aufgefangen werden, die heute von der fortschreitenden Automatisierung betroffen sind, insbesondere diejenigen, die mit der neuen Grundeinkommensfreiheit vielleicht nicht so viel anzufangen wissen, wie sich das einige elitäre Theoretiker heute an ihren Reißbrettern vorstellen. Das heißt nicht, dass in den besagten Betrieben und Branchen vollständig auf manuelle Arbeit gesetzt wird, aber zumindest in den Bereichen, in denen Handarbeit die Voraussetzung ist für gute Wertqualitäten in den Endprodukten,

Qualitäten, die uns in den letzten Jahrzehnten durch Überautomatisierung verloren gegangen sind. Dass sie verloren gegangen sind, bestätigt der empfohlene Blick auf die realen Gegebenheiten: In Österreich spricht man von »Hausverstand«, wenn festgestellt wird, dass Lebensmittel nach nichts mehr schmecken, Wollpullover nach zweimaligem Tragen fusseln, Keramik nicht mehr richtig ausgearbeitet ist und Holzarbeiten keine Patina haben. Diese Wertqualitäten gilt es also im Sinne eines wertvollen Fortschritts wieder neu zu beleben. Es geht darum, Innovation rund um alte Werte wiederzubeleben, wo diese nur manuell zur vollen Entfaltung gebracht werden können. Automatisierte Betriebe, die mit dieser Qualität nicht mithalten können, würden so wahrscheinlich ihre Existenzberechtigung verlieren. Aus der Vogelperspektive könnte es zwei technologisch völlig unterschiedliche Marktbereiche geben: Einerseits das Segment für die global standardisierten Produkte, die automatisiert und kosteneffizient gefertigt werden, und andererseits der Bereich, in dem wieder mehr manuell gefertigt wird. Wenn man sich die Marktanteile im Kräuterfachhandel anschaut, wurde dieser Weg bereits beschritten: In Österreich hat Sonnentor mittlerweile einen Marktanteil von 50 Prozent, in Deutschland sind es 25 Prozent.[46]

Natürlich wird so mancher an dieser Stelle laut aufschreien: Wie naiv muss man denn sein, sich vorzustellen, dass in ganzen Branchen Maschinen abgebaut und Leute wieder aufs Feld geschickt werden? Ich nehme die Kritik gerne hin. Fortschritt zeigt sich aus meiner Sicht allein darin, welche Wertqualitäten effektiv geschaffen werden und welche Werte für Menschen in deren Erschaffungsprozess entstehen. Das Gemeinwohl steht im Zentrum, nicht die Rendite oder irgendein Automatisierungsindex.

Ethisch fragwürdige Teilautomatisierung

Lösen wir das Arbeitsmarktproblem, wenn wir Vollautomatisierung irgendwie mit bedingungslosem Grundeinkommen oder neuen Marktstrukturen auffangen? Nur teilweise, denn der Zwischenbereich, in dem Unternehmensprozesse nicht voll, sondern nur teilautomatisiert werden können, bereitet mir große Sorgen. Wenn die Technik es nicht zulässt, alle Prozessbestandteile zu digitalisieren, werden Menschen in digitale Workflows regelrecht »eingespannt« und spielen sozusagen das fehlende technische Prozessstück. FoodIS ist da ein gutes Beispiel: Bestellungen, Zahlungen, Abrechnungen und Kurierzuteilungen sind alle automatisierbar, aber die Auslieferung eben nicht. Lieferroboter oder Drohnen sind aus Sicherheitsgründen und wegen Lärmbelästigung auf absehbare Zeit in innerstädtischen Bereichen nicht zu erwarten. Und so werden die Fahrradkuriere in ein ansonsten fast lückenlos maschinelles Korsett eingespannt.

Dieses maschinelle Korsett wird unter Kostendruck immer ungnädiger. Schon heute sind die Löhne, die für solche Jobs gezahlt werden, lächerlich niedrig; entsprechend haben die Fahrer nur eine sehr geringe finanzielle Sicherheit. Bei Amazon Turk wird ein durchschnittlicher Stundenlohn von zwei US-Dollar gezahlt.[47] Auf digitalen Plattformen wie Deliveroo, Amazon Turk oder Uber konkurrieren Menschen um die Zuteilung zu einzelnen Jobs oder Schichten; oft wissen sie nicht, wann sie den nächsten Job bekommen. Dadurch haben sie kaum noch Kontrolle über ihre Zeit; sie verlieren die Freiheit, selbstbestimmt ihren Alltag zu gestalten, wenn sie von diesen Jobs abhängen – was bei vielen der Fall ist. Das ist aber nur ein Teil des Problems.

Wenn Menschen in digitalen Workflows arbeiten, werden sie permanent getrackt und dahin gehend überwacht, wie gut sie innerhalb der Maschinerie funktionieren. Ein Fahrradfahrer bei FoodIS kann sich zwar heute noch aussuchen, welche Route er für die Pizzaauslieferung nimmt, aber seine Geschwindigkeit und

Pünktlichkeit werden dennoch aufgezeichnet. Und wer da nicht performt, der wird in eine Fahrergruppe eingruppiert, in der man sich dann die lukrativsten oder begehrtesten Schichten nicht mehr aussuchen kann.[48] Aus einer Werteperspektive ergibt sich also nicht nur mangelnde Privatheit, sondern vor allem auch ein permanenter Leistungsdruck, wodurch die Gesundheit und die Würde der Arbeitenden gefährdet sind.

Gesteigerte Automatisierung kann dies weiter verschlimmern. Meine Studenten gingen davon aus, dass eine künstliche Computerstimme in Zukunft den Kurieren den Weg ansagen sollte, damit sie ganz sicher immer die kürzeste Auslieferroute wählen. Würde das passieren, erhöhten sich wahrscheinlich die Produktivität und Effizienz der Auslieferung für FoodIS, den beteiligten Fahrradkurieren würde allerdings das letzte Quäntchen Freiheit genommen werden. Von menschengerechtem Fortschritt kann man bei solchen Arbeitsbedingungen, die eher an die frühindustriellen Zeiten erinnern, wohl kaum sprechen. Der Produktivität und den Gewinnsteigerungen auf Firmenseite würden ungeheure Wertverluste bei den Mitarbeitern gegenüberstehen.

Werthierarchien für die richtigen Wertprioritäten

Die meisten Wirtschaftsstudenten lernen heute noch, dass der wichtigste Wert in der Betriebswirtschaft der Gewinn oder die Kapitalrendite ist– also das Geld. Wie könnten sie systematischer diesen Geldwert hinterfragen? Ist es möglich, Digitalisierungsvorhaben rational anhand der Wertschöpfung für alle beteiligten Stakeholder zu beurteilen, wobei Geld nur ein Wert unter mehreren ist? Ich denke, dass das möglich ist, denn es gibt Wertmerkmale, die bestimmen, ob ein Wert höher oder niedriger ist als ein anderer. Wie man diese Merkmale benutzen kann, um den Wert des Geldes zu hinterfragen, sieht man an einem Digitalisierungsbeispiel der Firma Disney.

Tief im Keller unter dem Disneyland Resort Hotel in Kalifornien reinigen Wäschereiangestellte täglich Tausende von Handtüchern, Bettbezügen und Decken. Die Arbeiter füllen die schmutzige Wäsche in riesige Waschmaschinen und führen die saubere später in heiße Mangeln ein. Bis zum Jahr 2008 waren die meisten Wäschereiangestellten trotz der körperlich harten Arbeit ganz zufrieden und stolz darauf, für ein Unternehmen zu arbeiten, das den Besuchern so viel Spaß und Freude bereitet. Dann trat jedoch eine Änderung ein. 2008 wurde in der Wäscherei ein digitales Kontrollsystem eingeführt, was im Hotelbetrieb eigentlich nicht unüblich ist. Zuvor hatten die Wäscher die Anzahl der gefalteten Laken, Kissen und Handtücher selbst manuell gezählt und aufgeschrieben; nun übernahm das das neue System. Ein wenig Zeitersparnis aufseiten der Mitarbeiter und höhere Präzision bei der Leistungserfassung versprachen zunächst eine positive Wertebilanz. Das Unternehmen hat sich jedoch entschieden, das System als »elektronische Peitsche« auszubauen, wie Mitarbeiter es nennen, denn nun zeigt es außerdem die Produktivität jedes einzelnen Wäschers namentlich an großen Displays überall in der Wäscherei sichtbar an. Jedem Namen wird eine Farbe beigeordnet: Erfüllt ein Wäscher das vom Management vorgegebene Leistungsziel nicht, wird sein Name aufgeführt und mit der Farbe Gelb oder sogar rot gekennzeichnet. Wäschereimanager können wie in Charlie Chaplins grandiosem Film *Moderne Zeiten* voll überblicken, wie gut die Leistungsziele erreicht werden. Und selbst die Waschmaschinen geben den Mitarbeitern noch Feedback. Wenn er oder sie die Wäsche nicht schnell genug einfüllt, leuchtet ein rotes Warnzeichen auf.[49]

Die Wertphilosophie würde bei so einem Fall die Wertfolgen für alle Stakeholder in ihrer Bedeutung gegeneinander abwägen und in ihrer jeweiligen Rangordnung als vor- oder nachgelagert betrachten. Bekannt ist, dass die Gemeinschaft unter den Wäschern gelitten hat. Es herrscht heute Konkurrenzdenken unter den Betroffenen, wodurch Werte wie Solidarität und Vertrauen untergraben werden – wenn auch im Rahmen einer gewissen positiven Sportlichkeit, denn das Farbsystem wird den Mitarbeitern als »Spiel« vermittelt. Wie in den Logistikzentren von Amazon führt der Überwachungsdruck jedoch auch hier bei sportlichen Mitarbeitern dazu, dass sie nicht mehr regelmäßig auf die Toilette gehen. Während die männlichen Mitarbeiter in der Amazon-Logistik den Kniff raushaben, dann in Flaschen zu pinkeln,[50] geht das in der Wäscherei natürlich nicht so einfach. Der Wert der Gesundheit wird untergraben, und die Verletzungsgefahr steigt. Schließlich haben die Mitarbeiter nicht mehr die Freiheit, ihrer Arbeit so nachzugehen, wie es ihr natürlicher Rhythmus vorgeben würde. Sie verlieren die Freiheit und Selbstbestimmung, in gewissen Grenzen so zu arbeiten, wie sie es in der Vergangenheit getan haben. So eine Selbstbestimmung ist jedoch wesentlicher Bestandteil der Würde eines Menschen. Die Mitarbeiter nennen das System nicht umsonst ihre »elektronische Peitsche«. Positive Werte wie Gemeinschaft, Freude, Solidarität, Vertrauen, Gesundheit, Selbstbestimmung und Würde können sich kaum noch entfalten. Nur noch der Wert der Sportlichkeit scheint bei leistungsstarken Mitarbeitern zu florieren, ebenso wie natürlich die erhöhte Produktivität und der geldwerte Vorteil der Maßnahmen aufseiten des Unternehmens. Welcher Seite ist unter dem Gesichtspunkt einer digitalen Ethik größere Wichtigkeit beizumessen?

Intuitiv stimmen wahrscheinlich viele zu, dass die »höheren« Werte bei den Wäschern so stark verletzt sind, dass die gestiegene Produktivität, das Mehr an Geld bei den Kapitalgebern und die Sportlichkeit einiger Mitarbeiter das nicht wettmachen können. Wer das so empfindet, liegt, wie ich gleich zeigen werde, ethisch richtig. Scheler schreibt: »Relativ gut und böse aber ist der Wert, der am Akte erscheint, der auf die Realisierung eines vom jeweiligen Wertausgangspunkte aus angesehen höheren Wertes gerichtet ist.«[51] Nur, wie genau erkennt man denn die »höheren« Werte im Vergleich zu den »niederen« Werten? Scheler argumentiert, dass sich die höhere Einstufung eines Wertes im Vorziehen erschließt.[52]

Das heißt aber nicht, dass dadurch ein Wert auch objektiv höher *ist*. Denn was wäre, wenn wir etwas Schlechtes vorziehen würden – was ja durchaus vorkommt? Welche objektiven Rangordnungskriterien können hier herangezogen werden? Die von Scheler angeführten möchte ich hier auf den Disney-Fall anwenden.

Das erste Merkmal für die Höhe oder Bedeutung eines Wertes ist seine *Dauerhaftigkeit,* Unvergänglichkeit oder Ewigkeit. Die Sportlichkeit, die durch das System eingeführt wurde, ist sicherlich positiv und erhöht auch punktuell die Freude an der Arbeit – allerdings nur, wenn man an einem Tag physisch und psychisch gut drauf ist. Der Wert der Sportlichkeit ist nicht dauerhaft. Ihm steht der langfristige Wert der Gesundheit eines Menschen gegenüber, die sicherlich leidet, wenn man jeden Tag durchgängig unter Hochleistungsdruck arbeiten muss. Die dauerhafte Gesundheit ist höher einzustufen als die punktuelle Sportlichkeit. Auch geldwerte Vorteile sind nicht dauerhaft. Bei Einführung des Systems mag Disney Resorts zwar den geldwerten Vorteil steigern, weil weniger Mitarbeiter mehr Leistung erbringen, aber es erhebt sich die Frage, ob dieser Mehrwert nachhaltig ist, wenn sich die Gesundheit und Zufriedenheit der Mitarbeiter mit der Zeit verschlechtern.

Das zweite Merkmal für den Rang eines Wertes fragt danach, ob ein Wert *fundamental* ist; ob man ihn vor allem braucht, um einen anderen höheren Wert zu ermöglichen. Ist ein Wert um seiner selbst willen erstrebenswert? Sportlichkeit ist sicherlich nicht fundamental. Es ist ein extrinsischer Wert, der dazu geeignet ist, die höheren intrinsischen Werte der Gesundheit zu fördern, die Werte der Schönheit oder Stärke – allerdings nur, solange er nicht so maßlos ausgelegt wird wie in der Disney-Wäscherei. Gewinn ist auch kein fundamentaler Wert, denn er dient vor allem der Zufriedenheit der Kapitalgeber oder Manager, gegebenenfalls auch der Sicherheit der Arbeitsplätze. Aber wie man so treffend sagt: »Geld allein macht nicht glücklich.«

Ein drittes Merkmal hoher Werte besteht darin, dass sie unter uns Menschen *Einheit* stiften. Und diese Einheit wird eher ausgeprägter, wenn man sie in der Gemeinschaft teilt. So schafft die Liebe Einheit und wird intensiver, je mehr sie geteilt wird. Die Gemeinschaft, die in der Wäscherei bis 2008 herrschte, vermittelte den Mitarbeitern ein Gefühl der Einheit. Der Stolz, für Disney zu arbeiten, einte sie ebenfalls. Im Gegensatz dazu führt Geld häufig zu Konkurrenz und Entzweiung. Der Wert des Geldes sinkt für den Einzelnen, wenn er teilen muss. Wenn die Leistung der Wäschereimitarbeiter an monetäre Anreize geknüpft wird, gleichzeitig aber das Lohnbudget fix ist, würden Mitarbeiter um ihre Löhne konkurrieren, was sie noch mehr entzweien würde.

Das vierte Merkmal höherer Werte besteht darin, dass sie eine *tiefere Befriedigung* hinterlassen als die niedrigeren. So hat der Wert der Gemeinschaft und des Stolzes, der in der Wäscherei ursprünglich vorherrschte, den Mitarbeitern einen tieferen Sinn gegeben. Selbst bei sportlichen Mitarbeitern, die heute alle Leistungsziele übertreffen, stellt sich die Frage, ob sie aus ihren einsamen Spitzenleistungen im gleichen Maß eine tiefe Befriedigung ziehen können wie aus dem Stolz und der Gemeinschaft, die die Kollegen in der Vergangenheit zusammenschweißten. Ja, selbst die Manager, die sich bestimmt über die erhöhten Gewinne freuen, erfahren vielleicht nicht mehr so eine tiefe Befriedigung bei der Ausübung ihrer Funktion, denn die Geldbefriedigung wird durch den Gemeinschaftsverlust überdeckt.

Schließlich gibt es Werte, die von solcher *Absolutheit* sind, dass sie immer gelten. Wir respektieren ihre Wichtigkeit, auch wenn es keinen Kontext für sie gibt. So würde wohl jeder, der das deutsche Grundgesetz und die Menschenrechtskonvention innerlich ernst nimmt, zustimmen, dass der Wert der Würde einer solchen absoluten Natur nahekommt. Ungeachtet des Kontexts – ob im Krieg oder vor Gericht – ist die Würde eines Menschen immer schützenswert, egal wie reich oder arm er ist. Nimmt man hingegen einen Wert wie das Geld, dann ist klar, dass dieser nicht immer gilt. Die Arbeitsbedingungen in der Wäscherei sind aufgrund der »elektronischen Peitsche« würdelos. Die Frage ist allerdings, ob unsere Gesellschaft ihr ethisches Bewusstsein so schulen kann, dass sie überhaupt in der Lage ist, das zu erkennen.

Scheler beobachtete bereits, wie leicht es ist, die absolute Rangordnung zwischen den Werten richtig einzuschätzen. Trefflich schrieb er, dass es neben der absoluten Rangordnung von Werten, die den genannten Kriterien folgen, auch »herrschende« Rangordnungen gibt, die eine Epoche beseelen. Und in dieser gegenwärtig herrschenden Rangordnung sind die Werte Geld, Produktivität, Effizienz und Sportlichkeit sicherlich die höchsten, die man zu begehren vermag. Sie entsprechen dem »Stil« und der »Moral« unserer Zeit, aber mit Ethik hat das nichts zu tun.[53]

2.3 Die ökonomische Einordnung der digitalen Ethik

Kommen wir vor dem Hintergrund der bisherigen Ausführungen noch einmal auf die Grafik 1.2 im ersten Kapitel zurück, die den Zusammenhang von Fortschritt und Rückschritt beschreibt. Das Beispiel der beiden FoodIS-Strategien verdeutlicht auf einfache Weise, was ich meine, wenn ich auf das Bild vom positiv abgewendeten Hype-Zyklus zurückkomme. Bei der ersten Entwicklung einer Produkt-Roadmap ohne die Konzentration auf die Philosophie der Werte entsteht eine Wertebilanz, die auf individueller, organisatorischer und gesellschaftlicher Ebene zunächst positiv ausfällt. Die Zufriedenheit vieler beteiligter Akteure wird erhöht. Haushalte gewinnen an Komfort, weil nicht gekocht und eingekauft werden muss. Neue Organisationen wie FoodIS werden aufgebaut und schaffen Arbeitsplätze, die Menschen Sicherheit und Identität geben können. Restaurants erhalten zusätzliche Aufträge, was ihren Bekanntheitsgrad steigen lässt und den Angestellten ebenso mehr Sicherheit und Identität schenkt.

Auf dem Höhepunkt dieser positiven Entwicklung gibt es nun zwei Wege: den Weg des menschengerechten und wert*vollen* Fortschritts, bei dem die Potenziale der Digitalisierung auf allen Ebenen genutzt werden, um eine völlig neue und zusätzliche Wertschöpfung für Haushalte, Restaurants, Köche und Kuriere zu schaffen. Das haben meine Studenten in ihrer zweiten Roadmap-Übung beschrieben. Der individuelle Nutzen, der für alle Akteure geschaffen wird, addiert sich gesamtgesellschaftlich, sodass es in der Grafik 1.2 zu einer ansteigenden Wertschöpfungskurve kommt.

Der zweite Weg wird von der klassischen Wirtschaftswissenschaft mit ihrer wertfreien, technikzentrierten ökonomischen Rationalität vorangetrieben. Hier ist der zusätzliche Nutzen von Digitalinvestitionen für alle Beteiligten nicht nur irgendwann ausgeschöpft, sondern es kommt ab dem Wendepunkt sogar zu negativen Externalitäten. Was heißt das? Das betriebswirtschaftliche Modell der Preisfindung, das sich zwecks Gewinnmaximierung an Angebot und Nachfrage orientiert, wird empfehlen, die Digitalisierung zu nutzen, um Fahrradkuriere so gering wie möglich zu entlohnen; es könnten beispielsweise automatisierte Auktionen bei der Jobvergabe eingeführt oder jederzeit kündbare automatisierte Verträge geschlossen werden. Mikrojob-Börsen wie Amazon Turk, die so arbeiten, gibt es ja schon lange.[54] Dadurch entstehen negative Externalitäten wie Jobunsicherheit, Gehaltsunsicherheit und ungesunde Konkurrenz zwischen Kurieren. Hinzu kommt, dass die Gewinnmaximierungslogik effizienztreibende Routenoptimierung durch die App nahelegen wird, vielleicht sogar ein Benchmarking der Kuriere untereinander, um ihre körperliche Anstrengung zu maximieren, so wie es bei Disney Resorts praktiziert wird. Es gibt viele Leute, die als Fahrradkuriere arbeiten können und diese Konditionen hinnehmen. Immerhin ist keine Ausbildung erforderlich, und fast jeder hat ein Fahrrad und ein Handy. Das Angebot an Fahrern ist also theoretisch unbegrenzt. Insofern ist es aus klassisch-ökonomischer Sicht rational, die Digitalisierung zu nutzen, um Lohnkosten für Kuriere maximal zu drücken und die Produktivität wie beschrieben auszuschöpfen.

Der Umstand, vom Arbeitgeber als jederzeit austauschbar angesehen und ausgenutzt zu werden, wird bei vielen Kurieren allerdings dazu führen, dass sie selbst unzuverlässiger werden, dass ihre Loyalität gegenüber ihrem »Ad-hoc-Arbeitgeber« nachlässt und sie möglicherweise auch Höflichkeit gegenüber den Kunden vermissen lassen. Wie so oft im Leben wird Gleiches mit Gleichem belohnt. An nette Bekanntschaften mit Kunden oder eine Bindung an den Arbeitgeber ist in diesem Szenario nicht zu denken. Ganz im Gegenteil! Wie die Studenten in ihrer ersten Roadmap-Hausübung antizipierten, bedarf es nun eines kontrollierenden Bewertungssystems. Kunden von Auslieferungsservices muss es möglich sein, sich über Kuriere zu beschweren, wenn unhöfliches Verhalten oder Unzuverlässigkeit durchschlägt. Die Firma FoodIS muss investieren, um Kuriere jederzeit per GPS zu überwachen, damit keiner Fahrten macht, die dem Unternehmen nichts bringen. Sie muss Bewertungssysteme aufbauen und Sanktionsprozesse einführen oder auch juristische Spielräume im Arbeitsrecht klären. Eine kostenintensive Negativkultur von gegenseitiger Überwachung und Misstrauen wird geschaffen, wobei die digitale Plattform als Katalysator all dieser negativen Externalitäten fungiert. Letztlich kommt es zu einem Verlust von Wertschöpfung auf individueller, organisatorischer und gesamtgesellschaftlicher Ebene, bedingt durch steigende Unzufriedenheit, illoyales Verhalten, Freiheitsverluste, steigende Gesundheitskosten durch potenzielle Unfälle und Depressionen oder die Entfremdung von Köchen und Gästen. Nicht alle diese Kosten sind volkswirtschaftlich messbar. Dennoch kommt es faktisch zu Wertvernichtung statt gefühlter Wertschöpfung. Es ergibt sich ein Rückschritt statt Fortschritt.

Realismus und Notwendigkeit der digitalen Ethik

Bei der Lektüre der letzten Seiten könnte den ökonomisch affizierten Leser ein großes Fragezeichen begleitet haben. Die Ideen der Studenten sind ja schön und gut und gesamtgesellschaftlich wichtig, aber kann das Management einer Firma wie FoodIS die Priorität bei der Digitalisierung heute tatsächlich an so einem Wertesystem orientieren? Freundschaft zwischen den Kurieren? Freude beim Fahrradfahren? Freiheit und Privatheit beim Ausfahren? Mehr Zeit gewähren zwischen den einzelnen Jobs? Ja, sogar das Gesundheitsbewusstsein der Kunden schulen, sodass diese dann in Zukunft seltener die teure Pizza bestellen? Solche wertebasierten Servicevorschläge stellen allesamt Investitionen in technische Funktionalität dar, die dem Unternehmen und den Investoren erst mal keinen Profit bringen. Selbst wenn man nur einige dieser Ideen umsetzen würde, wären sie teuer und sogar mit Risiken für das Unternehmen verbunden, beispielsweise wenn die Kuriere müßig im Café rumhängen oder nicht mehr die schnellste Route zum Kunden nehmen würden. Der moderne Manager muss argumentieren, dass Unternehmen keine Wohlfahrtsvereine sind. In der heute vermittelten Betriebswirtschaftslehre steht nicht die Sorge um die charakterlichen und gesellschaftlichen Langzeitwirkungen der eingesetzten Technologien im Vordergrund; es geht nicht um das Wahre, Gute und Schöne, das mit der Einführung der Digitalisierung geschaffen werden könnte, sondern um Auftragswachstum, Margenentwicklung und Wettbewerbsfähigkeit. Dafür allein müssen Manager geradestehen. Dazu ist es aber notwendig, die technischen Entwicklungskosten so gering wie möglich zu halten und die Vertragsgestaltung mit möglichst wenigen Mitarbeitern kostenminimierend zu halten. Reicht es für die Mitarbeitermotivation vor diesem Hintergrund nicht aus, alle FoodIS-Kuriere einmal im Jahr zu einem super Sommerfest mit Freibier, Rockband und Loseziehen einzuladen? Reicht es nicht, vielleicht anderwärtig zu zeigen, dass man sozial denkt – beispielsweise durch die Überweisung von einem Prozent des Gewinns an eine Stiftung für Fahrradwege im Kongo oder für ein Waisenhaus im Sudan? Hätte man da nicht der Ethik Genüge getan? Außerdem hält man sich doch ohnehin an die Gesetze, die den Fahrradkurieren sicherlich schon bald einen kostenlosen Handywechsel, Regenwetterzuschläge und vielleicht sogar die zehnminütige Pause zwischen den einzelnen Jobs bescheren werden.

Nein, diese Schmalspurethik im gegenwärtig vorherrschenden betriebswirtschaftlichen Denken reicht im digitalen Zeitalter nicht mehr aus. Die Zeiten, da man die digitale Ethik – betriebliche Ethik insgesamt – auf Sommerfeste und Wohlfühlspenden auslagern konnte, während man gleichzeitig versuchte, möglichst »wertfrei« zu handeln, sind vorbei. Auch die Idee, man könnte die Ethik ins Juristische auslagern, wo sich dann schon andere um eine Minimalgerechtigkeit kümmern werden, reicht nicht aus – ebenso wenig, dass man zu Hause im Privaten ein guter Mensch ist und es in der Firma nicht genauso sein muss. Warum reicht es nicht? Weil die Digitalisierung in den letzten 20 Jahren zu einer derart engen Vernetzung von allen und allem geführt hat, dass das ethische Verhalten einer Firma und jedes Einzelnen immer irgendwann auffällt und diskutiert wird – ob es sich um Schwarzgeldkonten in der Schweiz handelt, Anlagestrategien in Panama, geheime Absprachen, illegale Diesel-Software in unseren Autos, sexuelle Anmache oder systematische staatliche Überwachung, wie sie Edward Snowden aufgedeckt hat. Auf irgendeinem Weg kommt immer alles auf den Tisch, weil fast alles, was wir tun, digitale Spuren hinterlässt; sei es über E-Mail, Handyvideos, Kurznachrichten oder sogar auf schon gelöschten Datenbanken, die mittels Forensik wieder ausgegraben werden. Es ist daher durch die Digitalisierung unendlich schwer geworden, unethisches oder auch nur halb wahres oder halb gutes Verhalten zu vertuschen.

Hinzu kommt die Macht der sozialen Medien, auf deren Plattformen halb gut oder halb wahr auch nicht reicht, denn alles, was man sagt und tut oder nicht tut, wird dort öffentlich diskutiert.

Wenn eine Firma wie FoodIS sich gegenüber den Kurieren nicht gut verhält, macht das schnell die Runde und kann zu einem erheblichen Markenschaden führen. Man denke nur an den Imageverlust von Uber, nachdem öffentlich wurde, wie sich der Firmenchef gegenüber einem eigenen Fahrer verhalten hat.[55] Digitale Information ist wie Wasser; irgendwie sickert durch, welche Werte eine Firma vertritt.

Bedeutsam ist auch die Einsicht, dass es nicht nur Unternehmen sind, die beobachtet werden; auch der Einzelne steht im Fokus. Wenn ich als Politiker, Vorstand, Sportler oder Medienstar eine private Affäre habe, muss ich davon ausgehen, dass sie in den sozialen Medien irgendwann öffentlich diskutiert wird. Früher gab es Absprachen zwischen Politikern und den Medien, dass über negatives Verhalten von Persönlichkeiten des öffentlichen Lebens nicht berichtet wird. Diese Zeiten sind vorbei. Auf Medien wie Facebook, Twitter oder Instagram kommt irgendwann alles an.

Wir sind also in ein digitales Dorf eingezogen, in dem jeder jeden irgendwie beobachtet und Verhalten mehr denn je zu Tratsch führt und auf die Goldwaage gelegt wird. Das hat gute und schlechte Folgen. Im Positiven habe ich das Gefühl, dass wir wieder in einem alltagspolitisch sensibleren Zeitalter leben. Die Leute wachen auf, diskutieren miteinander über das, was Michel Foucault als »Mikropolitik des Alltags« bezeichnete, und wollen ein Umdenken. Und jeder muss aufgrund der digitalen Transparenz seines Lebens achtsam sein, dass das, was man tut, wertvoll und vertretbar ist. Ethik ist ganz offensichtlich wieder eine Aufforderung an jede Handlung eines jeden Einzelnen zu jeder Zeit geworden – in seiner Rolle als Privatperson und als Mitarbeiter, als Dienstleister, Unternehmer oder Investor.

Die Bedeutung, die dem Einzelnen zukommt, ist übrigens der Grund, warum ich in diesem Buch oft ganz persönliche Fallbeispiele heranziehe und Werte in unserem Privatleben verknüpfe mit Werten in Unternehmen oder in der Politik. Im digitalen Zeitalter, in dem alles mit allem und jedem eng vernetzt ist, lässt sich das Systemdenken – Markt, Politik, Recht, Privates – nicht mehr so einfach trennen wie früher und schon gar nicht kontrollieren. Der Weg in das Wertesystem für das 21. Jahrhundert führt nur über uns selbst. Wer ihn geht, wird diese Welt positiv verändern. Wer ihn vernachlässigt oder nicht den Mut dazu aufbringt, wird kein glückliches Leben führen.

3.
ZUR NATUR DES DIGITALEN UND ZU DEN WERTEN

Um über menschengerechten, wertvollen Fortschritt nachzudenken, reicht es im Zeitalter der Digitalisierung nicht, sich nur mit Werten und der Frage auseinanderzusetzen, wie diese in digitalen Wertschöpfungsprozessen jeweils geschaffen werden könnten. Es reicht nicht, auf der Designebene der Geschäftsmodelle und technischen Anforderungen zu bleiben. Wir müssen uns auch mit dem Digitalen *an sich* auseinandersetzen, mit den Eigenschaften des digitalen Stoffs und seinen fundamentalen Wechselwirkungen mit unseren Werten.

Normalerweise wissen wir eine Menge über die Stoffe, die wir nutzen und/oder konsumieren. Zum Beispiel Alkohol. Für kluge Entscheidungen im Umgang mit Alkohol haben wir ein detailliertes Analyse- und Beschreibungssystem entwickelt, das es uns erlaubt, mit dieser verführerischen Substanz umzugehen. Wir wissen, dass Alkohol in der Fachsprache Ethanol heißt und ein leicht brennendes, würzig riechendes Lebergift ist. Wir kennen durchaus die positiven Werte der Geselligkeit, der Redseligkeit und der Lockerheit, die Alkoholkonsum freisetzt. Aber wir kennen ebenso die Übelkeit, die Müdigkeit, den Kontrollverlust, die Sucht und die Fettleibigkeit als Folgen. Aufgrund dieses Wertebewusstseins konnten wir lernen, was ein oder zwei Promille in unserem Körper bewirken und dass man Kindern Alkohol nicht verabreichen sollte. Wir konnten ein System entwickeln, wie wir mit Alkohol umgehen, was weitestgehend immer noch unsere freien Entscheidungen respektiert: Jeder darf sich besinnungslos besaufen. Aber trotzdem ist das Wissen um die Wirkung des Alkohols Teil unserer Erziehung. Es ist eingegangen in gesetzliche Regelwerke wie etwa die Straßenverkehrsordnung. Und Hersteller von alkoholischen Getränken sind verpflichtet, ihre Produkte zu kennzeichnen.

Aber was wissen wir eigentlich analog über das Digitale und über dessen »Alkoholanteil«? Der digitale Stoff beeinflusst unsere Werte ja ebenfalls, etwa unsere Gesundheit, die Gemeinschaft, unser Wissen und unsere Freiheit. Es lohnt sich also zu fragen, welche Eigenschaften bzw. Voraussetzungen das Digitale als stofflicher Wertträger mit sich bringt, sodass sich bestimmte positive und negative Werte für uns Menschen im Umgang damit entfalten. Wenn wir das verstanden haben, können wir vielleicht noch bessere Digitaltechnik entwickeln, so wie uns mittlerweile auch wirklich ansprechende alkoholfreie Getränke zur Verfügung stehen.

Wenn ich in diesem Kapitel von »dem Digitalen« spreche, dann meine ich damit immer die gegenwärtig auf Siliziumchips basierten IT-Systeme, die aus Hardware- und Softwareanteilen bestehen und auf einem künstlichen (nicht biologischen) Substrat laufen; in der Regel sind sie über einen datenreichen Breitbandanschluss miteinander vernetzt und meistens in einem ansprechbaren Standby-Modus, also beispielsweise unsere Smartphones, Tablets und Laptops, aber auch zukünftige Roboter, Softwareassistenten (wie heute Alexa oder Siri) oder selbstfahrende Autos.

3.1 Zur Unvollständigkeit des Digitalen

Ich beginne mit der Frage, ob das Digitale in der Lage ist, unsere menschliche soziale Realität und die Wertewelt, die uns bestimmt, vollständig abzubilden.

Stellen Sie sich vor, Sie sind Single und gehen in ein Lokal. Sie betreten den Raum und spüren unvermittelt, dass eine gute Stimmung herrscht. An der Bar sitzt ein Mann (oder eine Frau), und in dem Moment, in dem Sie ihn (oder sie) sehen, fühlen Sie sich hingezogen. Sie wissen nicht genau, warum, aber Sie empfinden Sympathie. Sie sehen die Schönheit des anderen Menschen und haben das Gefühl, dass hier etwas Besonderes vor sich geht. Im Gespräch entdecken Sie, dass dieses magische Wesen, das jetzt vor Ihnen sitzt, mehr Werte verkörpert, als Ihre Neugierde verarbeiten kann.

Nun vergleichen Sie den Eindruck, den Sie von dieser Person haben, mit folgender Alternative: Sie sitzen zu Hause und besuchen eine Online-Singlebörse. Sie öffnen das ausgefeilte Profil desselben Mannes (bzw. derselben Frau) und schauen sich ein paar Fotos an. Sie lesen sein oder ihr Lieblingsgedicht und einiges über persönliche Interessen und Vorlieben. Sie haben einen guten Eindruck, sind beeindruckt von der Schönheit auf den Fotos und empfinden sofort eine gewisse Sympathie. Welcher Unterschied besteht zum Erlebnis an der Bar?

Ein nüchterner Vergleich der beiden Arten des Wahrnehmens, real versus digital, zeigt, dass das Erleben eines Menschen bei einem tatsächlichen Zusammentreffen tiefer geht. Das Erleben von Werten findet intuitiv, emotional und körperlich statt. Wenn ich physisch präsent bin und einem Menschen real begegne, dann kann ich die Werte, die dieser Mensch verkörpert, intensiv erleben, weil alle meine Sinne im Spiel sind. Ich fühle mich daher körperlich hingezogen oder gegebenenfalls abgestoßen. Nicht nur die Augen sind sensorisch involviert, auch der Geruchssinn, die Ohren, die Haut und die Hormone fungieren als Informationsquellen. Digital betrachtet ist der Informationsinput weitergehend, als wenn ich nur die paar Megabyte an visueller digitaler Information wahrnehme.

Das Digitale unterscheidet sich jedoch offenbar nicht nur durch dieses *sensorisch* vollständigere Erleben vom Realen. Diese Schlussfolgerung würde zu kurz greifen. Ein realer Kontext erreicht durch die Vielschichtigkeit unserer Wirklichkeitserfahrung auch einen Grad an *intuitiv* erschlossener Vollständigkeit, den digitale Reproduktionen nicht bieten können. Die Vollständigkeit einer realen Begegnung von zwei Menschen kann beispielsweise beeinflusst sein durch eine bestimmte Ausstrahlung des Gegenübers, ein schief stehendes Auge, ein Grübchen am Kinn, eine feuchte Haut – ja, durch eine schier unendliche Menge unscheinbarer Einzelheiten oder Reize. Nicht alle dieser Details dringen in unser Bewusstsein vor. Aber einerlei, ob dies bewusst oder unbewusst geschieht: Wir assoziieren bestimmte Wertqualitäten mit dem, was wir erleben. Das Grübchen am Kinn der Person an der Bar mag uns mit einigem Wohlwollen an unseren Vater erinnern und das schief stehende Auge der Frau an die erste große Liebe. Viele dieser *wertvollen*[1] Details werden in einem digitalen System nicht abgebildet sein, sei es, weil sich die Systementwickler der Bedeutung dieser Details gar nicht bewusst sein können, die für jeden Einzelnen andere sind, sei es, dass jedes dieser relevanten Details so selten vorkommt, dass eine Künstliche Intelligenz es nicht als relevant erkennen kann,[2] oder sei es, weil einige dieser Details, wie etwa die Ausstrahlung eines Menschen, gar nicht messbar sind.

Unsere biologische reale Welt ist gekennzeichnet durch eine Fülle von sich niemals identisch wiederholenden Handlungen, Abläufen, Begegnungen und Situationen. Diese Wiederholungen bilden für uns im Augenblick der bewussten Wahrnehmung eine »Singularitas« (Einheit), in der sich unsere Erinnerung von Vergangenem mit unseren Erwartungen von Zukünftigem zu einer unwiederholbaren Erfahrung von Präsenz verdichten. Man kann die Singularitas insofern auch als die »Einzigkeit« unseres Erlebens im Hier und Jetzt beschreiben.[3] Und genau in diesem Moment der Singularitas erschließen sich uns auch die Werte, beispielsweise der Wert der Sympathie. Selbstverständlich ist das nicht nur beim Dating relevant, denn wir nehmen unsere gesamte Umwelt und unsere Mitmenschen immer in dieser Singularitas wahr und damit auch mit den Werten, die sich uns in einem solchen Moment erschließen. Wenn man Wahrnehmung aber so begreift und detailliert runterbricht, dann wird eigentlich sofort klar, warum wir Menschen untereinander in der Realität eine reichere, weiterreichende und vor allem anders geartete Wahrnehmung der Realität haben als das Digitale, zum Beispiel ein Roboter. Ebenso kann das digital Vermittelte niemals so umfassend und saturiert sein wie eine reale Begegnung.

Wenn Digitalisierungsexperten heute also anraten, dass man in Unternehmen den Vertrieb, die Kundenbetreuung oder den Einkauf möglichst stark durchdigitalisieren sollte, dann könnten sie falschliegen. Sie sollten sich vielmehr bewusst machen, dass man den menschlichen Prozessen nicht gerecht wird, wenn man ihre Singularitas missachtet und meint, dass es eine schöne digitale Oberfläche mit ein paar Workflows schon tun wird, um dieselben wertvollen Realitäten für das Unternehmen zu erzeugen, wie es die heutigen analogen (oder teildigitalisierten) Prozesse tun. Das einzigartige Zusammentreffen von Menschen setzt im Unternehmen und im Wertschöpfungsverbund mit Zulieferern und Kunden Werte frei, die einen großen wirtschaftlichen Vorteil bedeuten können. Man denke nur an Vertriebsgenies, die im Laufe des Verkaufsgesprächs bei ihren Kunden Sympathie und Vertrauen wecken; an Einkäufer, die durch ihr Qualitätsbewusstsein und ihre Genauigkeit beim Akt des Einkaufens für die richtigen Roh-, Hilfs- und Betriebsstoffe zu fairen Preisen sorgen; an Callcenter-Mitarbeiter, die Kunden Freundlichkeit und Ruhe entgegenbringen, wenn sie ihnen helfen; an Tüftler, die technische Problemfälle dank ihrer Kreativität, ihres Geschicks und ihrer Neugierde lösen, oder an all jene menschlichen »Perlen«, die mit ihrer Wärme, Milde und gebenden Anteilnahme in vielen Situationen die Sozialsysteme in Unternehmen tragen. Ohne diese Werte, die sich nur in der singulären Wahrnehmung der beteiligten Menschen erschließen, kann kein Unternehmen erfolgreich sein. Wer »durchdigitalisiert«, zerstört sein eigenes Ökosystem an Unternehmenswerten.

Die Big-Data-Illusion

Muss man vor diesem Hintergrund schlussfolgern, dass das Digitale *nie* den Perfektionsgrad erreichen wird, der es erlauben würde, soziale Prozesse zu ersetzen? Riskieren wir derbe gesellschaftliche und zwischenmenschliche Rückschritte, wenn wir die menschliche Singularitas missachten und alles durchdigitalisieren? Hier würden viele Digitalisierungsfans vehement widersprechen. Sie glauben an die Verheißung, dass mehr Daten automatisch mehr Wissen ermöglichen und dass Maschinen daher einfach mehr davon brauchen sowie mehr Algorithmen und Ontologien, um Situationen und Prozesse wahrhaftig abzubilden.[4] Der Philosoph und Historiker Yuval Noah Harari nennt die Digitalisierungsfanatiker zynisch »Dataisten«.[5] Wenn Dataisten Technologien entwickeln oder Firmen gründen, die sie gerne als »smart« bezeichnen, dann besteht die Wertschöpfung für sie vor allem darin, mehr Daten zu sammeln und für ihre Services zu nutzen. Sie glauben daran, dass Services wie Datingportale, Lifelogging oder die Onlinewerbung sehr viel besser funktionieren werden, wenn erst einmal mehr Daten über uns Nutzer zur Verfügung stehen. Sie finden es wohl »effizient«, dass sich aktive Onlinedater heute zwölf Stunden in der digitalen Informationsvielfalt der Vermittlungsportale aufhalten, um sehnsüchtig ein erstes Treffen zu organisieren, von denen 70 bis 80 Prozent schiefgehen.[6] Statt 30 Minuten mit einem potenziellen Partner in einer realen Bar zu flirten, verheddern Dater sich im digitalen Sumpf falscher Erwartungen. Aber Dataisten glauben, dass man solche Probleme durchaus digital lösen kann.

Onlinedating-Plattformen könnten zum Beispiel nicht nur viel mehr Informationen abfragen und mehr Psychotests durchführen, sondern auch Dinge integrieren wie eine digitale Duftprobe; etwa vom Tagesgeruch eines potenziellen Partners. Erste wissenschaftliche Prototypen zum Versenden von Duftproben existieren sogar schon.[7] Dieser Geruch könnte schon vorab an den vermeintlich Zukünftigen vermittelt werden; immerhin belegen wissenschaftliche Studien, dass der Geruch beim Dating ein relevanter Faktor ist.[8] Oder wie wäre es mit einem Blick in die Wohnung des potenziellen Partners? Hersteller von Smart-TVs haben schon heute bei manchen Modellen die Bildschirme mit aktiven Kameras ausgestattet, die solche Daten sammeln.[9] Da liegt der Schritt doch nahe, diese Informationen an Datingservices gleich weiterzuverkaufen – oder zumindest einen Index dazu, wie ordentlich jemand ist? Ähnliches wird heute schon regelmäßig mit den privaten Smartphonedaten der User gemacht. Die Firma Lenddo beispielsweise analysiert, wie ordentlich ein Smartphonenutzer mit seinem Telefon umgeht, ob er etwa regelmäßig den Akku aufgeladen hat, und zieht Schlussfolgerungen hinsichtlich des Charakters des Users, was wiederum für die Entscheidung relevant werden kann, ob dieser später einen Kredit oder eine Einladung zum Vorstellungsgespräch bei einem Arbeitgeber bekommen wird. Diese Geschäftemacherei und Hochrechnerei unserer persönlichen Daten sind inzwischen völlig normal.[10] Und es bedeutet nur noch einen kleinen Schritt, auch noch die Wohnung zu durchleuchten. Datingportale könnten also garantiert bessere Erfolgsraten für das erste Date versprechen, oder nicht?

Ganz abgesehen davon, dass ich mit Schaudern den Verlust meiner Privatheit und Freiheit erwarte, wenn mein Smart-TV all diese Informationen über mich sammelt, um (meistens ohne mein Wissen) ganz andere Lebensbereiche wie das Dating oder die Werbung zu verbessern, gehe ich nicht davon aus, dass die Welt so einfach ist, wie Dataisten sich das vorstellen. Digitale Welten sind keine »Spiegel« der Realität, so wie das gerne von dataistischen Silicon-Valley-Unternehmern behauptet wird.[11] Warum nicht? Lassen Sie uns die Singularitas der FoodIS-Geschichte im vorhergehenden Kapitel weiterdenken: Die Sympathie und Freundlichkeit, die sich dem Fahrradkurier Ben offenbart, als die Pizzabestellerin Mona Lisa die Wohnungstür öffnet, überrascht ihn kolossal. Irgendwie erinnert Mona Lisa ihn an seine Mutter, das gleiche brünette Haar, ähnlich schöne blaue Augen. Schnell wirft Ben einen

Blick in ihre Wohnung, die er stilvoll eingerichtet, ordentlich und gemütlich findet. Mona Lisa öffnet die Pizzapackung, und ein verlockender Geruch schlägt den beiden entgegen, der sie an ihre Kindheit erinnert. Lächelnd gibt sie Ben ein großzügiges Trinkgeld, und er wendet sich zufrieden seinem nächsten Auftrag zu. Welche Werte bestimmen diese reale Situation? Sympathie, Freundlichkeit, Stil, Ordnung, Gemütlichkeit, Freude, Großzügigkeit – ja, sogar Liebe? All dies sind unsichtbare Werte, die sich zwischen zwei Menschen und den Dingen in einem Kontext entfalten, die aber kein IT-System wirklich erfassen kann.

Dataisten unterliegen also einer ganz seltsamen Kontrollillusion. Sie glauben, dass sie mit ihren Big-Data-Vermessungsmodellen unsere ganze Welt und unser Leben digital erfassen und verstehen können, indem sie uns ein paar Sensoren in unsere Wohnungen einbauen. In Wirklichkeit lässt sich aber das, worum es uns im Leben geht, gar nicht erfassen, weil all diese Werte zwar für die Menschen in einer Situation spürbar sind, aber nicht sichtbar und nicht digital messbar. Dataisten würden natürlich an dieser Stelle argumentieren, dass das nicht stimmt. Sie würden sagen, dass es doch technisch möglich ist, überall in der Wohnung Videokameras zu installieren und jeden Bürger dazu zu verpflichten, Smartwatches zu tragen. Die Videokameras in der Wohnung würden Bens und Mona Lisas Lächeln aufzeichnen, und durch die Mimikerkennung bei der Gesichtsanalyse würde die Software darauf schließen, dass Sympathie herrscht. Ein Pulssensor in den Smartwatches könnte diese emotionale Reaktionsanalyse verfeinern. Die Videokameras könnten ferner die Wohnung aufzeichnen und anhand eines Ordnungserfassungsalgorithmus ausrechnen, ob sie aufgeräumt ist. Die Bilder von der Wohnung könnten mit einer Datenbank abgeglichen werden, in der für alle Möbel hinterlegt ist, wie teuer und wie neu sie sind. Auf dieser Basis könnte dann vielleicht Mona Lisas »Stil« bestimmt werden. Gibt es einen Kamin, könnte das IT-System automatisch die Klassifikation »gemütlich« hinzufügen. Und schließlich könnte die Bezahl-App feststellen, ob das Trinkgeld überdurchschnittlich war, und daraus ableiten, dass es sich um Großzügigkeit oder Zufriedenheit mit der Lieferung gehandelt haben muss. Das scheint doch alles fein säuberlich digital-maschinell abbildbar zu sein!

Die Frage ist nur: Warum hat Mona Lisa gelächelt? Hat sie gelächelt, weil ihr Ben als Mann gefallen hat? Und war Ben überrascht, weil er Mona Lisa attraktiv fand? Oder war Mona Lisa an dem Tag in Vorfreude auf einen Ausflug? Hat sie eventuell an ihre Mutter gedacht, die ihr am Vorabend die Nachricht überbracht hatte, dass sie im nächsten Monat einen Ausflug machen würden, den Mona Lisa sich schon lange gewünscht hat? Vergangenheit und Zukunft, räumlich Nahes oder Fernes – nichts von dem, was unser Bewusstsein und unser Handeln in einem Augenblick wirklich bestimmt, ist von Maschinen erfassbar.

Außerdem ließe sich fragen, ob man den »Stil« einer Wohnung überhaupt in einem technischen Modell sinnvoll erfassen kann. Ist nicht jeder Stil einzigartig? Ist ein Kamin ein genereller Gradmesser dafür, ob eine Wohnung »stilvoll« oder »gemütlich« ist? Und kann man anhand eines überdurchschnittlichen Trinkgelds automatisch auf »Großzügigkeit« oder Kundenzufriedenheit schließen? Vielleicht war ja doch Zuneigung im Spiel?

Maschinen bilden die Realität immer nur secondhand in einem indirekten, nachgelagerten und unvollständigen Datenmodell ab, das zwar versucht, die Wahrheit zu reproduzieren, die Welt der Werte aber nicht erfassen kann. Die saturierte Vollständigkeit der realen Singularitas, in der wir Menschen leben, ist Maschinen nicht zugänglich. Und selbst die körperlich wahrgenommenen sensorischen Informationen, die sich bei Lebewesen als Gefühle materialisieren, sind in ihrer unendlichen Vielschichtigkeit von einer Maschine weder beobachtbar noch reproduzierbar. Damit ist aber der Input einer Maschine, die dies bräuchte, um sinnvoll an der menschlichen Welt zu partizipieren, kolossal begrenzt. Und wenn dem so ist, wie soll es dann je Künstliche Intelligenzen geben, die wahrhaft intelligent im menschlichen Sinne sind? Auf der

Basis welcher Daten soll das denn möglich sein? Wie sollen humanoide Roboter wie Menschen wirken, wenn sie doch auf solchen suboptimalen Datensätzen und Künstlichen Intelligenzen aufsetzen?

Trotz dieser fundamentalen und völlig offenen Fragen ist der Glaube an solch eine Maschinenintelligenz in Expertenkreisen dennoch weit verbreitet. Das geht so weit, dass sich einige Wissenschaftler ernsthaft dafür aussprechen, sogar die Rechtsprechung stärker auf Computer zu basieren; was in weiten Teilen der USA heute schon praktiziert wird.[12] Diese Wissenschaftler meinen, nachweisen zu können, dass Künstliche Intelligenzen Menschen besser beurteilen können als deren eigene Eltern.[13] Ich nenne dieses Phänomen des übertriebenen Irrglaubens an die Vollständigkeit des digital Reproduzierten die »Big-Data-Illusion«.

Die Folgen der Big-Data-Illusion sind für Unternehmen und Regierungen gigantische Wertverluste auf allen Ebenen. Unternehmen verlieren irreversibel das Vertrauen der Kunden, wenn diese die Einbrüche in ihre Privatheit mitbekommen; sie verlieren ihren Respekt und ihre Loyalität, wenn sie in Callcentern auf Bots statt auf Firmenvertreter treffen. Und sie werden die Wut und die Verzweiflung der Kunden nicht nur zu spüren bekommen, wenn diese ihre Bots im Callcenter anschreien, sondern sie werden erleben, dass sich Kunden mittelfristig auf die Suche nach kundenfreundlicheren, authentischeren Unternehmen machen. Unternehmen zerstören auch das Interesse und die Freude von Universitätsabsolventen, sich bei ihnen zu bewerben, wenn sie diese digital abfertigen und ihnen würdelos Maschinen als Gesprächspartner fürs erste Interview vorsetzen. Regierungen verlieren den letzten Rest an Bürgerrespekt, wenn sie Maschinen in der Rechtsprechung zulassen. Die Menschen müssten schon sehr abgestumpft und verzweifelt sein, wenn sie anders reagieren würden. Aber selbst wenn sie abgestumpft sein sollten und sich – wie ich es übrigens erwarte – mit dem Verlust von Privatheit, Qualität, Respekt, Loyalität und Würde arrangieren würden, wäre dies aus heutiger Sicht mit einem gigantischen gesellschaftlichen Rückschritt verbunden, den sich selbst George Orwell in seinem Roman *1984* nicht hat träumen lassen.

Das Schattenboxen mit dem Abwesenden

Die Unvollständigkeit und mangelnde Singularitas des Digitalen hat nicht nur negative gesellschaftliche Folgen, weil sie unterschätzt wird und zu falschen Einsatzbereichen für Informationstechnik führt. Wir Menschen reagieren auch unmittelbar auf den ausgedünnten sensorischen Input. Wie tun wir das? Ich stelle die Hypothese auf, dass wir unter Einsatz unserer Fantasie in einen Autovervollständigungsmodus (autocompletion) verfallen.

Kennen Sie die Situation, wo Sie eine Nachricht auf Ihr Handy bekommen, die Sie nicht richtig verstehen – vielleicht von Ihrem Chef oder einem Freund? Oder haben Sie sich schon mal gewundert oder sogar geärgert, dass Sie nur fünf Likes oder Retweets erhielten, wo sie mindestens 15 erwartet hatten? Wenn ja, dann wissen Sie, dass man sich manchmal stundenlang nicht mehr konzentrieren kann, weil man sich alles Mögliche vorstellt, was der andere gemeint haben könnte oder warum die eigene Popularität in den sozialen Medien gesunken sein könnte. Der andere antwortet nicht? Vielleicht mag er Sie nicht mehr? Sie wissen es nicht genau, denn das digitale Medium gibt Ihnen nur unvollständige Informationen. Sie erfinden also Geschichten, was die da draußen gedacht und gemeint haben könnten, und drehen sich im Kreis.[14]

Wenn Sie jedoch Ihren Chef oder Ihre Freunde später treffen, dann kann sich die Unklarheit oft im Nu auflösen. Das Gegenüber wollte etwas ganz anderes sagen, als Sie es in seine E-Mail hineininterpretiert haben. Und der Facebook-Algorithmus hat entschieden, dass er Ihr Posting einfach niemandem im Freundeskreis anzeigt. Wenn wir uns mit der Unvollständigkeit des digitalen Kommunikationsmediums konfrontiert sehen, dann unterliegen wir leicht Illusionen und suchen eine tiefere Bedeutung, wo eigentlich keine ist. In Abwesenheit des realen Gegenübers oder eines realen Kontexts projizieren wir unsere eigenen Denkmuster und Wunschvorstellungen auf die empfangene Information. Wir verfallen in einen Autovervollständigungsmodus, und wenn unsere Ergänzung negativ ist, dann starten wir das, was ich als »kräftezehrendes Schattenboxen mit dem Abwesenden« bezeichne.

Beim Onlinedating ist das Autovervollständigungsverhalten gut nachvollziehbar.[15] Nach sage und schreibe sieben Stunden Informationsaustausch pro Woche, die Onlinedater nach dem ersten Screening mit dem Schreiben von E-Mails und Kurznachrichten mit dem ausgewählten Date verbringen, bestätigen 90 Prozent vor dem ersten Treffen, dass sie den potenziellen Partner mögen und an Gemeinsamkeiten glauben. Die digital aufgelisteten formalen Kriterien, die vom jeweils anderen vorliegen – etwa der Erfolg im Beruf, das gute Aussehen, die Popularität, die interessanten Hobbys und Fremdsprachen –, sind so überzeugend, dass man hoch motiviert das erste Treffen ansteuert. Nach dieser ersten Verabredung mögen allerdings nur noch 36 Prozent denjenigen, den sie wirklich getroffen haben. Der digital vermittelte unvollständige Eindruck, man habe Gemeinsamkeiten, hat in den meisten Fällen nichts mit der Realität zu tun; man hat sie sich nur eingebildet. All die Mühe war in den meisten Fällen also verschwendete Zeit für abwesende Phantasmen.[16] Und trotzdem empfinden viele Onlinedating als effizient.[17] Machen wir uns da was vor?

Warum vervollständigen wir Menschen die Leere des Abwesenden überhaupt? Die Wissenschaft zeigt auf unterschiedlichen Ebenen, dass das Autovervollständigungsverhalten für uns Menschen normal ist. Das beginnt bereits auf physiologischer Ebene: Auf unserer Netzhaut gibt es einen blinden Fleck, wo wir definitiv nichts sehen können.[18] Trotzdem bilden wir uns ein, alles in unserem Blickfeld zu haben. Wir tun das, weil unser Gehirn diesen blinden Fleck unmerklich von selbst vervollständigt. Neben diesem physiologischen Phänomen zeigt die psychologische Forschung, wie überlebenswichtig wahrgenommene Kontrolle für uns Menschen ist und damit ein natürliches Verlangen nach Vollständigkeit der Dinge um uns herum.[19] Die Verhaltensforschung unterscheidet drei Kontrollformen:[20] die Informationskontrolle, die Entscheidungskontrolle und die Verhaltenskontrolle. Informationskontrolle bedeutet, zu wissen, was um uns herum vor sich geht. Entscheidungskontrolle bedeutet, Möglichkeiten zu kennen, auf diese Information effektiv zu reagieren. Und Verhaltenskontrolle heißt, dass wir Feedback von unserer Umgebung bekommen, dass unsere Entscheidungen respektiert wurden. Zum Beispiel ist mein Wunsch nach Verhaltenskontrolle befriedigt, wenn mein Gegenüber zustimmend nickt oder lächelt. Bezogen auf die Maschinenwelt ist unsere Verhaltenskontrolle befriedigt, wenn zum Beispiel die automatische Fahrzeugsteuerung im Auto auf unsere Befehle unmittelbar reagiert oder uns durch eine aufleuchtende Lampe signalisiert, dass es unsere Anweisung entsprechend befolgt. Leuchtet die Lampe jedoch wegen etwas, was wir nicht verstehen, dann bilden wir uns alle möglichen Geschichten ein, warum sie das getan haben könnte. Wir legen uns *vermeintliche* Kontrolle über unsere Umgebung zurecht, damit wir uns wohl in ihr fühlen können. Ist der Wunsch nach Kontrolle nicht erfüllt, werden Menschen wütend und jähzornig.[21] Es kommt zu negativen Wertfolgen wie Vertrauensverlust, Hilflosigkeit[22] und reduziertem Selbstbewusstsein. Kurz: Die Autovervollständigung ist ein normaler Schutzmechanismus für uns Menschen, der uns jedoch im Umgang mit dem Digitalen leicht in die Irre führen kann.

3.2
Zur gespaltenen Natur des Digitalen

Dass das Digitale nie dieselbe Vollständigkeit haben kann wie das Reale, liegt nicht nur daran, dass es die Werte und die Singularitas des Lebens nicht erfassen kann. Es ist auch der Urcharakter des Digitalen – bildlich gesprochen die DNA des Digitalen –, die unvollständig ist. Warum? Weil die digitale DNA eine Natur der Geteiltheit besitzt und nicht eine der Ganzheitlichkeit. Was meine ich damit?[23] Ich würde behaupten, dass Produkte oder Services, wie ein Roboter, sprechende Künstliche Intelligenzen oder 3-D-Drucke, die aus einer digitalen Stofflichkeit gemacht sind, nie als eine vollständige echte Einheit im biologischen Sinne empfunden werden können, weil sie aus Bits gemacht worden sind.[24] Bits sind Symbole, die für 0 oder 1 stehen und nur in dieser zweigeteilten Kombination die technische Grundlage von allen Digitaltechnologien bilden. Zwar werden Bits zu Bytes kombiniert, zu Kilobytes, Megabytes und Gigabytes, und können so einen reichen Informationsstrom abbilden, der uns insbesondere in zweidimensionalen Medien eine Illusion von Einheit vorspielt – beispielsweise wenn wir hoch aufgelöste Fotos sehen oder bei guter Bandbreite miteinander Videotelefoniedienste nutzen –, aber in Wirklichkeit vererbt sich der technische Urcharakter der digitalen Geteiltheit von 0 und 1. Vielleicht hilft es, sich vorzustellen, wie sich Mehl anfühlt, wenn man es vor dem Backen einmal durchsiebt. Die Konsistenz des gesiebten Mehls ist schlichtweg eine andere, als wenn es direkt aus der Packung kommt. Man kann beides gleichermaßen verwenden. Gesiebtes Mehl ist oft sogar wichtig, wenn man »feiner« backen will, aber genau das Gleiche ist es nicht.

Wir können feststellen, dass das Digitale durch seine gesiebte Natur immer geordneter erscheint als das analoge Pendant. Die Bits und Bytes werden fein säuberlich zu Worten, Attributen, Objekten, Funktionen, Relationen und Sequenzen zusammensortiert, so dass sich ein fein säuberlich aussehendes Puzzle größerer Zusammenhänge ergibt. Digitale Prozesse in Unternehmen wirken daher oft professioneller als solche, die von Menschen durchgeführt werden. Digitale Profile von Menschen wirken strukturierter als Gespräche mit ihnen. Digitaldrucke sind leichter zu lesen als Handschriften. Das heißt, dass das Digitale aufgrund seiner geordneten gesiebten 0-1-Urnatur Wertqualitäten wie Ordnung, Professionalität, Klarheit, Konzentration und Effizienz in die Welt bringt, die uns Menschen sehr angenehm sind.

Was dabei aber oft verloren geht – und dessen müssen wir uns ebenso bewusst sein –, ist die Möglichkeit, Form und Inhalt einheitlich wahrzunehmen. Die digitale Form ist ja immer gleich oder ähnlich schön geordnet und professionell, während Inhalte stark variieren. Die Handschrift eines Studenten erlaubt mir, einiges über seinen Charakter zu vermuten. Manche schreiben ganz klein und fein säuberlich, was sich in ihren Inhalten auch widerspiegelt, die dann oft präzise und genau durchformuliert sind. Andere hingegen schreiben mit riesigen Buchstaben und breiten Abständen. Sie denken oft groß, aber es fehlt dann häufiger die Tiefenschärfe. In der Regel habe ich aufgrund der Handschrift eine korrespondierende Vorstellung von Person und Inhalt. Bei digitalen Arbeiten geht diese einheitliche Wahrnehmung von Inhalt und Form verloren. Ich erhalte Digitalfiles, die eine große Professionalität versprechen, weil sie so hübsch formatiert sind. Aber wenn ich dann in die Inhalte einsteige und feststelle, dass diese lange nicht so klar und präzise sind, wie das die digitale Oberfläche versprochen hat, dann fällt mein zweiter Eindruck vom ersten ziemlich brutal ab, und es kommt zu einer unangenehmen Diskrepanz zwischen der schönen Form und dem mittelmäßigen Inhalt; zwischen Erwartung und Realität. Negative Werte wie Enttäuschung und Unzufriedenheit stehen im Raum, weil das Digitale falsche Erwartungen schürt.

Die Diskrepanz zwischen der digitalen Oberfläche einerseits und einer oft nicht dazu passenden Realität andererseits begegnet uns heute auf vielen Einsatzgebieten des Digitalen. In den sozialen Medien ist diese Diskrepanz zu einem gigantischen Problem geworden, weil Fake News genauso professionell und damit glaubwürdig in Erscheinung treten wie echte News. So haben beispielsweise viele katholische Wähler vor den letzten Präsidentschaftswahlen in den USA echt aussehende Artikel eingespielt bekommen, in denen berichtet wurde, dass der Papst Trump wählen würde. Sie schenkten der schönen professionellen Form der Onlinenews Glauben. In Wirklichkeit war der Inhalt gefälscht. Es wurde sogar berichtet, dass Facebook von 250 Millionen Bots bevölkert ist.[25] Das sind Computerprogramme, die aussehen wie tatsächliche menschliche Facebook-Nutzer und automatisch politische Propagandanachrichten verteilen. Die digitale Form dieser Bots ist so schön professionell, dass die meisten Leute die künstliche Identität nicht erkennen können.

Zusammengefasst bringt die stets gleiche, schön geordnete Form des Digitalen immer wieder unsere Erfahrung der Welt durcheinander. Sie suggeriert eine Ordnung und Einheit, wo es diese oft gar nicht gibt. Dies führt zwangsläufig zu Verwirrung und Fehleinschätzungen, die langfristig negative Werte wie Misstrauen, Unsicherheit und Argwohn aufkommen lassen.

3.3 Zur Fehleranfälligkeit des Digitalen

Zur unvollständigen und geteilten Natur des Digitalen gesellt sich noch eine dritte Herausforderung: die Fehleranfälligkeit von Softwaresystemen. Paul Watzlawick beschreibt in seinem Buch *Wie wirklich ist die Wirklichkeit* ein Experiment, in dem zwei separierte Versuchspersonen von einem (vermeintlichen) medizinischen Softwareprogramm Bilder von Gewebezellen zu sehen bekommen. Die Versuchspersonen sollen die Zustände »krank« oder »gesund« erkennen lernen. Wie so viele unserer heutigen Computerprogramme wirkt das System sehr professionell; keiner weiß aber, wie es genau funktioniert beziehungsweise ob es überhaupt richtig funktioniert. Die Versuchspersonen erhalten vom Computersystem ein positives Feedback, wenn sie richtig diagnostizieren, und eine Warnung bei Fehldiagnose. Dadurch lernen sie auf die Dauer, krank und gesund voneinander zu unterscheiden. Nach einer gewissen Diagnosezeit müssen sich die Teilnehmer des Experiments zusammensetzen und sich gegenseitig erklären, woran man Gesundheit und Krankheit bei den Gewebezellen erkennt. Die Versuchsteilnehmer wissen nicht, dass einer der beiden Computer regelmäßig falsches Feedback gibt. Dieses bewirkt, dass die betroffene Versuchsperson nicht lernen kann, den Gesundheitszustand der Gewebezellen richtig zu diagnostizieren. Statt den Computerfehler aber zu bemerken, vertraut die Versuchsperson darauf, dass die Maschine natürlich richtigliegen muss. Und statt das wirre Computerfeedback zu hinterfragen, denkt sie sich ein ganz komplexes Erklärungsmodell für die Diagnose von Gewebezellen aus; sie füllt die unverständliche Realität mit ihrer Fantasie. Was noch schlimmer ist: Wenn sich nun diese irrende Versuchsperson hinterher mit der richtig geschulten zusammensetzt und beide sich darauf einigen müssen, wie man Gewebezellen korrekt analysiert, dann setzt sich fast immer diejenige mit ihrem Erklärungsmodell durch, die falschliegt. Fehlerhafte Computerprogramme regen also nicht nur die Fantasie an, sondern führen auch noch zur Anerkennung falscher Schlussfolgerungen.

Ich will ehrlich gesagt gar nicht wissen, wie häufig es heute zu ähnlichen Situationen in Unternehmen kommt. Das Problem ist nämlich dies: Digitale softwarebasierte Systeme sind fehleranfällig. Maschinen machen zwar in vielen Bereichen viel weniger Fehler als wir Menschen. Sie sind präziser, sehen mehr Details, können fehlerfrei wiederholen und haben keine Müdigkeitsfehler. Aber bei all diesen Vorzügen machen sie durchaus ihre eigenen Fehler. Zu diesen kommt es, weil der Code Fehler haben kann, weil die verarbeiteten Daten Fehler enthalten können – sie sind beispielsweise veraltet oder enthalten Doppelungen –, weil das System vielleicht nicht über hinreichende Daten verfügt, weil es in Kontexten eingesetzt wird, für die es nicht entwickelt wurde, weil es bei der Nachrichtenübertragung zu Bit-Flips kommt oder weil ein Hacker vielleicht Daten subtil verändert hat.

Mit dem Einsatz von mechanischen und elektromechanischen Maschinen hatten wir uns daran gewöhnen dürfen, dass diese zwar kaputtgehen können, aber solange sie nicht kaputt sind, funktionieren sie sehr verlässlich und weitestgehend fehlerfrei. Fälschlicherweise gehen wir davon aus, dass das bei digitalen Systemen genauso ist. Dem ist jedoch nicht so. Nicht umsonst sollte ein großer Teil der Entwicklung von Softwaresystemen auf das sogenannte Debugging – also die Fehlerbehebung – entfallen. Im klassischen Flugzeugbau etwa sollen Softwareingenieure nur drei von 24 Monaten mit dem Schreiben von neuen Programmcodes verbringen. Der Rest wird auf das Testen und Debuggen verwendet.[26] Das Resultat von solchen Prozessen ist eine offizielle Fehlerdichte, die ein Qualitätsmerkmal der Software ist. Wenn man ein System für Hochsicherheitsbereiche entwickelt, beispielsweise im Rahmen der Flugtechnik oder von Krankenhaussystemen, dann verfolgen die Hersteller das Ziel, in jedem Fall unter 0,5 Fehler pro 1000 Zeilen Code zu kommen. Und mittlerweile gibt es auch Methoden, wie das modellbasierte Design von Software, die dies deutlich erleichtern und beschleunigen. Aber man darf bei dieser beruhigend niedrigen Fehlerquote nicht vergessen, dass sich in einem hochgradig digitalisierten Auto bis zu 100 Millionen Zeilen Code befinden können.[27] 0,5 Fehler pro 1000 Zeilen Code würden dann 50 000 Fehler bedeuten – eine Fehlerdichte, die ich mir für mein Auto nicht gerade wünsche.

Wenig überraschend ist es vor diesem Hintergrund, dass Softwarefehler zunehmend ernsthafte Probleme bereiten, ob nun ein Flugsicherheitssystem ausfällt und Flieger am Boden bleiben müssen, Toyota 9 Millionen Fahrzeuge zur Wartung zurückruft und 3 Milliarden US-Dollar an Entschädigungen zahlen muss, weil eine Software im Auto die Bremsen versagen ließ,[28] oder Experten befürchten, dass in England pro Jahr derzeit vermutlich Hunderte von Krankenhauspatienten Softwarefehlern zum Opfer fallen.[29] Zu wenig Augenmerk wird auf diesen problematischen Teil des digitalen Stoffes gerichtet.

Gerne wird von Dataisten und der profitierenden IT-Industrie argumentiert, dass es seit jeher in allen Bereichen auch menschliche Diagnosefehler gegeben hat. Das stimmt, und zum Glück wissen wir nur zu genau um die menschlichen Fehler, sodass die meisten Unternehmens- oder Verwaltungsprozesse entsprechend fehlertolerant aufgebaut sind. Es gibt nur einen Unterschied: Aufgrund der historisch gewachsenen Erfahrung mit fehlerlosen Maschinen erwarten die meisten Nutzer und Käufer von digitalen Systemen heute, dass diese ebenso fehlerlos sind. Dies trägt zum Kaufimpuls bei. Sie wollen den fehlerhaften Menschen ausschalten, und die schön professionell wirkenden digitalen Oberflächen bestärken diese Erwartung. Wenn digitale Systeme dann aus besagten Gründen doch Fehler verursachen, neigen Nutzer dazu, diese irgendwie zu rechtfertigen. Sie suchen die Fehlerquelle bei sich, in menschlichem Versagen und denken sich sehr angestrengt alles Mögliche aus, um die komischen Ergebnisse der Maschinen zu rechtfertigen, so wie in dem von Paul Watzlawick geschilderten Experiment. Sie kommen zu falschen Schlüssen und verbreiten diese weiter. Als negative Wertfolgen ergeben sich dadurch in Unternehmen Verwirrung, Desorientierung, Demotivation und Kontrollverlust, dem man sich als Mitarbeiter nur entziehen kann, wenn man innerlich auf »Durchzug« schaltet und sich nicht mehr um das Unternehmen und seine IT-Fehler schert.

Was in Unternehmen Alltag ist, steht nun in der Verwaltung wohl in Kürze an. Schon hat man begonnen, unter dem Stichwort E-Government viele Prozesse der öffentlichen Hand zu digitalisieren. Nur kann ein falsch behandelter oder falsch klassifizierter Bürger nicht auf Durchzug schalten und wird sein Vertrauen in den Staat verlieren. Bürger werden in Unsicherheit leben müssen, ob sie morgen schon von irgendwelchen Computersystemen falsch klassifiziert werden könnten, von der Polizei kafkaesk einkassiert werden oder einfach ihre Sozialbezüge nicht mehr ausgezahlt bekommen oder an Grenzen abgewiesen werden. Unsere demokratischen Gesellschaften würden dann in einem gewaltigen rückschrittlichen Chaos landen.

Sehr viel Hoffnung wird vor dem Hintergrund dieser Risiken auf die Softwareentwickler gelegt, auf ihre Sorgfalt und die Reife ihrer Entwicklungstools. Ganz sicherlich erwarten wir alle, die wir in der IT-Welt arbeiten, dass der Fortschritt in der Branche die meisten dieser Horrorszenarien ausschließen oder zumindest abmildern wird. Vielleicht könnte Software sich selbst schreiben und Künstliche Intelligenz eingesetzt werden, von der man hofft, dass sie weniger Fehler macht. Dieses Vertrauen in das »Prinzip Verantwortung« in den technischen Entwicklungsabteilungen steht derzeit jedoch am Scheideweg. Entwickler und Verwalter von IT-Systemen wissen nämlich oft selbst nicht mehr genau, wie ihre Maschinen im Detail funktionieren, weil meist sehr viele Personen an der Entwicklung eines einzigen Systems beteiligt sind und weil Künstliche Intelligenzen mitunter wie eine Blackbox funktionieren und nicht transparent genug machen, wie sie zu systemrelevantem Verhalten kommen.[30] Wie wir Nutzer projizieren auch Entwickler eigene Erklärungen auf ihre Erfindungen und gehen davon aus, dass sie doch richtig sein müssten. Manchmal »tunen« sie ihre Systeme auch ein bisschen nach, wenn bestimmte Details nicht passen. Viele dieser Erklärungen und Tunings sind jedoch nicht ausreichend dokumentiert und kaum nachprüfbar; insbesondere dann nicht, wenn IT-Abteilungen von ihren Auftraggebern nicht genügend Zeit bekommen, um in Ruhe nachzuvollziehen und zu dokumentieren, was ihre Systeme tun oder wo Probleme schlummern.[31] In einem Artikel mit dem Titel *Professional and Ethical Dilemmas in Software Engineering* beklagt der langjährige Siemens-Ingenieur Brian Berenbach beispielsweise einen »Mangel an Systemverständnis und ordentlicher Evaluierung der Systeme, eine Förderung von ›Fictionware‹ und eine Tendenz, diesen Mangel an Qualität unter den Teppich zu kehren«[32]. Ich wage es kaum, darüber zu spekulieren, ob die beklagte Arbeitsweise der Grund ist, warum derzeit nur 20 Prozent der Züge der Deutschen Bahn, die ja zu einem großen Teil von Siemens produziert werden, funktionstüchtig sind.[33]

Zusammenfassend muss man also feststellen, dass es derzeit nicht nur aufseiten von uns Nutzern zu Realitätsverzerrung kommt, sondern auch aufseiten der Entwickler und Firmen. Ich möchte in den Raum stellen, dass Digitalisierungsprojekte es daher schaffen müssen, eine sehr viel höhere innere und äußere Transparenz ihrer technischen Systeme zu gewährleisten.[34] Sie müssen für uns Nutzer, aber auch für Auditoren und Entwickler selbst Informationskontrolle, Entscheidungskontrolle und Verhaltenskontrolle auf allen Systemebenen einbauen, damit auf die Werte der Qualität, Sicherheit und Fürsorge vertraut werden kann. Digitale Systeme müssen in sich so strukturiert sein, dass die Module, aus denen sie bestehen, so einfach beschaffen sind, dass sie von wechselnden Entwicklungsteams nachvollzogen werden können. Fehlerhaftigkeiten müssen transparent gemacht werden, damit der Grad der potenziellen Realitätsverzerrung immer bewusst bleibt. Grundsätzlich sollte es für alle digitalen Prozesse, in denen Menschen betroffen sind, analoge Backup-Prozesse geben. Alles andere wäre verantwortungslos und unethisch.

Gute Digitalisierung bedeutet nicht, immer noch leistungsstärkere und schnellere Maschinen mit immer mehr Daten und Services zu schaffen; vielmehr geht es darum, Mehrleistung unter der Bedingung der kontrollierten Entropieminimierung zu entwickeln. Das wäre nach meinem Verständnis der technische Fortschritt, der Werte schaffen kann, ohne diese durch Fehlerhaftigkeit im zweiten Schritt gleich wieder an anderer Stelle zu untergraben.

3.4
Zum Eigenleben des Digitalen

Zwei meiner Lieblingstechnologien zeigen, wie einfache aktuelle Geräte unser Leben direkt bereichern können, wenn sie uns helfen, Werte freizusetzen, ohne uns gleichzeitig Wertvolles wieder wegzunehmen. Mein erstes Lieblingsgerät sind Noise-Cancelling-Kopfhörer von Bose, die alle Geräusche in meiner Umgebung wegfiltern, außer der direkten Ansprache. Die Kopfhörer erlauben mir, vor allem auf Reisen meine Gesundheit zu schonen, im Flugzeug Ruhe zu finden und meine Freude an Musik und Hörbüchern noch zu steigern. Meine zweite Lieblingstechnologie ist die Rückenmaschine Lumbar Extension, die in den Kieser-Fitnessstudios zur Verfügung steht, um die Rückenmuskulatur zu kräftigen. Sie hat mir eine Zeit lang geholfen, meine Gesundheit in den Griff zu bekommen und meine körperliche Stärke zurückzugewinnen, die vom langen Sitzen am Computer geschwächt war.

An diesen beiden Lieblingstechnologien schätze ich besonders, dass sie auf mich warten. Sie sind unheimlich geduldig. Sie fordern mich nicht auf, sie zu benutzen. Sie sind still. Mein Bose-Device blinkt mich nicht mit der Aufforderung an, es zu benutzen. Und die Lumbar-Maschine steht im Kieser-Studio. Ich fühle mich nie verpflichtet, sie zu nutzen, und bin auch nicht abhängig von ihnen. Und das bedeutet, ich habe Raum und Zeit, mich zu entfalten, ohne dabei gestört oder beeinflusst zu werden.

Warum ist das so wichtig? Wir Menschen sind so geartet, dass wir immer einen gewissen Freiraum um uns herum brauchen, in dem wir uns entfalten können. Damit meine ich nicht nur physischen Raum im Sinne von Platz, sondern, wie man so schön sagt, »Raum zum Atmen«. Manche Leute können einem auf die Nerven gehen, wenn sie einem diesen Freiraum nehmen, einem ungewollt zu nahe treten – ja, »auf die Pelle rücken«, einen »einspannen« wollen oder einem sogar »die Luft abdrücken«. Wie oben beschrieben, brauchen Menschen Kontrolle über sich und ihre Umwelt, zu der sie sich selbstbestimmt verhalten wollen. Und wenn man ihnen diesen Freiraum entzieht, dann werden sie nicht nur deprimiert, sondern auch aggressiv.[35]

Umgekehrt heißt das aber auch: Wir wollen mit der Welt selbstbestimmt in einen Austausch treten. Wir wollen mit ihr ungehindert interagieren. Und in dieser Freiheit im Umgang mit den Dingen, der Umwelt und anderen erleben wir uns selbst und können glücklich sein. Wir sind glücklich, wenn wir uns als Wertträger erleben. Wenn ich nach langer Zeit mal wieder ins Kieser-Studio gehe und dort an der Lumbar-Maschine meinen Rücken trainiere, dann freue ich mich, dass ich endlich mal wieder diszipliniert bin. Ich spüre meinen Körper, die angenehm schmerzhafte Anstrengung und das wohlige Gefühl in meinen Gliedern noch Tage danach. Ich spüre auch, wie ich stärker werde, wenn ich diese Übungen regelmäßig mache. Die Werte der wiedergewonnenen Gesundheit und Stärke erschließen sich mir durch das wohlige Leiden in der Anstrengung, und ich bin stolz auf meine Disziplin, die Fähigkeit zur Selbstüberwindung. Philosophisch gesprochen: »Person ist kontinuierliche Aktualität; sie erlebt die Tugend im Modus des ›Könnens‹ dieser Aktualität in Hinsicht auf ein Gesolltes.«[36] Oder einfach: Wenn ich mir die Zeit und den Raum gebe, meine Gesundheit und Tugenden zu entwickeln, dann stärke ich mich selbst als Wertträgerin.

Viele unserer digitalen Geräte und Services halten uns heute von dieser Art von geistiger und körperlicher Erfahrung ab. Sie beeinflussen durch ihr Eigenleben die Art, wie wir in der Welt leben. Jeden Tag verbringen meine Studenten rund eineinhalb Stunden[37] damit, durchschnittlich 100 bis 300 Kurznachrichten zu lesen und zu beantworten, statt die Leute zu treffen, mit denen sie sich da austauschen.[38] Dazu kommen für viele weitere zweieinhalb Stunden für das Scrollen und Interagieren in Newsforen, auf Videoplattformen und in sozialen Netzwerken.[39] Unser Smartphone ist bei diesen Aktivitäten wie ein lebendiger kleiner Freund, der uns wichtig ist und ohne den wir nicht sein wollen, der uns aber auch auf eindrückliche Weise dazu ermutigt, unsere Lebenszeit so zu investieren. Warum? Was geht da vor sich? Wie kann es sein, dass das Digitale, Smartphones und soziale Netzwerke, Messenger- und E-Mail-Services, aber auch Newssites und Videoplattformen, virtuelle Spielewelten und Musik-Streamingdienste so eine Macht über uns haben, dass wir an ihnen förmlich kleben bleiben?[40] Ganz einfach: Sie sind nicht leblos. Sie haben ein kaum beeinflussbares Eigenleben, das permanent unsere Aufmerksamkeit absorbiert, und sind absichtlich so gestaltet, dass wir abhängig werden.[41] In der westlichen Welt glauben wir, dass eine Maschine »neutral« ist, weil sie ja dinglicher Natur ist.[42] Aber kann ein neutrales Ding einen so süchtig machen?

Die Sucht als Geschäftsmodell

Am Beispiel des Amazon Kindle wird deutlich, dass es einen nicht gerade neutralen Zusammenhang gibt zwischen dem süchtig machenden Eigenleben unserer Geräte auf der einen Seite und der digitalen Marktökonomie auf der anderen. Unsere heutige Internetökonomie wird in weiten Teilen durch Werbung finanziert. Sie lebt also davon, dass wir Nutzer der Werbung unsere Aufmerksamkeit schenken. Und Aufmerksamkeit schenken wir allem, was sich merklich in unserer Umgebung verändert, etwa die Oberfläche des Kindle, die regelmäßig eine neue Werbung zeigt, oder das Smartphone, das eingehende Nachrichten anzeigt. In der Psychologie nennt man die Aufmerksamkeit, die wir diesen Einspielungen schenken, »Orientation Reaction«.[43] Aufmerksamkeit ist jedoch ein rares Gut, und die Werbeindustrie hat das Problem, dass die Aufmerksamkeitsspanne von uns Nutzern so gering geworden ist, dass es immer schwieriger wird, den Preis für Werbeflächen zu rechtfertigen. Häufig zitiert wird eine Studie, die nahelegt, dass unsere Aufmerksamkeitsspanne im Verlauf der Jahre von 2000 bis

2015 von zwölf auf acht Sekunden gesunken ist.[44] Aufgrund dieser Entwicklungen müssen alle Akteure, die Werbeflächen bieten – E-Book-Reader, Newsportale, soziale Netzwerke und unsere Handys –, immer aggressiver unsere Aufmerksamkeit einfordern. Damit Geld verdient wird, muss glaubhaft argumentiert werden, dass wir Nutzer die Werbung tatsächlich gesehen haben. Und je häufiger, länger und intensiver jemand einen Dienst benutzt, desto wahrscheinlicher ist es, dass das der Fall ist. Daher müssen die Häufigkeit, Länge und Intensität unserer Online-Verweildauer maximiert werden. Es ist diese Marktdynamik die Serviceanbieter dazu verleitet, unsere Geräte mit einem Eigenleben auszustatten, das uns abhängig macht.

Wie funktioniert diese Abhängigkeit vom Digitalen? Warum verbringen wir Nutzer mitunter Stunden, ja Tage, Wochen und Monate mit unseren digitalen Geräten und in ihren virtuellen Welten? Das ist ganz einfach: Die Kunst der Digitalunternehmen, sogenannte Addictive Designs zu vervollkommnen und uns wie Fische an die Angel zu nehmen, ist sehr ausgereift.[45] Ein paar einfache Beispiele verdeutlichen das: Nehmen wir etwa das Phänomen, dass wir auf Videoplattformen wie YouTube oder Netflix sofort nach Beendigung einer Serienfolge die nächste Folge eingespielt bekommen. Oder dass wir auf Facebook und LinkedIn nach Annahme von ein paar Kontakteinladungen direkt die nächsten Personen eingeblendet bekommen, die wir vielleicht kennen. Dieses automatische Auffüllen von Inhalten ohne Unterbrechung wird sehr bewusst gemacht, denn man weiß, dass es zu einem kaum beherrschbaren Mehrkonsum führt. Eine analoge Studie dazu hat Professor Brian Wansink an der Cornell University im Bereich des Essenskonsums durchgeführt. Er hat Leuten eine Suppenschüssel vorgesetzt, die von diesen unbemerkt von unten immer wieder automatisch aufgefüllt wurde. Aßen Leute aus dieser Schüssel ohne Boden, nahmen sie 73 Prozent mehr Kalorien zu sich als die Vergleichsgruppe, die aus einer normalen Schüssel aß.[46] Unsere Internetdienste werden also bewusst auch als Inhalte-Schüsseln ohne Boden entwickelt.

Ein weiteres Experiment, das den Suchtspezialisten der Digitalbranche sehr präsent ist, nennt man den Taubentest. In den 1970er-Jahren befasste sich der Psychologe Michael Zeiler mit der Frage, wie man Belohnungen gestalten müsste, um – in diesem Fall –Tauben dazu zu bringen, ein Suchtverhalten zu zeigen.[47] Die Tauben wurden in einem Käfig gehalten und lernten, dass sie in Intervallen von drei Minuten ein Körnchen bekommen würden, wenn sie auf einen bestimmten Schalter in ihrem Käfig picken. Einer anderen Gruppe Tauben wurde diese Regelmäßigkeit nicht gewährt. Sie bekam ihr Essen nicht in fest vorgegebenen Intervallen. Manchmal klappte es, dass sie pickten und Körner erhielten, manchmal nicht. Die Folge von diesem unberechenbaren Feedback des Körnerapparats war, dass die Tauben doppelt so häufig pickten wie die verlässlich gefütterte Vergleichsgruppe. Sie pickten doppelt so oft, um sicherzustellen, dass sie überhaupt etwas zu fressen bekamen. Michael Zeiler schlussfolgerte daraus, dass unvorhersehbares Feedback bei Menschen und Tieren dazu führt, dass sie ihren Einsatz quasi verdoppeln. Sie investieren deutlich mehr, um Belohnungen zu bekommen, wenn man Belohnungen nach einem unvorhersehbaren Schema vergibt. Und es ist genau dieser Mechanismus, der heute ausgenutzt wird, um Menschen dazu zu bringen, immer wieder zu Onlinediensten zurückzukehren. Ein Beispiel ist der Like-Button bei Facebook. Da Nutzer nie wissen, wie häufig ihre Postings geliked werden, diese kleine emotionale Belohnung aber sehr schätzen, sind sie immer wieder versucht, auf die Plattform zurückzugehen, um nachzuschauen. Das Gleiche auf Twitter, wo man wissen will, wie viele Herzchen und Retweets man bekommen hat. Man möchte wissen, ob wichtige Leute schon auf die eigene E-Mail geantwortet haben, wie viele Kommentare es auf den eigenen Blog gab und was sich im Onlinespiel getan hat, während man offline war. Die Unplanbarkeit der vielen kleinen Belohnungen im Netz sorgt dafür, dass wir uns ständig versucht fühlen, dorthin zurückzukehren und wie die Tauben zu klicken.

Das müsste übrigens nicht so sein. Onlinedienste brauchen keine

Like-Buttons. Wenn sie diese unbedingt doch benutzen wollen, könnte uns eine kurze Message alle paar Stunden in aggregierter Form auf unseren Smartphones anzeigen, dass es welche gab, wie viele das waren und von wem sie kamen. Das wäre zwar immer noch Eigenleben, aber in abgespeckter Form. Außerdem könnte die Veränderungsrate, die heute in Echtzeit stattfindet, reduziert werden. Facebook könnte zum Beispiel nach einem festen Stundenplan die Likes veröffentlichen, sodass jeder Nutzer weiß, dass es zum Beispiel erst ab 18 Uhr abends einmal am Tag die aggregierten Likes zu sehen gibt. Folglich würde man sich als Nutzer weniger versucht fühlen, dauernd auf die Plattform zu gehen, um dort nachzusehen. Das sind ganz kleine technische Veränderungen, die jedoch die Sucht der Nutzer massiv reduzieren könnten. Aber »klein« wäre solch ein Schritt für Facebook natürlich nicht, denn die Plattform verdient ja gerade ihr Geld damit, dass die Nutzer möglichst häufig zurückkommen und lange verweilen. Nur so kann Facebook seine Werbeeinnahmen steigern.

Das Problem der Selbstunterbrechung

Streng genommen ist die Veränderung einer digitalen Oberfläche eine Unterbrechung für uns Nutzer. Wenn wir mit Freunden beim Essen sitzen und das Handy, womöglich neben dem Teller liegend, aufscheint oder vibriert, um uns auf eine bestimmte Message aufmerksam zu machen, dann wird das Tischgespräch unterbrochen. Wenn wir am Computer gerade einen Text lesen oder schreiben und es poppt plötzlich ein kleines Fenster mit einer Instant Message oder E-Mail auf, dann unterbricht das unsere produktive Kreativarbeit. Im Jahr 2016 erhielt im weltweiten Durchschnitt ein Berufstätiger 216 E-Mails pro Tag.[48] Auch wenn viele dieser E-Mails mittlerweile nur noch Werbung enthalten und gar nicht mehr genau gelesen werden, handelt es sich doch um eine beachtliche

Mailflut, und sie wird noch gesteigert durch zahlreiche Kurznachrichten, die wir per WhatsApp oder einen anderen Messenger erhalten und die uns direkt mit Personen aus unserem Kontaktnetzwerk zusammenführen. Kurz: Die Anzahl der Nachrichten, die uns stündlich erreichen, führt zu einem dauerhaften Unterbrechungsmodus.

Wissenschaftler haben gezeigt, dass dieser Modus, in dem wir permanent durch Nachrichten abgelenkt werden, zu der Gewohnheit führt, dass wir anfangen, uns selbst ständig zu unterbrechen – auch wenn uns die digitale Technik gar nicht dazu auffordert.[49] Selbst wenn das Handy keine neue Nachricht anzeigt und neben uns liegt, aktivieren wir es im Schnitt alle 15 Minuten, um nachzuschauen, ob sich nicht doch etwas getan hat.[50] Es entsteht ein sehr ungesunder Habitus der Selbstunterbrechung, denn 15 Minuten sind genau der Zeitraum, den wir Menschen durchschnittlich brauchen, um uns auf eine primäre Aufgabe so einzulassen, dass wir in einen Flow-Zustand kommen. Als »Flow« bezeichnet man den mentalen Zustand, in dem man in eine Sache so vertieft ist, dass man alles um sich herum und auch die Zeit vergisst und wahrhaft produktiv (und auch glücklich) wird. Der Glücksforscher Mihály Csíkszentmihályi hat diesen Zustand tiefergehend untersucht, in dem der Mensch mit sich und der Welt eins wird; die Phase, in der der Student lernt, der Wissenschaftler sein Buch schreibt, der Künstler sein Bild malt, der Ingenieur seine Maschine baut und der Sportler im Wettkampf über sich selbst hinauswächst.[51] Es ist der Flow, in dem sich die Werte am besten entfalten können: das Wissen, die Kreativität, die Schönheit und die Perfektion.

Unsere digitalen Geräte lassen diesen Flow jedoch nicht mehr zu, weil irgendjemand oder man selbst sie immer wieder aktiviert. Und in diesem Moment ist der Flow versiegt und die Wertewelt kollabiert. Was passiert hier? Unser innerer Daumen am Smartphone und an der Mail und die schimmernde Oberfläche der sich selbst ins Leben bringenden Geräte verwandeln uns Nutzer in reine Reaktionswesen ohne innere Muße und Ruhe, in Wesen, die keine Möglichkeit zur Selbstentfaltung mehr haben, sondern in eine Passivität gedrückt werden, in der es nur noch ein Ziel gibt: zu funktionieren durch reagieren.

Auf den Punkt der Selbstentfaltung kommt es mir hier besonders an. Jeder Mensch braucht einen Raum, in dem er sich entfalten kann; entweder alleine oder gemeinsam mit anderen. Wir sprechen von »Freiraum« für uns selbst. Wir bauen uns Räume, in die wir uns zurückziehen dürfen und in denen wir uns ausbreiten und »fließen« können, um so zu sein und zu arbeiten, wie wir es wollen. Oder wir setzen uns an einen Tisch in einem eigens dafür vorgesehenen Raum (eine Küche, ein Esszimmer, ein Lokal), um gemeinsam mit anderen dem Fluss des Geschehens nachzugehen. Diese wie auch immer beschaffenen materiellen und immateriellen Räume sind dann nur für uns und unsere individuelle oder gemeinsame Entfaltung da. In diesen Räumen konnten wir uns bislang ungestört entfalten; seitdem allerdings das Smartphone auf dem Tisch liegt oder die Spielekonsole im Esszimmer steht oder vielleicht bald auch noch Amazons Sprachassistentin Alexa und Apples Pendant Siri zu Gast sind, die gegebenenfalls mithören und aufzeichnen und auch mitreden wollen, sind wir in dieser Selbstentfaltung gestört. Der Raum wird extern besetzt, ohne dass wir das voll kontrollieren können. Wir können nicht mehr frei und selbstbestimmt eins mit der Welt werden und uns kreativ entfalten, weil wir von den vernetzten Geräten mit ihrem kommerziell manipulierten Eigenleben unterbrochen und gestört werden, zumindest – und das ist eine wichtige Einschränkung – wenn sie weiterhin so gebaut werden, wie das heute der Fall ist. In der Tat gibt es mittlerweile sehr viele Einstellungsmöglichkeiten in den Geräten, die Unterbrechungen reduzieren können. Das ist eine gute Entwicklung. Die schlechte Nachricht ist aber: 95 Prozent der Ab-Werk-Voreinstellungen werden heute von Digitalnutzern pauschal beibehalten, und diese sind aufgrund der beschriebenen Marktdynamik auf Unterbrechungen vorprogrammiert.[52]

3.5 Zum Saft des Digitalen

Das digitale Eigenleben unserer Onlinedienste und Geräte, das ich bislang beschrieben habe, bezog seine Veränderungsimpulse vor allem aus dem Netz: Die Warnsignale am Handy, die schimmernden vibrierenden Oberflächen, die Likes und die Retweets, die mir angezeigt werden, kommen von anderen Plattformnutzern. Die Werbung wird von Produktanbietern eingespeist. Es ist die Welt der anderen hinter unseren Geräten und Oberflächen, die proaktiv auf uns Nutzer zutritt, unseren privaten Freiraum durchdringen möchte und, wenn wir das zulassen, uns dahin gehend verändert, dass wir in einen Selbstunterbrechungshabitus hineingeraten.

Es gibt aber noch eine Eigenschaft des Digitalen, die uns zutiefst bindet und nichts mit den anderen da draußen zu tun hat: das ist die Art der Responsivität, die man den »Saft« des Digitalen nennt.[53] Dieser Saft wird in der Fachsprache als »amplified positive feedback« bezeichnet. Wenn wir unsere digitalen Oberflächen bedienen, antworten diese mittels Farbspiel, Bewegungen und Sound in einer überhöht positiven Art, die signalisiert, dass sie geradezu mit Wonne genau so auf uns reagieren, wie wir uns das wünschen. Wenn wir zum Beispiel in einer gut designten virtuellen Welt über leuchtend grünes Gras gehen, dann können wir sehen, wie sich dieses virtuelle Gras unter unseren virtuellen Füßen biegt, wie sich Farbschattierungen ändern, und wir hören deutlich, dass es raschelt. Der Effekt ist viel stärker, als wir das je in der realen Welt erleben könnten – insofern »amplified«, was auf Deutsch »vergrößert«, »verstärkt« oder »erhöht« heißt. Ein anderes Beispiel ist die Papierkorbfunktion bei den Apple-Geräten. Wenn ich etwas lösche und in den virtuellen Papierkorb werfe, dann höre ich, wie meine Dokumente förmlich auf den Boden des Papierkorbs aufschlagen; ein Sound von raschelndem zerknüllten Papier vermittelt sich mir als Reaktion auf den Löschvorgang. Das heißt: Ich tue etwas ganz Einfaches und bekomme ein übermäßig starkes positives Feedback auf meine Aktion. Durch solche Mechanismen bekomme ich von dem Digitalen auf psychologischer Ebene permanent zurückgespiegelt, dass es auf die geringste Leistung schon massiv gutes Feedback gibt. Und das fühlt sich ungeheuer gut an – genauso wie Geschmacksverstärker in Lebensmitteln.

Dass wir Menschen allesamt so auf diese digitalen Geschmacksverstärker reagieren wie auf Alkohol, liegt wiederum an der Art und Weise, wie wir selbst psychisch funktionieren. In der Motivationsforschung beschrieb Professor David McClelland in den 1980er-Jahren drei wichtige Motive für den Menschen, die in allen Kulturen der Welt auf ihre Weise ausgelebt werden: Macht, Leistung und Gruppenanschluss.[54] Bei dem Machtmotiv geht es um den mehr oder weniger ausgeprägten Wunsch, über andere und Strukturen bestimmen zu können, Dinge bewegen zu können, so wie man das selbst für angebracht hält. Machtmotivierte Menschen sind oft wettbewerbsorientiert. Sie wollen gewinnen. Leistungsmotivation ist demgegenüber anders ausgeprägt. Viele kennen das Gefühl, dass man etwas zum Abschluss bringen will, dass man beim Langlauf auf dem letzten Kilometer noch durchhält, obwohl die Beine schon schmerzen. Leistungsmotivierte Menschen gehen abends befriedigt ins Bett, wenn sie das Gefühl haben, dass sie am Tag etwas geschafft und fleißig zum Abschluss gebracht haben. Und schließlich gibt es noch das bei sehr vielen Menschen stark ausgeprägte Motiv, Anschluss an eine Gruppe zu haben, sich aufgehoben zu fühlen und geschätzt zu werden. Es gibt natürlich noch sehr viele weitere Motive, die von der Psychologie erforscht worden sind, aber jenseits dieser Vielfalt streben die meisten von uns bei unseren Handlungen bis zu einem gewissen Grad nach der Befriedigung dieser drei Motive.[55]

Die Förderung von Macht- und Leistungsmotiven

Das Digitale hat die geradezu unheimliche Eigenschaft, uns das Gefühl von Macht und Leistung zu vermitteln. Denn wenn wir online auf dem weichen virtuellen Gras unterwegs sind und sich die Dinge dann in der Weise nach uns richten, wie wir das wollen, dann gewinnen wir den Eindruck, Macht über die Dinge zu haben. Wenn wir in einem Onlinespiel mit einem Zauberstab eine Wand wegzaubern können, dann gibt uns das ein Gefühl der Macht, die wir in der realen Welt nicht haben. Wenn wir Amazons Alexa sagen können: »Spiel Musik«, und Alexa spielt dann Musik, bekommen wir das Gefühl, sogar über reale Dinge eine Macht zu haben, die man in früheren Zeiten als Zauberkraft bezeichnet hätte. Wenn wir etwas in unseren digitalen Papierkorb hineinwerfen und ein knatterndes Geräusch uns das Feedback gibt, dass dieser Vorgang jetzt erledigt ist, dann ist das ein befriedigender Appell an unser Leistungsmotiv, das die Dinge zum Abschluss bringen will.

Eines der größten Verführungsgeschenke, die uns das Digitale durch sein überhöht positives Feedback gegeben hat, ist der narzisstische Spiegel. In der realen Welt hat man wenig Macht darüber, immer gut auszusehen oder zu gewinnen: Man hat gerötete Augen vom Heuschnupfen, der Pickel im Gesicht kam unerwartet, die Stimme versagte beim öffentlichen Auftritt, und wenn man einen Witz erzählt, kommt der nicht so gut rüber, wie man das eigentlich wollte. Von all dieser Misere wird man nun in der digitalen Welt befreit, in der man immer gut aussehen kann und meistens gewinnt. Natürlich postet man nur das zwanzigste Foto von sich, in dem man endlich gut aussieht. Der Pickel wird mit der Facetune-App wegretuschiert. Der Witz wird zehnmal überarbeitet, bevor man ihn online stellt. Und wenn man dann mit Stolz auf die eigene digitale Persönlichkeit schaut, die Facebook-Wall der eigenen Erfolgs- und Schönheitsgeschichte hinunterblättert, dann fühlt man sich gut. Es wird suggeriert, dass die Werte, nach denen man strebte, in Erfüllung gegangen sind. Man wollte schön aussehen. Voilà, man sieht im digitalen Spiegel, dass man schön ist. Man wollte Freundschaft. Voilà, auf den Fotos sind doch die Freunde zu sehen. Man wollte Erfolg. Da ist das Foto von der Geschäftsreise nach New York. Man wollte Ruhm und Ehre. Hier ist das Posting vom Podium der letzten Konferenz. Das Digitale nährt die Illusion, Macht über die Werte zu haben, nach denen wir streben, und gaukelt uns eine Leistung vor, die es so gar nicht gibt.

Die Folge ist, dass viele Leute sich online eine separate und künstlich verstärkte »E-Persönlichkeit« aufbauen (so wird diese krankhafte Entwicklung in psychologischen Fachkreisen genannt).[56] Wenn diese E-Persönlichkeiten sich nun im Netz pflegen und wie Narziss in ihre Onlinespiegelbilder schauen, dann glauben sie, dass das ganze große Netzwerk »da draußen« sie sieht und sie für all das Tolle, das sie scheinbar zu bieten haben, integriert und wertschätzt. Scheinbar erfüllt sich ihre Sehnsucht sogar, denn wenn die Echos aus der virtuellen sozialen Welt zu ihnen zurückschallen, die sie liken und ihnen Herzchen senden, retweeten und kommentieren, dann fühlen sie sich in dieser schönen E-Persönlichkeit bestätigt. Die positiven Echos der virtuellen Welt bestärken ihren Glauben an ihre selbst gezimmerten E-Persönlichkeiten. Und da diese so leicht zu haben und zu pflegen sind, beginnen sie zu glauben, dass das Leben insgesamt – auch in der realen Welt! – so einfach ist wie online. So ergeben sich jedoch in der realen Welt immer mehr krankhafte Effekte der Selbstüberhöhung und Überschätzung der eigenen Macht und Leistung. In Werten ausgedrückt, kommt es zu falschem Stolz und Arroganz, zu einem Mangel an Demut, Respekt und Bescheidenheit.

Mit dieser Problematik sind Ärzte besonders oft konfrontiert. Der klinische Psychologe Elias Aboujaoude von der Stanford University, der E-Persönlichkeiten über ein Jahrzehnt lang untersucht hat, spricht von einer krankhaften »Grandezza«. Er beschreibt, wie Leute, die einen Tag online ihre Symptome studiert haben, in seine Praxis kommen und zutiefst davon überzeugt sind, dass sie sich besser auskennen als er, der sein Fach zehn Jahre studiert hat und

Tausende von Patienten gesehen hat. In der Sozialpsychologie hat man das Phänomen »Meta-Ignoranz« getauft, weil es zwei negative Effekte hat: Erstens glauben die betroffenen Personen, dass sie besser informiert sind als andere, und zweitens sind sie sich ihrer eigenen Fehleinschätzung in dieser Beziehung nicht bewusst.[57]

Das Phänomen der Meta-Ignoranz gibt es übrigens nicht nur im medizinischen Bereich. Auch wenn es um die Informatik geht, gibt es heute viele selbst ernannte »Experten«, die unsere technische Zukunft mitgestalten wollen und sogar öffentlich über Technik diskutieren. Sie trauen sich zu, bei den höchsten politischen Beratungsgremien zu partizipieren; noch nie haben sie aber ein System von innen gesehen, noch nie eins modelliert, geschweige denn programmiert. Sie wissen daher nichts über die Datenverarbeitung, die Kommunikationsprotokolle, die technischen Architekturen, Informationsqualitäten, Anforderungsanalysen oder Entwicklungsverfahren. Sie kennen weder die technischen Grenzen und Entwicklungspfade noch die Arbeit von Entwicklungsteams; sie haben auch keine Kenntnisse über Statistik, Algorithmen, Daten und deren Limitierungen und merken daher leider gar nicht, wie viel Unsinn sie über Technik erzählen.

Die Illusion menschlicher Gemeinschaft

Die Befriedigung von Macht- und Leistungsmotiven wird speziell in sozialen Netzwerken durch ein Ausleben unseres Wunsches nach Anschluss und Nähe ergänzt. Über die perfekt inszenierte E-Persönlichkeit auf Facebook und Instagram, in YouTube-Videos und Blogs glauben wir, die Akzeptanz und Freundschaft anderer zu gewinnen. Und wenn es dann viele Friends und Follower gibt, die uns mit Likes und Retweets signalisieren, dass sie uns mögen, dann fühlen wir uns mit dieser konstruierten schönen Digitalperson von uns selbst manchmal sogar wohler als mit unserem wirklichen Selbst.

Wie ich schon beschrieben habe, zeigt die Forschung, dass die menschliche Intelligenz so gebaut ist, dass wir nicht nur das wahrnehmen, was wir unmittelbar sehen, sondern dass wir die Welt um uns herum immer mittels unserer Fantasie vervollständigen.[58] Wenn wir also auf einer sozialen Plattform wie Facebook sind, dann sind wahrscheinlich nur 15 bis 20 Prozent unserer »Freunde« zeitgleich mit uns dort. Aber wir gehen dennoch implizit davon aus, dass die anderen 338 Freunde (das ist der Durchschnitt auf Facebook) später sehen werden, was wir da für sie posten bzw. hinterlassen.[59] Wir empfinden die fiktive Co-Präsenz unserer Freunde (oder Follower) als real.

Diese Nähe zu anderen ist ungeheuer wichtig für uns. Neurowissenschaftliche Forschungsarbeiten haben den Nachweis erbracht, dass wir Menschen soziale Ausgeschlossenheit in demselben Schmerzzentrum im Gehirn verarbeiten, in dem wir auch körperlichen Schmerz erfahren.[60] Das heißt also, dass Einsamkeit physisch wehtun kann. Daher sind wir natürlich bemüht, diesen Schmerz zu vermeiden. Und es ist kaum verwunderlich, dass wir uns wie Honigbienen vom sozialen Netz angezogen fühlen. »Die Leute verzehren sich nach sozialer Bestätigung«, sagt Erin Vogel, Doktor der Psychiatrie an der University of California in San Francisco. Gerade in einer Zeit, in der über 40 Prozent der Haushalte (in Deutschland) bereits Singlehaushalte sind, ist die Verlockung, im Netz nach Gemeinschaft zu suchen, sehr groß.[61]

Die traurige Wahrheit ist, dass nur zwölf Prozent der eigenen Postings von den eigenen Freunden je gesehen werden.[62] Die Gemeinschaft ist also zu einem großen Teil eingebildet. Langzeituntersuchungen der sozialen Medien kommen zu dem Schluss, dass diese nur solchen Menschen guttun, die auch offline schon starke Sozialkontakte aufgebaut haben. Wer das digitale Medium braucht, um Anschluss zu finden, ist langfristig unglücklicher und hat eine höhere Wahrscheinlichkeit, in eine Depression zu fallen.[63]

3.6
Die Verstrickung im digitalen Netz

Die beschriebenen Mechanismen, die uns in die digitale Abhängigkeit hineintreiben, sind mit erstaunlicher Geschwindigkeit gekommen. Eigentlich hatten die Erbauer des Netzes gehofft, dass Menschen sich im Internet wie Spinnen bewegen würden, die das soziale Feld um sich herum neu weben und neue Formen von Demokratie, Mitbestimmung, Offenheit und globaler Freiheit entwickeln. Stattdessen sind viele keine Spinnen geworden, die das Netz zu weben verstehen, sondern Fliegen, die darin gefangen sind und sich aufzulösen scheinen.

Fliegen, die in einem Netz gefangen sind, verwickeln sich zunehmend darin. So fest sind sie nach kurzer Zeit damit verwoben, dass sie sich nicht mehr ohne Hilfe daraus befreien können – genauso wie eine Studentin, die uns in einer Interviewstudie sagte, dass ein Verlust ihres Handys sich für sie so anfühlen würde, als hätte man ihr die Hand abgehackt.[64] Solch eine Aussage ist kein Einzelfall. In einer amerikanischen Studie sagten zwei Drittel der teilnehmenden Studenten, dass sie bereit wären, sich ihr Handy sogar unter die Haut implantieren zu lassen.[65]

Grundsätzlich muss solch eine intime Verbundenheit mit Technik nicht bedrohlich sein. Als Brillenträgerin habe ich, wenn ich meine Sehhilfe absetze, auch das Gefühl, mir würde ein Körperteil fehlen. Technik als Erweiterung des Selbst konnte die Menschheit bisher oft als guten Fortschritt verbuchen. Es gibt historische Hinweise darauf, dass wir nie die heutige Form von menschlicher Intelligenz entwickelt hätten, wenn wir nicht schon seit zwei Millionen Jahren Technik verwenden würden, die unsere Gehirnausbildung effektiv beeinflusst.[66] Allerdings haben wir die Nutzung technischer Hilfsmittel immer frei wählen können. Wir konnten den Zugriffsmoment und die Zugriffsdauer selbst bestimmen. Wenn ich das Gefühl hatte, dass es mir reicht, konnte ich die Technik beiseitelegen und was anderes machen. So haben wir in den ersten Phasen der Digitalisierung den Rechner einfach ausgeschaltet. Heute ist die Einbindung ins digitale Netz jedoch nicht mehr so frei wählbar. Stattdessen greift das Netz proaktiv auf uns zu; es ruft mich an, piepst mich an, blinkt mich an und schickt mir ständig Reminder. Ein Proband sagte uns im Interview: »Was ich an mir selbst und meinen Freunden beobachte, ist, dass … wir es nicht kontrollieren können, das ist das Problem.«[67]

Zu diesem unkontrollierten Zugriffsverhalten kommt es, weil viele Nutzer sich in einen passiven Teilnahmemodus hineindrücken lassen. Wir lassen zu, dass uns das Netz permanent in Anspruch nimmt. Die britische Netzwerkspezialistin Julia Hobsbawm schreibt: »Waren wir einmal Nutzer von Netzwerken, Reisende in Zügen, Booten und Autos, Menschen, die Telefone abgehoben haben, so sind unsere Leben jetzt so eingebettet in Netzwerke, dass wir uns verhalten, als wären wir tatsächlich ein Teil von ihnen geworden.«[68] Bei meinen Studenten beobachte ich ein fragwürdiges Ausmaß der Inanspruchnahme durch das Netz. Eine Studentin sagte uns: »Selbst wenn du nicht da bist, weißt du alles, du fühlst, als wenn du da wärst, du weißt, dass du sozusagen überall bist, überall sein kannst.«[69] Die Studentin und Julia Hobsbawm beschreiben die Empfindung, so sehr ein Teil des Netzes geworden zu sein, dass sie sich nicht mehr als lokal präsente Einheiten fühlen, die selbst über ihre Lebensprioritäten entscheiden.

Viele Anhänger der Digitalisierung werden argumentieren, dass die Vorteile der Vernetzung so groß sind, dass sie uns Menschen auf eine neue Stufe der Evolution heben könnte.[70] Vielleicht könnten wir es doch als einen Fortschritt ansehen, nicht mehr so lokal gebunden, sondern durch Vernetzung überall zu sein – ein Teil von allem und jedem sein zu können. Aber ich frage mich, was das mit unserer Persönlichkeit macht. Welche Auswirkungen hat der dauerhafte unvorhersehbare Zugriff auf unsere Person von allen Seiten und Distanzen? An dieser Stelle möchte ich folgende Geschichte aus dem Satiremagzin *The Onion* teilen:

GAITERSBURG, MD Während Marshall Platt, 34, im Gespräch

mit Freunden bei einem entspannten Picknick sein zweites Bier aufmachte, soll er angeblich Sekunden davon entfernt gewesen sein, sich zu entspannen und Spaß zu haben. Doch plötzlich wurde ihm die volle Ladung noch unbearbeiteter E-Mails für seine Arbeit bewusst … Für eine anstehende Hochzeit hatte er noch Flugtickets zu buchen, die er aufgrund eines offenen Streits mit dem Southwest-Bonuspunkteprogramm immer noch nicht besorgt hatte, und eine Reihe von Anrufen mussten auch noch erwidert werden.

»Es ist toll, euch zu sehen«, sagte Platt, der wirklich kurz davor gewesen war, Spaß zu haben, und nun mental dabei war, die Präsentation vorzubereiten, die er am nächsten Freitag halten sollte, und die Liste der Rechnungen durchzugehen, die bis zum Siebten des Monats noch bezahlt werden mussten. »Das ist wirklich klasse. Möchte noch jemand ein Bier?«, fragte Platt weiter, während er sich erinnerte, dass er noch seine Arzneiverschreibung abholen musste. »Ich glaube, ich nehme noch eins.«

Marshall Platt, der sich angeblich fast dem zerstreuten Nebel seiner Gedanken hingegeben hätte, nachdem er es doch haarscharf verpasst hatte, wirkliche Freude zu empfinden, nahm sich erneut vor, sich mit seinen Freunden zu unterhalten und endlich eine gute Zeit zu haben. Da war er aber schon wieder innerlich dabei, für seine Mutter ein Geburtstagsgeschenk zu kaufen, und kämpfte sich damit ab, sich zu erinnern, ob er die Abrechnung seiner Geschäftsreise nach New York schon bei der Personalabteilung eingereicht hatte. Gleichzeitig machte er noch eine innere Notiz, dass er seine Bank anrufen musste wegen der unerklärlichen 19 Dollar, die in letzter Zeit regelmäßig von seinem Kreditkartenkonto abgebucht wurden.[71]

Ich denke, viele Leute, die heute aktiv im Leben stehen und berufs- oder studiumbedingt viel online sein müssen, können die Situation von Marshall Platt sehr gut nachvollziehen, überall zu sein, aber nirgends wirkliche Präsenz zeigen zu können und ständig an Dinge denken zu müssen, eine innere Stimme zu hören, die ständig redet. Im Buddhismus wird dieses Phänomen »Monkey Mind« genannt, zu Deutsch: Gedankenkarussell.

Das vernetzte Digitale hat uns eingewebt in ein riesiges Netz von Knotenpunkten, das aus anderen Leuten, Institutionen, Dokumenten und Events besteht. Und diese anderen Knotenpunkte greifen alle zeitgleich und von allen Seiten auf unsere Aufmerksamkeit und unsere Zeit zu – ja, noch mehr: Kaum hat man einen Knoten im Netz zufriedengestellt oder abgearbeitet, kommt schon wieder der nächste, der an einem zerrt. Da wir nicht immer genau wissen, was und von wem nun schon wieder die nächste Anfrage und das nächste Problem auf uns zukommt, erhöht sich die Entropie unseres Lebens.

Entropie ist für uns jedoch nicht neutral. Sie ist ein Maß für das Chaos und die Unordnung in unserem Leben. Meine eigenen Experimente an der Wirtschaftsuniversität Wien zeigen, dass eine durch digitale Medien gesteigerte Entropie einen negativen Einfluss auf unsere menschliche Kreativität und Persönlichkeit hat.[72] In einer Studie mit 134 Teilnehmern konnte ich nachweisen, dass gesteigerte Entropie an einem Computerbildschirm zunächst zu mehr Aktivismus führt, zu mehr Worten – positiv gesprochen: zu mehr Ideen oder Output. Wenn man sich jedoch anschaut, worin diese Ideen bzw. die Aussagen inhaltlich bestehen, dann führt diese gesteigerte Entropie von Anfang an zu Substanz- und Kreativitätsverlust. Mehr noch: Der Bezug zu sich selbst, die Nutzung von Worten wie »ich« oder »mir« reduzierte sich signifikant mit jeder Steigerung der Bildschirmentropie.

Es scheint mir auf Basis dieser Experimentreihe, als würden die Menschen bei gesteigerter Entropie in ihrer Umgebung ihre Fähigkeit zum Selbstbezug einbüßen. Die Beobachtungen zur Sprache beunruhigen mich, obwohl ich sehe, dass immer weniger Leute das Wort »ich« benutzen. Sie schreiben »Habe keine Zeit« oder »Bin dann da« statt »Ich habe keine Zeit« oder »Ich bin da«. Das ist bedeutsam, denn die von uns gewählte Sprache ist, ganz im Sinn des Philosophen Ernst Cassirer, von allergrößter Bedeutung, um zu verstehen, was in unserem Innersten vor sich geht. Cassirer schrieb: »Wir kennen dies ›Leben‹ nur in seinen ›Äußerungen‹: aber eben dies ist die Quintessenz … dass ›Äußerung‹ nichts Zufälliges, Unwesentliches, ›Äußerliches‹ ist, sondern dass sie die notwendige, die wahre und die einzige Offenbarung des ›Innen‹ und des Wesens selbst ist.«[73] Wenn wir das Wort »ich« nicht mehr verwenden, heißt das dann, dass wir uns selbst im digitalen Netz verlieren?

Die Entwicklung seichter Persönlichkeitsstrukturen

Ich persönlich versuche immer wieder, die Anforderungen, die durch das Netz auf mich zuströmen, zu entschleunigen, alles in Ruhe zu seiner Zeit abzuarbeiten. Niemand kann mir vorschreiben, dass ich in Echtzeit zu antworten hätte! Aber selbst wenn ich meine Geräte oft ausschalte, alle Voreinstellungen auf leise gestellt habe und sogar meditiere, um meine innere Balance beizubehalten, habe ich doch den Eindruck, dass die wenigsten von uns – mich inbegriffen – sich frei machen können von der Wucht all dieser »Reminder« und freundlichen Aufforderungen, die uns permanent von überallher erreichen. Sie sind wie leise Stromschläge, die uns auffordern, hier und jetzt überall gleichzeitig für jeden aktiv zu werden. Als zutiefst sozial veranlagte Wesen fühlen wir uns verpflichtet, diesem Wahnsinn gegenüber offen und responsiv zu sein. Wir können kaum anders. Aber das hat möglicherweise tiefgreifende Folgen für unsere menschliche Identität, die sich im Zustand permanenter passiver Responsivität auflöst; und zwar nicht nur bildlich, sondern real psychisch. Was passiert da? Um das zu erläutern, muss ich ein bisschen ausholen.

Aus der Forschung ist bekannt, dass wir Menschen im Gegensatz zu Tieren im Laufe unseres Lebens eine autobiografische Identität aufbauen. Dies tun wir, indem wir den Dingen in unserer Umgebung nicht nur Beachtung schenken, sondern ihnen auch Bedeutung zuschreiben.[74] Welche Bedeutung das ist, ist für jeden Menschen unterschiedlich, und ich möchte die Hypothese aufstellen, dass sie viel mit den Werten zu tun hat, die sich uns in konkreten Lebenssituationen erschließen. Meine Kaffeetasse beispielsweise hat für mich eine ganz andere Bedeutung als für meinen Mann. Wir können zwar beide aus dieser Tasse trinken, weil sie ein Gefäß ist – das ist ihre äußere Bedeutung. Die innere Bedeutung, die ich mit meiner Tasse verbinde, ist jedoch der Wert der Freundschaft. Ich erinnere mich daran, wie ich mit meiner Freundin an einem lauen Sommerabend in einem Gasthaus saß, wo es diese Tasse zu kaufen gab. Sie schenkte sie mir als Symbol unserer Freundschaft und sagte, sie solle mich beim Schreiben meines Buchs inspirieren. Für mich ist diese Tasse zu einem Wertträger für unsere Freundschaft geworden, zu einem Symbol für Inspiration und eine Erinnerung an meine damals empfundene Freude. Die Bedeutung der Tasse geht daher weit über den Zweck des Trinkens hinaus.[75] Warum erzähle ich das hier so ausführlich?

Die Bedeutung, die wir den Dingen geben, formt einen Teil unserer Persönlichkeit. Orte, die wir besuchen, Menschen, denen wir begegnen und die wir bewundern oder hassen, prägen sich uns ein. Jeder von uns entwickelt dadurch eine einzigartige Bedeutungsgeschichte im Langzeitgedächtnis. Mit den Orten und Menschen speichern wir Werterinnerungen ab, so wie ich die Freundschaft mit der Tasse abgespeichert habe.[76] Und als Folge davon, dass wir also viele wertvolle »Dinge *erlebt*« haben, sind wir dann in der Lage, allem Gegenwärtigen und Neuen, das uns widerfährt, eine individuell einzigartige Bedeutung beizumessen: Unser Erinnerungsapparat mischt sich mit dem neu Wahrgenommenen und bereichert unsere Singularitas. Die gegenständlichen Eindrücke unserer unmittelbaren Umgebung, die als Stimuli ad hoc in unsere Wahrnehmung einfließen, mischen sich mit diesen mehr oder weniger reichen Quellen unseres gewachsenen und wertgeladenen

Erinnerungsapparats. Im Gegensatz zu niederen Tierarten, die primär nur auf unmittelbare Impulse reagieren, ist also bei uns Menschen klar, »wofür das Gedächtnis da ist«. Wir sind Menschen, weil wir einen wertgeladenen Erinnerungsapparat für unsere Denkvorgänge nutzen können, der es uns erlaubt, der Welt eine Bedeutung zu verleihen.

Die Voraussetzung für den Aufbau dieses Erinnerungsapparats und der daraus erwachsenden Fähigkeit, Bedeutung zu generieren, ist aber, dass wir den Dingen in unserem Leben tatsächlich Aufmerksamkeit schenken. Wenn ich damals meiner Freundin nicht zugehört hätte, als sie mir die Tasse überreichte, und mich stattdessen in dem Moment einer »wichtigen« SMS zugewandt hätte, dann würde ich meine morgendlichen Erinnerungen an unsere Freundschaft heute nicht haben. Die Tasse wäre bedeutungslos. Die Situation wäre nicht nur damals verdorben gewesen, mir würde auch heute ein wertvoller Knotenpunkt in meiner dinglichen Gedächtniswelt fehlen.

Wenn das digitale Netz uns also permanent zuschüttet mit virtuellen Impulsen von überall und nirgendwo, dann können wir langfristig unser autobiografisches Gedächtnis wahrscheinlich nicht mehr so kultivieren, wie wir das bisher getan haben; zumindest nicht mehr in so reicher Form wie bisher.[77] Die Bedeutungen, die unser Bewusstsein beleben, wenn sich die potenziellen Werte- und Bedeutungsträger aus unserer Umgebung mit einem immer schmaler werdenden Erinnerungsapparat mischen, werden oberflächlicher. Unsere Persönlichkeit wird, wie Nicholas Carr das so schön beschrieben hat, »seicht«.[78]

Der Entzug von Lebens- und Denkenergie

Seichte Persönlichkeiten wären vielleicht noch zu ertragen. In seinem fundamentalen Artikel *Wofür das Gedächtnis da ist* beschreibt der Lernpsychologe Arthur Glenberg allerdings noch ein zweites Phänomen, das hier zu bedenken ist. Es gibt nämlich zwei Arten, wie wir Menschen auf unser Gedächtnis zugreifen. Die erste ist eine rein reaktive und automatisierte. Wir müssen nicht über den Vorgang nachdenken, der unser Gedächtnis aktiviert. Wir können beispielsweise nach einer gewissen Anzahl von Fahrstunden automatisch Auto fahren und die Schaltung bedienen.[79] Diese Form von Routinen bilden Tiere ebenso aus.

Bei der zweiten Form von Gedächtniszugriff, die uns vom Tier unterscheidet, denken wir aktiv nach und folgen keiner Routine. Jeder von uns kennt diese Momente: Wir halten inne, um zu überlegen, was wir jetzt als Nächstes tun müssen. Das Autofahren ist aus diesem Grund anfangs schwierig. Wir müssen über die richtige Nutzung der Schaltung, der Pedale und des Rückspiegels nachdenken, und dies erfordert unsere volle Aufmerksamkeit. In solchen Momenten blenden wir alles um uns herum aus und konzentrieren uns voll auf die Situation. Das ist anstrengend. Und genau hierbei entsteht das Problem: Diese Anstrengung fällt uns immer schwerer, je mehr wir digital vernetzt leben. Aufgrund des permanenten Reaktionsmodus und des digitalen Unterbrechungsmodus sinkt unsere Fähigkeit, die Umgebung konzentriert auszublenden. Das heißt, dass eine zutiefst menschliche Form des Denkens immer schwerer wird: die des konzentrierten Nachdenkens.

Was werden wir Menschen aber für Wesen werden, wenn sich auf der einen Seite unser Erinnerungsapparat immer mehr ausdünnt und der Bedeutungsreichtum unserer physischen Umwelt schwindet und wir gleichzeitig immer weniger Kraft zum Nachdenken aufbringen können, weil wir permanent damit beschäftigt sind, auf die Stimmen der anderen im Netz zu reagieren? Wir werden nach Robert Hanson zu »Borgs«.[80] Borgs sind in der Serie *Star Trek* eine Rasse, die aus einer Synthese aus synthetischem und biologischem Material besteht. Alle Borgs gehören zu einer großen Community; sie sind keine Individuen mehr, sondern Teil einer Zivilisation, die als ein großes kollektives Bewusstsein existiert. Jeder Borg hört die Stimmen aller anderen. Keiner hat mehr eine eigene Stimme. Es lohnt sich, einen Blick in die Wikipedia-Beschreibung der Borg-Kultur zu werfen, denn sie kommt den transhumanistischen Entwicklungsansätzen in unserer Gesellschaft verdammt nahe, die ich im nächsten Kapitel beschreiben werde.[81]

Die Borg-Gesellschaft ist das Modell einer totalitären, aber nicht hierarchischen Gesellschaft. Ihr Konzept ist die permanente technische Anpassung ihrer Körper an veränderte Umweltbedingungen (Idee des Cyborgs) und die rücksichtslose Expansion im Universum. Die Borgs entwickeln sich weiter, indem sie andere Rassen und ihre Technologien »assimilieren«, das heißt, deren Wissen und Erfahrungen in ihrer Gesamtheit in sich aufnehmen, um durch ein kollektives Bewusstsein die neuen Eigenschaften der Gemeinschaft hinzuzufügen. Individuen und individuelles Bewusstsein gibt es unter den Borgs nicht. Assimilierte Individuen werden zu Drohnen gemacht, deren Körper mit mechanischen Implantaten und Nanotechnologie ausgestattet sind. Dies stellt sich als paradiesischer Zustand für die Borgs dar, weil das kollektive Bewusstsein (»Hive-Bewusstsein«) der assimilierten Spezies quasi unsterblich geworden ist. Niemand aus dem Kollektiv wird allein gelassen, jeder wird gebraucht. Perfektion ist das Ideal des Borg-Kollektivs. Auch in der Symbiose der technischen und der biologischen Komponenten wird ein Schritt zur Perfektion gesehen.

3.7 Wertfolgen aus der heutigen Natur des Digitalen

Wenn wir die hier beschriebene gegenwärtige Natur des Digitalen Revue passieren lassen, dann können wir natürliche Eigenschaften dieses Stoffes von solchen Dispositionen unterscheiden, die wir unnötig selbst erzeugen (etwa aufgrund der beschriebenen Marktmechanismen). Natürlicherweise bringt der digitale Stoff eine Unvollständigkeit mit, wenn man ihn mit der Singularitas der menschlichen Realität vergleicht. Ihn kennzeichnet eine Teilung von Inhalt und Form; zudem ist er auf absehbare Zeit fehleranfällig. Völlig unnötig haben wir in unsere digitalen Services ein komplexes Eigenleben eingebaut, das uns Lebenskraft raubt, und wir setzen uns einer ebenso problematischen wie unnötigen Vernetzung aus.

Zum gegenwärtigen Zeitpunkt haben wir noch die Freiheit, Maßnahmen zu ergreifen, um positive Qualitäten aus dem digitalen Medium herauszuholen und die negativen Wertfolgen zu vermeiden. Wir haben die Freiheit, an einem menschengerechten Fortschritt im digitalen Zeitalter zu arbeiten. Dazu müssen wir uns aber der Wertfolgen der Digitalisierung sehr bewusst sein, die ich jetzt noch mal zusammenfassen will.

Effizienz versus Würde

Dass das Digitale einen Mangel an Singularitas hat, ist in gewisser Weise ein Vorteil. Die so vermittelten menschlichen Kontakte und Kommunikationsprozesse sind oft mit weniger menschlicher Reibung verbunden und dadurch einfacher, direkter, effizienter und schneller. Reale Begegnungen können durchaus anstrengend sein. All das kann man sich digital sparen. Insbesondere schüchterne oder unsichere Menschen profitieren, wenn sie hinter dem Schutzwall digital vermittelter Kommunikation verweilen können und sich nicht ganz exponieren müssen. Professionell eingespannte Leute sparen viel Zeit und schaffen sich neue Freiräume. Das sind alles Wertqualitäten, die man gar nicht unterschätzen darf und die eine gewisse Euphorie rund um das digitale Leben haben entstehen lassen. Die Fortschrittskurve (siehe die Grafik in Kapitel 1) ging aus diesem Grund bisher bergauf.

Allerdings darf man sich auch nicht über die Kosten bzw. die negativen Werte der digitalen Unvollständigkeit und Leichtigkeit hinwegtäuschen. So ist die massive Einführung von digitalen Prozessen und virtuellen Kommunikationsstrukturen in Unternehmen, in denen der Reichtum zwischenmenschlicher Beziehungen eine Rolle spielt, vor dem Hintergrund meiner Analyse hochproblematisch. Das gilt vor allem in der Personalführung, im Einkauf, im Kundenmanagement und im Vertrieb sowie in sämtlichen Servicebereichen. In ihren Rollen als Mitarbeiter, als Kunden, aber auch als Privatpersonen wollen Menschen in ihrer Singularitas gesehen werden. Das ist es, was ihre Würde konstituiert. Und wie ich am Dating-Beispiel gezeigt habe, untergraben Plattformen, auf denen sich Menschen wie Ware zur Schau stellen, deren Würde und Einzigartigkeit. Sie tauschen diese beiden hohen Werte gegen Neugierde, Effizienz, Zeitvertreib und kurzfristige Befriedigung von Ängsten.

Ein Mangel an Würde kann auch leicht durch die einfache Unvollständigkeit digitaler Kommunikation entstehen (E-Mail und Messaging). Im siebten Kapitel, in dem es um die Freiheit im digitalen Zeitalter geht, werde ich ausführlicher beschreiben, welche formvollendeten Rituale des analogen Umgangs wir noch bis in die 1990er-Jahre hinein miteinander gepflegt haben. Wir hatten einen Umgang miteinander, der von Höflichkeit geprägt war. Heute bietet uns die digitale Kommunikation zwar eine unerhörte Effizienz, Flexibilität und Schlankheit im direkten Austausch; vielleicht ist sie auch umweltschonender (weil wir weniger Papier verbrauchen) und erlaubt uns, mit anderen leichter in Kontakt zu bleiben. Nicht selten stiftet diese Form von reduzierter Kommunikation aber auch Missverständnisse, Verwirrung und Konflikte, was in unnötiges, kraftzehrendes Schattenboxen mündet und die Gemeinschaft untergräbt. Die damit verbundenen negativen Werte – Konflikte, Vertrauensverlust, Unhöflichkeit, Respektlosigkeit und Würdelosigkeit – sind die Schattenseiten der Unvollständigkeit des Digitalen. Für menschengerechten Fortschritt sind diese

Werte jedoch ganz zentral, so wie sie seit jeher in unserer Ethik und Rechtsprechung eine tragende Rolle spielten. Die Kurve geht also steil nach unten, wenn wir uns dieser digitalen Kosten nicht bewusst werden.

Ich denke jedoch, dass es möglich sein sollte, insgesamt eine positive Bilanz zu erarbeiten, wenn wir die nicht mehr wegzudenkenden Vorteile der digitalen Unvollständigkeit zu unseren Gunsten nutzen, während wir den negativen Auswirkungen bewusst Einhalt gebieten. Jeder kann sich auf persönlicher Ebene vornehmen, so viel wie möglich mit anderen das Gespräch zu suchen und digitale Kommunikation wirklich nur dort einzusetzen, wo sie aus zeitlichen, räumlichen oder sachlichen Gründen vorteilhaft ist, etwa bei der Terminvereinbarung oder bei räumlich getrennter Kooperation. Gerade Menschen in leitender Position sollten über diesen Rat nachdenken und sich nicht hinter der Effizienz ihrer E-Mails verstecken, wenn es eigentlich darum geht, Mitarbeiter persönlich anzusprechen, um sie führen zu können. Unternehmen sollten klug abwägen, in welchen Bereichen sich Digitalisierungsstrategien aufgrund der fehlenden Singularitas kontraproduktiv auswirken könnten. Überall dort, wo die Singularitas eine Rolle spielt, sollte man von Automatisierung und Vereinfachungen möglichst absehen.

Vertrauen versus Vorsicht

Maschinen machen in vielen Bereichen weniger Fehler als wir Menschen, und wir haben dieses Potenzial lieben gelernt, von der Rechtschreibkorrektur bis hin zur präzisen Einstellung von digitalen Fertigungsanlagen. Außerdem werden Maschinen nie müde und können fehlerlos weiterarbeiten, während der Mensch schlapp macht. Es stehen also positive Werte im Raum wie Korrektheit, Präzision, Vertrauen und Leistung. Das sind fundamentale Werte unseres Wirtschaftens und unseres Maschinenbaus. Allerdings hat sich mit fortschreitender Digitalisierung und dem Einsatz von intransparenter, mittelmäßiger, schlecht dokumentierter und schlampig entwickelter Software ein unbarmherziger Fehlerteufel eingeschlichen; vor allem in unsere Unternehmen. Der Fehlerteufel ist einer, den wir überhaupt nicht erwarten und auch gar nicht wahrhaben wollen, weil wir ja im Lauf von knapp 400 Jahren Technikgeschichte gelernt haben, dass Maschinen zwar kaputtgehen können, aber ansonsten fehlerfrei arbeiten.

Damit wir von den Fehlern nicht überrascht werden, müssen wir auf vielen Ebenen Maßnahmen ergreifen. Es ist nicht damit getan, Softwareentwickler »debuggen« zu lassen. Nein, sie müssen viel transparentere Systeme entwickeln, die viel besser dokumentiert sind, modular aufgebaut sind und eine große Kontrolle über alle integrierten Objekte, Skripte, Datenbanken und Datenquellen erlauben. Hier mangelt es aber nicht nur an einheitlichen technischen Standards, es fehlt auch die Zeit. Auf Unternehmens- und Investorenebene ist es nicht in Ordnung, Entwicklungsteams in einen zu straffen Zeitplan einzuspannen, der ihnen nicht erlaubt, sich hinreichend der Qualität ihrer Systeme zu widmen. Es reicht nicht, Zeit einzuräumen, damit ein System einigermaßen fehlerfrei laufen kann. Es muss auch Zeit gewährt werden, um Kontrolle und Transparenz einzubauen. Politische Kräfte können hier unterstützend einwirken. Sie können alles, was Software integriert, zu einer Art Zulassungs-TÜV senden, wo eine Prüfung auf Fehler und Einhaltung von Prozessen erfolgt, um die Fehler zu reduzieren und Transparenz zu schaffen. Sie könnten es sogar wagen, IT-Hersteller zu zwingen, die Richtigkeit ihres Maschinenoutputs mit entsprechenden Kennzahlen auf einer Art Verpackungsbeilage zu veröffentlichen (so wie Kalorienangaben auf den Lebensmittelverpackungen angegeben werden).

Regierungen sollten strikt darauf achten, die Bürger nicht digitalen Fehlerteufeln auszusetzen – vor allem bei öffentlich im Einsatz befindlichen E-Government-Systemen, bei Grenz- und Sicherheitssystemen und in der öffentlichen Versorgung. Ich möchte diesen Punkt besonders herausstellen, weil diese Verwaltungssysteme einen viel größeren Hebel haben als irgendeine kleine App, bei der man mit ein paar Fehlern leben kann. Im deutschsprachigen Raum leben knapp 100 Millionen Bürgerinnen und Bürger. Wenn ein Fehler auch nur 0,5 Prozent dieser Menschen betrifft, dann haben wir es mit 500 000 Betroffenen zu tun, die unter falschen Zahlen zu leiden hätten. Es käme zu politischer Wertvernichtung, zu einem wachsenden Vertrauensverlust auf der Seite all derjenigen, die den fehlerhaften Systemen ausgeliefert sind, und langfristig zu einem Loyalitätseinbruch gegenüber dem Staat, der sie so behandelt.

Wir haben jedoch eine gute Chance, mit der Fehlernatur des Digitalen ethisch vernünftig umzugehen und doch noch die Kurve nach oben einzuschlagen. Neben den bereits beschriebenen Maßnahmen ist es entscheidend, dass wir die Fehleranfälligkeit von Software noch besser verstehen und offener kommunizieren, insbesondere den Einsatz von statistischen Verfahren und damit von natürlichen Fehlerwahrscheinlichkeiten in unseren Berechnungen. Wir müssen viel mehr Realismus walten lassen. Jeder Jugendliche muss schon in der Schule lernen, in welchen Bereichen Maschinen fehleranfällig sind; er muss mit Fehlerwahrscheinlichkeiten Berechnungen anstellen können und wissen, wo man sich nicht auf sie verlassen kann.

In sensiblen menschlichen Bereichen schließlich, in denen wir auf das Digitale nicht verzichten wollen, zum Beispiel bei der medizinischen Diagnose, sollten Computer immer die Fehlerwahrscheinlichkeiten ihrer Ergebnisse mit veröffentlichen. So sind im konkreten Fall Ärzte realistischer in ihren Einschätzungen und übernehmen nicht pauschal die Urteile der Maschinen; sie lernen vielleicht selbst an deren Fehlern und können die Maschinen sogar noch verbessern. Ein Wettbewerb zwischen Herstellern könnte entstehen, wer die Geräte mit den geringsten Fehlern und Fehlerwahrscheinlichkeiten anbietet. So könnten wir die problematische Fehlerdisposition des Digitalen in einen Motor der Innovation verwandeln.

Macht versus Sucht

Das Eigenleben des Digitalen bietet uns Nutzern eigentlich keinerlei Vorteile. Dass es Lebenssaft versprüht, also uns positives, erhöhendes Feedback gibt, macht uns zwar zufrieden, denn wir mögen diese kleinen positiven Dosen Glück, die uns das Digitale zuschiebt, wenn es eine schöne »User Experience« bietet; andererseits sehe ich keine positiven Werte, die sich durch das spezifische *Eigen*-Leben unserer Digitalgeräte für die Gesellschaft ergeben sollen. Nur die Betreiber profitieren, wenn Geräte sich proaktiv uns zuwenden oder wenn sie im Hintergrund Daten von uns teilen. Und dies ist auch nur der Fall, weil die heutigen Geschäftsmodelle der Internetökonomie auf unserer Aufmerksamkeit und dem Datenhandel beruhen, was nicht so sein müsste.

Natürlich gewinnen die Betreiber der Digitalservices jenseits des Geldes auch eine unerhörte Macht und Kontrolle über alle Nutzer, die an ihrer Angel hängen, die »hooked« sind und ihnen erlauben, noch mächtigere Systeme zu entwickeln – künstliche Intelligenzen. Das muss sehr verlockend für sie sein, auch wenn die gesellschaftlichen Kosten, die diese Geschäftsmodelle und Machtverschiebungen mit sich bringen, extrem hoch sind. Meine Ausführungen haben gezeigt, dass es bei vielen Nutzern zu Suchtverhalten kommt, zu Zeitverlust, kognitivem Kraftverlust, Konzentrationsunfähigkeit und Passivität sowie zu einer Einbuße von Flowzuständen, die uns glücklich machen, die Kreativität und Produktivität fördern.

Vor diesem Hintergrund sind politische Maßnahmen gefragt, die diese Marktdynamik im Interesse der Bürgerinnen und Bürger unterbinden. Hierzu gehört meines Erachtens das Verbot von Geschäftsmodellen, bei denen uns digitale Services und Subventionen scheinbar umsonst angeboten werden, die aber in Wirklichkeit von unserer Aufmerksamkeit und unseren persönlichen Daten profitieren. Ein süchtig machendes Design der Services (wie z. B. unregelmäßiges Feedback oder Endlosschleifen) sollte ebenso gesetzlich unterbunden werden, und es sollte sichergestellt werden, dass die Ab-Werk-Voreinstellungen in unseren Geräten so privatheitsorientiert wie nur möglich sind und von den Nutzern feingranular justiert oder auch ganz abgeschaltet werden können.

Gleichzeitig wäre es wichtig, in allen Bildungseinrichtungen und in Unternehmen Medientrainings anzubieten, die als zentralen Bestandteil das Erkennen von digitaler Sucht beinhalten und Menschen helfen, ihre Willensstärke zu trainieren. An der Wirtschaftsuniversität Wien habe ich sogar den Vorschlag gemacht, Handys am Campus zu verbieten und Handyzonen einzurichten, so wie wir heute auch Raucherzonen haben, denn wir brauchen definitiv digitalfreie Räume.

Spannend ist es in diesem Zusammenhang übrigens, zu wissen, dass die Tech-Eliten selbst ihre Kinder schon seit Langem in dieser Weise schützen. Steve Jobs hatte seinen Kindern die Nutzung des iPad verboten, das er gerade auf den Markt gebracht hatte.[82] Bill Gates erlaubte seiner Tochter erst ab dem vierzehnten Lebensjahr, Anrufe auf dem Smartphone entgegenzunehmen.[83] Im Silicon Valley schicken viele Eliten ihre Kinder auf Schulen, in denen Low-Tech wie Kreidetafeln den Wettbewerbsvorteil ausmacht. Im Prinzip ist es pervers, zu beobachten, wie Tech-Eliten selbst ihre Kinder zur Abstinenz von ausgerechnet den Technologien erziehen, die sie Millionen von Menschen tagtäglich vorsetzen.

Erreichbarkeit versus Freiheit

Wenn Facebook-Chef Mark Zuckerberg heute dennoch öffentlich euphorisch davon spricht, dass er alle Menschen der Welt miteinander vernetzen will, dann frage ich mich immer, welche Werte er damit eigentlich in die Welt setzen möchte. Dass Vernetzung selbst kein Wert ist, sondern eine Technik, habe ich bereits deutlich gemacht. Ich vermute, dass diese Idee auf der Annahme beruht, dass fortschreitende Vernetzung zu mehr Frieden und Freundschaft führen könnte – ein interessanter Link, der in einem Forschungsprojekt genauer untersucht werden sollte.

Ein unmittelbarer positiver Wert, der der Vernetzung bedarf, ist natürlich die Erreichbarkeit von Menschen. Eingangs hatte ich bereits beschrieben, wie das Internet mir plötzlich ermöglicht hatte, mit Wissenschaftlern am *Massachusetts Institute of Technology* in direkten Kontakt zu treten. Die digitale Kommunikation spart viel Zeit, körperliche Kraft und natürlich auch Geld. Die problemlose Erreichbarkeit ist äußerst komfortabel für viele, die heute von zu Hause aus oder im Ausland arbeiten und andernfalls hätten umziehen müssen. All diese Vorteile sind aus meiner Sicht ein Gewinn, den ich für mein eigenes Leben nicht missen möchte.

Jenseits dieser Wertvorteile zeigt meine Analyse jedoch, dass gerade die Vernetzung mit ihrem direkten, ungepufferten Zugriff auf jeden Einzelnen negative Werte in die Welt setzt, die wir unbedingt in den Griff bekommen müssen, wenn wir auch nur annähernd von Fortschritt reden möchten. Zu diesen mit der Vernetzung verbundenen negativen Werten zählt der Verlust von Freiheit und der Kontrolle über die eigene Zeit; hinzu kommen Aufmerksamkeitsverlust, Präsenzverlust, Oberflächlichkeit, Passivität und im äußersten Fall sogar der Persönlichkeitsverlust.

Technisch fällt mir wenig ein, wie wir uns die Vorteile der Vernetzung bewahren könnten, wenn wir die Nachteile eindämmen. Eine Möglichkeit wäre, den Zugriff auf den Einzelnen zu entschleunigen. Beispielsweise könnte man über den künstlichen Einbau von Latenzzeiten nachdenken, der die Geschwindigkeit aus den Netzen nimmt. Man könnte etwa voreinstellen, dass E-Mails nur einmal am Tag zugestellt werden und an Sonntagen vielleicht gar nicht, dass soziale Netzwerke ihre Postings nur einmal am Tag aktualisieren, dass unsere persönlichen Softwaresysteme Feedbackmessages integrieren, wie man sie heute von den digitalen Abwesenheitsassistenten kennt. Einige meiner Studenten haben sogar vorgeschlagen, dass solche Maßnahmen gesetzlich vorgegeben sein müssten, damit eine gesellschaftliche Synchronizität erreicht wird, dass also alle gleichzeitig offline sind. Natürlich muss man über solche Ideen intensiver nachdenken, weil der Vorteil der Erreichbarkeit auch nicht verloren gehen darf und viele Onlinenutzer solche Vorgaben als einen gravierenden Eingriff in ihre Freiheit empfinden würden.

Essenziell erscheint mir daher der Aspekt der Bildung und Aufklärung, damit ein Bewusstsein dafür entwickelt werden kann, was digitale Vernetzung für uns individuell bedeutet und wie sie auf unser Leben einwirkt. Es muss Klarheit darüber bestehen, wie viel Zeit und Kraft uns die Vernetzung kostet, in welchem Maß sie echte Gemeinschaft einschränkt, ablenkend wirkt, den Rahmen für die eigene Entwicklung und das Lernen einschränkt und durch den Echtzeitzugriff auf unsere Person Gefühle des Freiheitsverlusts aufkommen lässt. All das sind Aspekte, die bedacht werden sollten und für die es Mut braucht, Handlungsstrategien zu entwickeln.

4.
UNSER FORTSCHRITTSDENKEN

Die Analyse der Natur des Digitalen hat gezeigt, dass wir mit der Digitalisierung vorsichtig umgehen müssen. Viele positive Werte wurden durch sie bisher in unserer Gesellschaft freigesetzt: neue Zeitfreiräume, erhöhte Flexibilität, Mobilität, Erreichbarkeit, Professionalität, Wissenszugang und Freude mit Diensten wie Foto- und Musikservices, soziale Netzwerke oder Videotelefonie. Allerdings scheint es, als würden diese Vorteile durch eine Reihe von Werteinbußen wieder aufgefressen. Zu diesen gehören die Entstehung von Sucht, Zeitverlust, Kraftverlust, Konzentrationsunfähigkeit, Passivität, Flow-Einbußen, Konflikte, Vertrauensverluste, Unhöflichkeit, Respektlosigkeit, Würdelosigkeit, Aufmerksamkeitsverlust, Präsenzverlust, Oberflächlichkeit und schließlich sogar der fortschreitende Persönlichkeitsverlust.

Wie soll es also weitergehen am Wendepunkt der Fortschrittsgeschichte? Die Zukunftsvisionen der IT-Industrie kreisen vor allem um immer neue Technologien. Da wird es als selbstverständlich betrachtet, dass man natürlich *alles* Denkbare automatisiert und möglichst alles Menschliche durch Künstliches ersetzt wird. Aber warum eigentlich? Ich komme auf meine Ausgangsfrage zurück, die *Warum*-Frage. Vielleicht bauen die Kfz-Mechaniker in den Fertigungsstraßen der Automobilhersteller gerne Autos zusammen. Vielleicht wählen Menschen das Hotelfach, weil sie gerne an der Rezeption arbeiten. Vielleicht führen Angestellte in einer Personalabteilung mit großem Interesse persönliche Gespräche mit Job-Kandidaten. Viele Taxifahrer fahren jedenfalls sehr gerne Auto! Warum also begreifen Entscheidungsträger die Automatisierung der menschlichen Aktivitäten als fortschrittlich? Das menschliche Leben ist Aktivität!

Ich muss gestehen, dass selbst mich ein komisches Gefühl überkommt, wenn ich mir vorstelle, dass FoodIS-Kuriere ihre Lieferaufträge in Zukunft wieder per Telefon von einer freundlichen oder weniger freundlichen Person in einer Auftragszentrale bekommen könnten, so wie Taxifahrer früher. Die Computerstimme der wegweisenden Künstlichen Intelligenz erscheint mir schlichtweg so viel fortschrittlicher. Dass die österreichischen Bauern Johannes Gutmann als »Spinner« bezeichneten, als er anfing, die Erde wieder manuell zu bearbeiten, um die Sonnentor-Kräuter anzubauen, kann ich bestens nachvollziehen. Vermutlich werden auch manche Leser dieses Buchs meinen Vorschlag, Industrien zu remanualisieren, schmunzelnd als naiv abtun, weil es doch rückschrittlich ist. Aber stimmt das?

Warum bewerten wir technisches Aufrüsten *automatisch* immer besser als Althergebrachtes? Woher kommt dieses reflexhafte Denken: neu und technisch = gut, alt = schlecht? Vor allem: Warum beharren wir intuitiv auf diesem Schema, wenn bestehende ausgereifte Prozesse in Unternehmen oder anderen Institutionen (z. B. Schulen, Behörden, Krankenhäusern), so analog sie auch sein mögen, doch oft zu besseren Qualitäten und gesunden Renditen führen?

Eigentlich müsste doch jeder, der für seine Institution eine größere IT-Investition plant, wissen, dass nur ein Teil dieser Innovationen wirklich so erfolgreich ist, dass Unternehmen sie rückwirkend als positiv beurteilen. Schätzungen schwanken je nach Projekt zwischen 25 und 61 Prozent.[1] Auch die Angst, dass man im Wettbewerb international versagen könnte, wenn man in den nächsten zehn Jahren nicht digital aufrüstet, erscheint mir fragwürdig, denn wie viele wirklich disruptive Technologien gibt es für eine Branche, sodass alle Anbieter gezwungen sind, sich damit auseinanderzusetzen? Sehr wenige![2] Schaut man sich den Start-up-Hype an, sollte man nüchtern sehen, dass von 3,36 Millionen Apps für das mobile Betriebssystem Android[3] nur 26 bis 30 so intensiv von Kunden genutzt werden,[4] dass man mit ihnen Geld verdienen kann. Hinzu kommt das Thema Verantwortung für den eigenen Betrieb, die Mitarbeiter und die Gesellschaft: Wenn man als Unternehmer weiß, dass bis zu 46 Prozent aller Arbeitsplätze der Automatisierung zum Opfer fallen könnten, dann weiß man doch auch, dass das nicht nur ein politisches Problem sein wird, sondern auch eins für das eigene Unternehmen, weil mittelfristig damit der Verlust von Absatzmärkten verbunden sein wird.[5] Kann man da ohne Weiteres seine Mitarbeiter im Callcenter und die Kassierer vor die Tür setzen?

Ich will diese offenen Fragen, über die man lange streiten und eine gesonderte Abhandlung schreiben könnte, hier nicht tiefer diskutieren. Mir geht es nur um eins: Wenn es schwerwiegende Argumente gibt, das technische Aufrüsten und Digitalisieren nüchtern zu hinterfragen, warum tun wir das dann nicht? Wie kommt es, dass sich fast alle Mitglieder der heutigen Eliten so fragwürdig unkritisch im Digitalisierungsstrudel forttreiben lassen? Und einfach nur sagen: Digitalisierung = Fortschritt. Voilà!

Ich glaube nicht, dass dieser Automatismus in unserem Fortschrittsdenken nur auf das Storytelling der IT-Marketingmaschinerie zurückzuführen ist, die ich im Eingangskapitel beschrieben habe. Stattdessen folgen wir Kinder des Westens und des Ostens einem Fortschrittspfad, den wir vor historisch sehr langer Zeit eingeschlagen haben und den wir nicht mehr hinterfragen. Wir haben im Laufe der letzten 800 Jahre emotionale und kognitive Denkschemata entwickelt für das, was wir als Fortschritt begreifen. Und diese Denkschemata sind überall auf der Welt heute technikzentriert und nicht menschzentriert. Sie sind so fest in unseren Köpfen verankert, dass sie uns davon abhalten, die neue Technik, die mit dem Digitalen in die Welt getreten ist, nüchterner zu hinterfragen und zu reflektieren, wo wir Qualitäten einbüßen, die wir eigentlich erhalten sollten, und zu überlegen, wie es zu tatsächlicher menschengerechter Wertschöpfung kommen kann.

Für mich sieht die Beziehung, die viele Menschen heute zum technischen Fortschritt haben, ein bisschen so aus wie eine lang gewachsene Liebesbeziehung, die eine ernsthafte Krise herannahen sieht, aber diese nicht wahrhaben will. Wenn es solche Beziehungsprobleme gibt, dann kann man sich der Sache entweder stellen oder weitermachen wie bisher. Stellt man sich der Herausforderung, die Krise positiv zu bewältigen, dann kommt man oft nicht um eine Therapie herum, die tiefer liegende Glaubensschablonen und problematische Verhaltensmuster aufarbeitet, die aus der eigenen Geschichte stammen. Genau so eine therapeutische Aufarbeitung möchte ich in diesem Kapitel für unsere Liebesbeziehung mit dem technischen Fortschritt angehen.

4.1 Die Geschichte des Fortschrittsdenkens

Die Ursprünge unseres heutigen Fortschrittsverständnisses liegen im Hochmittelalter. Hier taucht in den *Opera omnia* des Universalgelehrten Albertus Magnus (1200–1280) erstmals der Begriff des »Erfindens« und des »Fortschreitens« auf. Er schrieb: »… ut ab *inventis* ab eis ulterius *proficeremus* in philosophia«.[6] Übersetzt sagte er in etwa das, wo auch ich heute den wahren Fortschritt vermuten würde: »… auf dass wir im Streben nach Weisheit von dem, was unsere Wegbereiter aufgedeckt und erfunden haben, weiter fortschreiten mögen.«[7]

Es ist wichtig zu wissen, dass bis Albertus Magnus über 1500 Jahre lang ein klassisches Bildungsverständnis dominierte. Fortschritt bedeutete, dass jeder Einzelne im Lauf seines Lebens dadurch fortschreitet, dass er sich selbst als Mensch entwickelt. Foucault hat dieses persönliche Fortschreiten als »ästhetische Existenz« bezeichnet, bei der es darum geht, durch ein kultiviertes Leben glücklich zu werden. Foucault interpretierte Kultivierung dabei vor allem als Sorge um sich – Sorge um die eigene Gesundheit, die Sexualität oder auch den Wissenszuwachs.[8] Darüber hinaus war für antike Denker wie Aristoteles wichtig, dass jeder sich seiner besonderen Talente und Lebenszwecke (des eigenen Telos) bewusst wird.[9] Diese Talente weisen auf eine ganz bestimmte Rolle innerhalb einer Gemeinschaft hin. Sie haben nichts mit Technik zu tun. Ein talentierter Redner wird die Gruppe gut unterhalten können. Eine begnadete Führungsperson wird sie führen können. Ein liebevoller Mensch wird sie pflegen können. Ein fortschrittlicher Mensch ist einer, der seine Talente richtig erkennt und versucht, dadurch seinen natürlichen Platz in der Gemeinschaft zu finden. Deshalb stand auf dem Toreingang des Orakels von Delphi auch die Forderung »Erkenne dich selbst!«. Ein fortschrittliches Leben kann in diesem Sinne nur gelingen, wenn man »philosophisch« lebt – das heißt wörtlich: besinnlich, nachdenklich. Man versucht, den eigenen Platz in der Hierarchie der Natur, des Kosmos, der Zeit, der Dinge und der Lebewesen um einen herum zu erkennen und sich entsprechend zu verhalten.[10] Dafür ist ein Respekt für die traditionelle Ordnung der Dinge wichtig. Man bewahrte und studierte sie einstmals in den Artes liberales der Klosterschulen und erfasste sie in der Meditation. Als wirklich fortgeschritten oder gar weise galt man, wenn das eigene Wollen und die ausgeprägten Fähigkeiten mit dem Weg dieser Ordnung der Gemeinschaft (mit Menschen, Natur, Kosmos etc.) harmonierten. Das ist es, was man unter Fortschritt verstanden hat.

Fortschrittsdenken sieht »neu« als »gut« an

Wenn Albertus Magnus im 13. Jahrhundert von »er-finden« sprach, dann orientierte sich dieses also an einer philosophischen Tradition, für die Fortschreiten (proficere) gleichbedeutend war mit dem disziplinierten Streben (philia) jedes Einzelnen nach Weisheit (sophia). Das Neue sollte sich harmonisch einbetten in die natürliche Wertordnung der Dinge.[11] Schön wäre es gewesen, wenn dieses Denken über den Fortschritt Bestand gehabt hätte.

Dem war jedoch nicht so. Schon zur Zeit von Albertus Magnus etablierte sich ein anderer Fortschrittsdenker, der auf unsere heutige Zeit mehr Einfluss genommen hat: Roger Bacon (1214–1292). Für Roger Bacon war, wie für viele heutige Wissenschaftler, das Langzeitgedächtnis philosophischer Traditionen nicht mehr wesentlich. Vielmehr argumentierte er, dass man sich an der Mathematik und wiederholbaren Experimenten orientieren müsse, die aktiv in die Natur eingreifen. Statt wie Albertus Magnus das Weisheitsstreben unserer Vorfahren innovativ zu bereichern, wollte Roger Bacon das Fundament zu einer neuen, allumfassenden »philosophia experimentalis« legen. Er wurde zum Wegbereiter eines Wissenschaftsprogramms, das die Natur nicht als Wertordnung betrachtet, in die das Neue harmonisch eingebettet werden soll, sondern in dem sie als mathematisch beherrschbares Experimentierfeld angesehen wird. Er prophezeite, dass es die experimentelle mathematische Wissenschaft sei, die die Verlängerung des Lebens erlauben werde, die Erfindung von Flugmaschinen, selbstfahrenden Wagen und Instrumenten zur Fortbewegung unter Wasser.[12] Mit dieser hoffnungsvollen Idee wurde im Europa des 13. Jahrhunderts das moderne Fortschrittsdenken von neu = gut geboren.[13]

Dass »neu« wirklich auch »gut« sein würde, musste freilich noch bewiesen werden. Das Philosophieren darüber allein hätte nicht gereicht. In der Folgezeit wurden jedoch so viele bedeutende Erfindungen gemacht, dass die »neu = gut«-Idee immer plausibler erscheinen musste. 1269 wurde der trockene Kompass erfunden, der das Transportwesen und den Seehandel maßgeblich vereinfachen sollte.[14] 1359 kam das Schießpulver auf, das es den europäischen Ländern erlaubte, sich mit militärischer Überlegenheit auf dem ganzen Globus auszubreiten und unermesslichen Reichtum anzuhäufen. Im 14. Jahrhundert wurden die ersten Räderuhren gebaut, die den menschlichen Rhythmus, auch abseits von Klöstern, Kasernen und ähnlichen Einrichtungen, stärker in Takt verwandelten und planbarere Kooperations- und Produktionsformen erlaubten. 1458 wurde der Buchdruck erfunden, der die Verbreitung von Wissen und Erziehung immens beschleunigte. Gegen Ende des 16. Jahrhunderts waren die europäischen Gesellschaften so berauscht von der Macht der Erfindungen, dass Rogers Namensenkel Francis Bacon schlussfolgern konnte: »Kein Reich, keine Religion, kein Gestirn hatten größeren Einfluss auf die menschlichen Angelegenheiten als diese mechanischen Erfindungen.«[15]

Vor diesem historischen Hintergrund ist es nicht verwunderlich, dass unser heutiges Fortschrittsdenken so tief verwoben ist mit neuen Technologien und Erfindungen bis hin zu dem Punkt eben, an dem uns alles Neue automatisch als fortschrittlich erscheint. *Neue* Services oder Produkte, *neue* Produktionsverfahren, *neue* Märkte, *neue* Organisationsformen und Fertigungsverfahren, *neue* Rohstoffe oder Materialien – all das fällt uns ein, wenn wir heute über den Begriff des Fortschritts nachdenken. Wir glauben, dass sich unser menschliches Gedeihen an der Brust dieser Erfindungen nährt. Jede digitale Innovation, die den Filter der »unsichtbaren Hand des Marktes« erfolgreich passiert, scheint es zu verdienen, als Beitrag zum Fortschritt der Menschheit gefeiert zu werden. Das Fortschreiten des Einzelnen im antiken Sinne, die harmonische Einbettung in die Natur und die Gemeinschaft scheint dabei ergraut zu sein.

Fortschrittsdenken sieht »alt« als »schlecht« an

Es heißt, dass Francis Bacon (1561–1626) seinen berühmten Namensvorfahren verehrte. Während Roger Bacon die Weisheit des Aristoteles noch geschätzt haben soll, lehnte der 300 Jahre später lebende Francis Bacon eine Pflege traditioneller Formen philosophischer Wissenserweiterung nicht nur ab, sondern empfand sie sogar wie viele seiner Zeitgenossen als Fortschrittshindernis. Sein Zeitgenosse René Descartes (1596–1650) schrieb, dass alle diejenigen, die Aristoteles folgten, wie Efeu seien, der höher zu steigen versucht als der Baum, der ihn trägt. Sie würden am Ende unwissender sein, als sie es ohne ausgiebige Studien der Antike sein würden. Diejenigen, die am wenigsten von dem wüssten, was Philosophie heißt, würden am ehesten das Wahre begreifen.[16] Mit diesen Aussagen kam eine Idee in die Welt, die für unser heutiges Denken ebenso kennzeichnend ist wie die Gleichung neu = gut – diejenige, die alles Alte oder Bestehende als schlecht empfindet.

Was nun folgte, war eine systematische Abrechnung mit dem Bildungskonzept der Vergangenheit. In der 1660 gegründeten Royal Society, dem Treffpunkt von aufstrebenden europäischen Gelehrten, überschlugen sich die Debatten. Verteidiger der antiken Philosophie argumentierten, dass das Erkenntnisstreben von Denkern wie Aristoteles uns ein größeres und tieferes Wissen erschlossen habe, als die Royal Society und das gesamte gegenwärtige Zeitalter (also das 17. Jahrhundert) es je erlangt hätten. Verteidiger des neuen Fortschrittsglaubens schossen schlagkräftig zurück und argumentierten, dass die Royal Society in den wenigen Jahren ihres Bestehens mehr erreicht habe als die Aristoteliker in den gesamten 2000 Jahren davor; die Gegenwart habe in vielen Erfindungen – Mikroskop, Teleskop, Thermometer, Barometer, Luftpumpe – sowie in den geografischen Kenntnissen eine unermessliche Überlegenheit über die Zeit seit Aristoteles erlangt.[17]

Dass man in diesen Gefechten eigentlich Äpfel mit Birnen verglich, dürfte aus heutiger Sicht leichter einsichtig sein. Man stellte eine stärker geisteswissenschaftlich ausgerichtete Herangehensweise an die Wissenschaften einer stärker technisch orientierten Naturwissenschaft gegenüber. Dass dies eigentlich zwei komplementäre Methoden sind, um »fortzuschreiten«, wurde negiert. In der Gründerphase der modernen Naturwissenschaften versuchten die Streiter nicht, das gesunde aristotelische Maß auszuloten oder einen Weg zu finden, Fortschritt im Einklang mit der Natur zu leben. Eine Position musste gewinnen. Und wenn wir unsere klassisch-modernen Denkschemata heute anschauen, wissen wir, wer gewonnen hat: der Glaube an das Gute in allem Neuen, an das Schlechte im Alten und die einseitige Assoziation des Fortschrittsbegriffs mit Formen wissenschaftlicher Naturbeherrschung. Was auch immer antike oder mittelalterliche Denker über die Notwendigkeit herausgefunden haben mochten, Menschen zum Maßhalten anzuleiten, ihr ganzheitliches Bildungskonzept wurde seit dem 17. Jahrhundert zunehmend in eine historisch geduldete und letztlich vernachlässigbare Epochenschublade geschoben.

Fortschrittsdenken hält die Zukunft für berechenbar

Seit der frühen Neuzeit galt die Zukunft also dank beispielloser technischer Erfindungen und naturwissenschaftlicher Innovationen als Hort des Fortschritts. Neu = gut und alt = schlecht beherrschten das Denken der Eliten. Ja, nicht nur das: Diese Art von Fortschritt wurde sogar als gottgewollt angesehen. Die Philosophen und Wissenschaftler des 17. Jahrhunderts interpretierten das Streben nach Fortschritt als den Weg zurück ins Paradies, der die im biblischen Sündenfall verlorene »Herrschaft über die Natur« wiederherstellen würde. Noch im späten 19. Jahrhundert schrieb Thomas Edison, der Erfinder der Glühbirne, über die ständige Präsenz Gottes in seinen Gedanken.[18] Für die religiösen Menschen in Europa und Amerika war diese Verkettung von technischem Fortschritt und Gotteswille wichtig. Wenn etwas verändert wird, sträubt sich das Gewohnheitstier Mensch erst einmal. Der Glaube jedoch, dass Gott selbst die Veränderungen gewollt haben könnte, motivierte zum Mitmachen.

Entscheidend an der Verkettung technischer Errungenschaften mit der Wiedereroberung des Paradieses ist, dass sich so die Idee eines *kontinuierlichen* Fortschreitens der ganzen Menschheit etablieren konnte. Auf dem Weg zum Paradies sind die später Geborenen automatisch klüger als ihre Vorväter. Und diese Idee der

Kontinuität, die mit dem ständigen Fortschreiten Richtung Paradies begründet wurde, implizierte, dass die Zukunft auch als prognostizierbar begriffen werden konnte, zumal ja vorausgesetzt werden kann, dass die Zukunft auf jeden Fall besser werden wird, wenn man Richtung Paradies unterwegs ist. Und so schrieb 1793 der französische Gelehrte Marquis de Condorcet, dass die Geschichte des Fortschritts als »Erfahrung der Vergangenheit« nun die Funktion erhalte, »die Ereignisse der Zukunft mit großer Wahrscheinlichkeit vorauszusehen«.[19] Condorcet drückte damit als einer der Ersten die Idee eines berechenbaren bzw. vorhersehbaren Fortschritts aus, der sich aus der Kenntnis der Vergangenheit speist – eine Berechenbarkeit der Geschichte, die unsere Kultur der Prognose- und Wachstumsmodelle bis heute prägt.

4.2 Die Welt als kontrollierbares Modell

Im Silicon Valley wurde mir vor einigen Jahren ein Science-Fiction-Roman von Isaac Asimov empfohlen, den dort offenbar sehr viele Entscheidungsträger gelesen haben. Es handelt sich um *Die Foundation-Trilogie*. Ein zentrales Element dieses Buchs ist eine Wissenschaft namens »Psychohistorik«, die es ermöglicht, mithilfe von vielen menschlichen Verhaltensdaten auf mathematisch-statistischem Weg die Zukunft vorherzusagen bzw. zu berechnen.[20] Angesichts des sich abzeichnenden Untergangs eines interstellaren Imperiums prognostiziert der Erfinder der Psychohistorik, wie die weitere Entwicklung der Galaxie vonstattengehen wird. Und viele Entscheidungen werden in der Geschichte dann auf dieser wissenschaftlichen Wahrsagungsgrundlage gefällt.

Diese Geschichte, überhaupt der ganze Bereich der Science-Fiction, spielt eine zentrale Rolle im Rahmen der heutigen technischen Entwicklung. Fast alle Entwickler, die ich in den letzten 20

Jahren kennengelernt habe, lesen, wenn sie überhaupt lesen, Science-Fiction, und fast jeder kennt das Konzept der Psychohistorik. In dem Film *Minority Report* geht es auch um Psychohistorik: Cyborg-ähnliche Wesen (im Film »Precogs« genannt) sagen voraus, wo das nächste kriminelle Delikt stattfinden wird. Eine Polizeieinheit wird dann genau dort hingeschickt, um das Verbrechen zu verhindern. Wenn man heute von einer Software liest, die sich Predictive Policing nennt, dann geht das in genau dieselbe Richtung. Polizeieinsätze werden in den meisten Bundesländern zunehmend mit Software geplant, die aufgrund eines Algorithmus vorhersagt, wo Verbrechen zu erwarten sind, und Polizeistreifen fahren dann proaktiv dorthin. Das ist Deutschland 2018.[21] Und der Negativpreis für Privatheit, der BigBrotherAward, wurde in 2018 an die Regierung des Bundeslandes Hessen vergeben, weil dort die Behörden gerne weiter gehen würden: Es steht die Idee im Raum, dass Polizeistreifen nicht nur proaktiv in gefährdete Wohnstraßen fahren, sondern dass sie die Erlaubnis bekommen sollen, Bürger bei ausreichender statistischer Wahrscheinlichkeit auch mal proaktiv zu verhaften und ihnen für drei Monate Fußfesseln anzulegen.[22] Condorcets Vorstellung von der Berechenbarkeit der Zukunft ist in unserer Zeit also voll angekommen. Und es ist spannend, nachzuvollziehen, wie man neben den Träumen von unserem kontinuierlichen Weg ins (technische) Paradies historisch auf die Idee kam, dass so eine Berechenbarkeit möglich sein könnte.

Historiker diskutieren heute in diesem Zusammenhang gerne ein Wahrheitsereignis, das sich 300 Jahre vor Condorcet zugetragen hat. Es war im frühen 15. Jahrhundert, als der Bildhauer und Architekt Filippo Brunelleschi vor dem Baptisterium seiner Geburtsstadt Florenz posierte und dort die Bürgerschaft mit einem ungewöhnlichen Experiment konfrontierte. Er hatte entdeckt, dass man mithilfe einer räumlichen Tiefenmodellierung, die wir heute Zentralperspektive nennen, Bilder so zeichnen kann, dass sie illusorisch realistisch wirken. Mit dieser Zentralperspektive hatte er das Baptisterium vor dem Dom auf höchst realistische Art und Weise reproduziert. Nun bat er die Bürger seiner Stadt, mit eigenen Augen zu sehen, wie sein mathematisch präzises Abbild der Realität diese zu ersetzen vermochte. Die von ihm gemalte Reproduktion war mit einem kleinen Guckloch ausgestattet und wurde zugleich auf einen Spiegel projiziert, den er vor dieses Bild hielt. Ein Bürger, der durch das Guckloch hindurchsah und im Spiegel die Reflexion des gemalten Baptisteriums erkannte, musste den Eindruck gewinnen, dass er auf das Baptisterium selbst blickte. Wenn er Bild und Spiegel beiseitelegte und den echten Dom mit dem Spiegelbild verglich, konnte er feststellen, dass das Modell und die Realität einander verblüffend ähnlich waren.

Mit Brunelleschis Experiment verbindet sich eine Idee, die für unser heutiges Fortschrittsdenken fundamental ist: dass wir nämlich die Wirklichkeit mit unseren selbst geschaffenen Modellen und Bildern (wie etwa einer zentralperspektivischen Zeichnung) vollständig erfassen und kontrolliert reproduzieren können.[23] Diese Idee muss auf die Menschen der damaligen Zeit sehr beruhigend gewirkt haben. Man darf nicht vergessen: Die Menschen jener Zeit waren den Launen der Natur sehr stark ausgeliefert. Die großen Pestepidemien lagen noch nicht lange zurück, in deren Verlauf etwa ein Drittel der europäischen Bevölkerung ausgerottet worden war (1346–1353). Die Idee, dass man nun mithilfe einer einfachen Methode wie der Zentralperspektive die Realität in einem Modell einfangen, nachahmen und vielleicht sogar erklären könnte, um damit mehr Kontrolle über die Launen der Natur zu gewinnen, war ein visionäres Versprechen. Metaphorisch verhieß sie, das Mysterium der Welt zu entschlüsseln und die Natur berechenbarer – ja, sogar beherrschbar – zu machen. Ein Glaube, der heute von einigen Silicon-Valley-Leuten mit Nachdruck vertreten wird.

Der unerschütterliche Glaube an Modelle zur Kontrolle über die Natur

Bei Brunelleschis Zentralperspektive ging es darum, die räumliche Realität in einem Modell einzufangen. Bei Condorcet stand die Idee zeitlicher Prognosemodelle im Vordergrund. Beiden ist gemein, dass man versucht, die unberechenbare und vielschichtige Natur einzufangen und kontrollierbar in ein Modell zu bannen. Das ist die Basis der heutigen Wissenschaft.

Fast jede technische Neuerung basiert für ihr Funktionieren heute auf solchen Modellen. Alles beginnt damit, dass man die Realität in einer kalkulierbaren Repräsentation einfängt. Weiter oben habe ich am Beispiel der Big-Data-Illusion gezeigt, wie man das versucht, wenn man einer Künstlichen Intelligenz beibringt, die Gemütlichkeit einer Wohnung zu erkennen. Dafür braucht man als Künstliche-Intelligenz-Entwickler zunächst ein *Modell,* das das Phänomen der Gemütlichkeit einer Maschine einzupflanzen erlaubt. Um so ein brauchbares Modell zu entwickeln, zerlegt man das zu reproduzierende Phänomen, hier die Gemütlichkeit, zunächst in seine Einzelbestandteile und deren Eigenschaften. Man könnte zum Beispiel sagen, dass Gemütlichkeit etwas mit Lichtverhältnissen zu tun hat; vielleicht einem goldenen oder einem etwas abgedunkelten Licht. Und vielleicht könnte man noch bestimmte Objekttypen hinzufügen; oben hatte ich den Kamin erwähnt. Vielleicht ist die Präsenz von bequemen Sesseln und Decken noch hilfreich. Kurz: Man denkt mit einem guten Schuss Fantasie und passender Literatur über die wichtigsten Bestandteile eines zu reproduzierenden Phänomens nach und versucht, diese dann in einem Algorithmus zusammenzufassen, den man der Maschine mitgibt. Man kombiniert die Einzelbestandteile mit einer passenden mathematischen Formel, deren Bestandteile möglichst messbar sind, und man hat ein Modell; in diesem Fall beispielsweise Gemütlichkeit = Licht f (golden, abgedunkelt) + Objekte f (Kamin, Decken, Sessel).[24] Ein solches Modell kann man dann mithilfe von einem Experiment (oder einer Befragung) und statistischen Auswertungsmethoden überprüfen, die bestätigen (oder widerlegen), dass man die Gemütlichkeit mit einer gewissen Wahrscheinlichkeit treffend modelliert hat.

Aber kann man denn einem Phänomen wie der Gemütlichkeit mit einer solchen Modellvereinfachung gerecht werden? Vielleicht gibt es ganz gemütliche helle Räume *ohne* Kamin, Sessel und Decken? Ganz bestimmt sogar. Man denke nur an ein schwedisches Esszimmer im Morgenlicht. Und was dann? Modelle sind, wie alle Algorithmen, die auf ihnen basieren, immer unvollständig. Sie können den nicht identischen Wiederholungen von Lebensrealitäten und ihren Werten (wie der Gemütlichkeit) nicht gerecht werden. Die Singularitas unserer von unsichtbaren Werten durchwobenen Welt fehlt ihnen. Modelle sind die Mutter der digitalen Unvollständigkeit, die ich oben bereits ausführlicher besprochen habe.[25]

Warum ist es wichtig, das moderne Modelldenken hier so ausführlich zu erörtern? Ganz einfach: Im 15. Jahrhundert kam in Europa die Überzeugung auf, man könne die ganze Welt in Modellen abbilden, sodass man heute tatsächlich meint, das Phänomen der Kriminalität oder der Arbeitswilligkeit oder der ganzen Menschlichkeit erfassen zu können. Viele glauben bis heute, dass man mithilfe von Modellen die immer paradiesisch fortschreitende Zukunft, die Menschen und alle Naturphänomene inbegriffen, vorhersagen könnte. Diese Überzeugung bewegt uns dazu, den immer wieder falschen Marktprognosen unserer Forschungsinstitute zu huldigen. Der Glaube, dass Modelle unsere Welt trotz ihrer Abstraktionen und brutalen Vereinfachungen hinreichend vollständig wiedergeben könnten, ist es, der uns dazu verleitet, unkritisch darauf zu vertrauen, dass eine Künstliche Intelligenz uns die Gemütlichkeit eines Raumes ausrechnen kann – wenn nicht heute, dann in irgendeiner paradiesischen Zukunft. Und wir sind der Meinung, dass die modellbasierte Maschine dabei sogar richtiger liegt als der Mensch, dessen Einschätzung von Gemütlichkeit wir nicht trauen, weil Menschen ja oft *nur* intuitiv agieren. Intuition ist eben nicht modellhaft rational und kontrollierbar, nicht »wissenschaftlich«. Der Glaube an die unvollständigen Modelle ist so stark, dass wir gewohnheitsmäßig sogar annehmen, dass Maschinen richtiger liegen *müssen* als wir selbst.

Ich benutze hier immer wieder das Wörtchen »Glaube«. Objektiv gesehen ist kein Modell und keine Künstliche Intelligenz und damit auch keine Maschine in der Lage, die Singularitas des Lebens einzufangen; sie ist noch nicht einmal in der Lage, einfache Wertphänomene wie die Gemütlichkeit wahrhaft abzubilden – von komplexen Wertekonfigurationen, wie sie in der Realität vorliegen, ganz zu schweigen. Und dennoch: Unser Modellglaube, der uns seit 500 Jahren eingetrichtert wird, ist unerschütterlich.

Wenn Modelle gefährlich werden, weil sie die Realität ersetzen

Heute sind wir von einigen erfolgreichen Modellen so überzeugt, dass wir sogar angefangen haben, die Realität darauf zu reduzieren. Was es im Modell nicht gibt, so glauben wir, gibt es auch nicht in der Realität. Und umgekehrt: Was es im Modell gibt, das muss es natürlich auch in der Wirklichkeit geben. Und das hat Auswirkungen auf unsere politischen Entscheidungen.

Betrachten wir ein weiteres aktuelles Beispiel, das für Fortschrittspolitik wichtig ist: das Modell der Alterspyramide, das für viele Industrienationen die Überalterung aufzeigt. Die Alterspyramide wird als Modell benutzt, um vorauszusagen, dass wir in geburtenknappen Industrienationen mittelfristig in eine Krise hineinsteuern, da zu wenig junge Menschen da sind, die die Nachfolge von Rentnern und Pensionisten antreten können und in Sozialsysteme für überproportional viele Alte einzahlen müssen. Natürlich kann man die Existenz der Alterspyramide und ihre

Vorhersagekraft nachweisen, wenn man – wie es für Modelle üblich ist – die Realität unseres Bevölkerungswachstums auf die heimisch Geborenen reduziert und die 7 Milliarden anderen Menschen auf der Welt ausblendet. Natürlich ist die Vorhersagekraft der Alterspyramide in solchen Branchen gut, in denen für die Ausübung des Berufs nur im Land selbst Geborene bevorzugt werden. Trotzdem ist das Modell trügerisch, denn in Wirklichkeit ist das Bevölkerungswachstum in den Industrienationen der Gegenwart eben so stark getrieben von den Völkerwanderungen unserer Zeit, also von Faktoren außerhalb des Alterspyramidenmodells. Durch diese Völkerwanderungen strömen natürlicherweise auf allen Ebenen des Ausbildungs- und Sozialsystems Menschen in gut funktionierende Volkswirtschaften. So waren im Jahr 2017 in meiner Masterklasse an der Wirtschaftsuniversität Wien 71 Prozent Ausländer und nur 29 Prozent Österreicher. Von meinen zehn festen Mitarbeitern sind nur drei in Österreich geboren. Vermutlich werden nur wenige von ihnen in die ursprüngliche Heimat zurückkehren. Die Bevölkerung von Deutschland wuchs auch schon vor der Flüchtlingskrise um mehrere Hunderttausend pro Jahr.[26] Viele dieser Migranten bewerben sich, sofern man sie lässt, um Stellen am Arbeitsmarkt, und viele Integrierte zahlen heute kräftig in unsere Sozialkassen ein und sind gute Lehrlinge. Außerdem ist die Realität nicht so stabil und unveränderbar wie ein Modell. Seit über sieben Jahren steigt nämlich die Anzahl der Geburten in Deutschland wieder.[27] Wer hätte das gedacht? So ein nettes Modell, diese Alterspyramide – und doch fragwürdig in Anbetracht der viel komplexeren Realität.

Warum ist eine realistische Abwägung eines Modells wie der Alterspyramide wichtig für unsere Fortschrittspolitik? Das wurde mir einmal mehr klar, als mir kürzlich ein Vorstandsmitglied des Deutschen Gewerkschaftsbunds versicherte, dass er sich keine Sorgen mache um die zunehmende Automatisierung der Fertigungsanlagen in Deutschland, da ja die Alterspyramide sowieso zu einer Knappheit heimischer Mitarbeiter führen würde. Eine solche

Aussage ist ein erschreckendes Beispiel dafür, wie sehr das Denken in realitätsverzerrenden Modellen wie der Alterspyramide von unseren Eliten verinnerlicht wird. Bedenkt der Vertreter von knapp 2,27 Millionen Gewerkschaftskollegen[28] nicht die große Zahl an weniger ausgebildeten Flüchtlingen und Migranten, von denen viele vor allem solche Arbeitsstellen brauchen, die automatisiert werden sollen? Während die Genossen, die ihm Mitgliedsbeiträge zahlen, von »Fabriken der Angst« sprechen, wo kein Mensch mehr arbeitet und nur noch Roboter schaffen, residiert ihr Vertreter in einem prächtigen Glaspalast in der Frankfurter Innenstadt und studiert Modelle, an die er mehr gelernt hat zu glauben, als sich mit seiner Basis zu unterhalten.

Dürfen wir aber diese naive Modellgläubigkeit nur als ein Problem der Eliten betrachten? Ganz sicher nicht! Stattdessen sind wir alle auf diesem historischen Holzweg gemeinsam unterwegs. Auf privater Ebene tragen wir andere Modelle mit genauso viel Enthusiasmus und Ernsthaftigkeit eben in unser tägliches Leben. Ein Beispiel: Statt die Form unseres Körpers nüchtern im Spiegel zu betrachten, um herauszufinden, ob wir dick oder dünn, schön oder hässlich geworden sind, schauen wir auf die Waage, die uns nach dem Modell physikalischer Masseneinheiten sagt, wo wir mit unserer Figur stehen. Dass das gar nicht viel sagt, weil der Aufbau oder Abbau von Muskulatur, die Menstruation, die Tageszeit der Messung und ein Liter Bier am Vorabend mitentscheidende Faktoren für das Gewicht sind, das verdrängen wir. Stattdessen ärgern oder freuen wir uns selbstbetrügerisch darüber, dass wir heute ein Pfund mehr oder weniger wiegen. Und wir haben dabei Spaß! Wir zählen unsere Kilos, unsere Friends und unsere Likes, um uns vorzumachen, dass wir schlank sind, populär sind, oder um darunter zu leiden, dass wir es nicht sind. Wir schauen sozusagen fast nur noch in die Brunelleschi'schen Spiegel unserer Erfindungen und Modelle und glauben, in diesen selbst gemalten und hochgehaltenen Bildern uns selbst zu sehen.

4.3
Die Welt als Objekt des Designerwillens

Als Wissenschaftlerin und Weltgestalterin muss ich natürlich gestehen, dass auch ich gerne Modelle baue und das auch ständig tue, um wissenschaftlich publizieren zu können. Modelle sind für einen neugierigen, wissenshungrigen Menschen wie Kompasse, die helfen, die Welt besser zu verstehen. Leider werden heute mehr Modelle und Erfindungen in die Welt gesetzt, als wir je ernsthaft brauchen könnten. Jährlich erhalten in Deutschland knapp 30 000 junge Leute einen Doktortitel, von denen sich alle Modelle ausdenken oder weiter verfeinern sollen.[29] So ist es zu einer Explosion von Ideen gekommen, wie die Welt angeblich funktioniert.

Die Geschichte endet jedoch nicht da, wo nun Tausende von Modellen, Technologien und Weltideen auf dem Tisch liegen. Hat man einmal ein Modell erfunden oder mit irgendwelchen Statistiken nachgewiesen oder hat man eine technische Erfindung gemacht, dann kommt immer der Punkt, dass die Geldgeber unserer wissenschaftlichen Drittmittel fragen: »Und? Wie relevant ist denn jetzt dein Modell oder deine neue Technologie? Kannst du nachweisen, dass du die auch in der Realität umsetzen kannst? Oder kannst du deine neue Erfindung verkaufen?«

Und was nun passiert, das zeigt eine liebevolle Anekdote rund um die Barcode-Kekse, deren Entwicklung ich vor ein paar Jahren am Deutschen Zentrum für Künstliche Intelligenz (DFKI) bestaunen durfte. Ein junger Doktorand hatte eine Technik entwickelt, die es erlaubte, Barcodes in Plätzchen einzubacken, ohne dass dabei die Barcode-Information verloren ging.[30] Er erzählte uns, dass es doch schön wäre, Plätzchen mit Barcodes zu verzieren statt mit irgendwelchen bunten Streuseln. Er stellte sich vor, dass man dann seinen Liebsten Barcode-Kekse schenken könnte und die Beschenkten dann über die Barcode-Reader ihres Handys auf eine Webseite gelangen könnten, auf der eine süße Message sie vor dem Essen erwarten würde. Ich weiß nicht, was Sie, liebe Leser, über diese Erfindung denken, aber ich kann Ihnen meinerseits versichern, dass es nur meine Höflichkeit war, die mich nicht hat schallend lachen lassen bei dieser netten, aber doch auch völlig weltfremden Idee.

Die »unsichtbare Hand des Marktes« hat die Kekse passieren lassen; es gibt sie tatsächlich zu kaufen. Aber das Beispiel offenbart bei aller Skurrilität ein wiederkehrendes Muster des modernen Wissenschaftsdenkens, das ich als »Versailler Design Modell« vom Fortschritt bezeichnen möchte. Weltgestalter in ihren Rollen als Erfinder, Forscher, Startuppers und Wissenschaftler denken sich Dinge, Modelle und »Sollprozesse« aus, auf deren Grundlage sie dann die Welt nach ihren mehr oder weniger skurrilen Vorstellungen »designen«. Sie begreifen die Welt als eine Puppenstube rund um ihre vielen Kopfgeburten und denken sich neue Abläufe aus, die einige vielleicht innovativ finden, die aber oft fernab der gelebten Wertqualitäten sind, die in der Realität vorherrschen. Da backt jemand Kekse und verziert sie mit größter Leidenschaft und Freude. Und wenn man dann so einen frisch gebackenen, köstlich riechenden Keks vor sich hat, dann will man eigentlich nichts anderes als reinbeißen, statt sich über einen hässlichen Barcode irgendwelche Informationen aus dem Netz zu ziehen. Hello World!

Die Idee, dass die Welt (zum Beispiel des Backens) in ihren Abläufen so, wie sie ist, ihre ganz eigenen Werte zur Entfaltung bringt, kommt den meisten Weltgestaltern nicht in den Sinn, denn: neu = gut und alt = schlecht. Und wo der Markt und die Nutzer noch nicht bereit sind für ihre Kopfgeburten, da spekuliert man auf eine Marketingkultur, in der man Bedürfnisse künstlich generiert und Nachfrage mit viel Geld einfach schafft oder mit Macht und Lobbyismus einfach durchsetzt. Und was dabei herauskommt, ist das, was ich als das »Versailler Design Modell« von unserem Fortschritt bezeichne (siehe Bild 4.1).

4.1: Der Garten von Versailles

Versailler Parks versus englische Gärten

Wer sich einmal den Park von Versailles anschaut, der wird feststellen, dass dieser Park ein perfektes Designerstück ist, das jeglicher natürlichen Entspanntheit entbehrt. Ludwig XIV. ließ ein morastiges Gelände, das die Bewohner des Gebiets ursprünglich »stinkenden Tümpel« nannten, trockenlegen und dort einen Park anlegen, in dem jeder Baum 20 bis 30 Jahre lang so gestutzt werden musste, bis er schließlich wie ein Musikinstrument aussah. Auf breiten, symmetrisch angelegten, staubtrockenen Wegen spaziert man bis heute angestrengt dahin, gelegentlich mit Blick auf eine Palme, die im Klima von Versailles niemals gedeihen würde. Schon im 17. Jahrhundert wurde künstlich ein Mikroklima geschaffen, das erlaubte, Spargel und Erdbeeren im Winter zu ernten – eine ungeheure Innovation in der damaligen Zeit. Ludwig XIV. schrieb höchstpersönlich eine Anweisung zur »Manier, die Gärten von Versailles zu besuchen«, denn solche Orte erschließen sich dem Besucher kaum mehr intuitiv. Der Garten von Versailles steht sinnbildlich für eine Form des Fortschritts, die die natürliche Welt als Objekt eines mächtigen Designers betrachtet.

Am Ausgangspunkt steht das zumeist kontextunabhängige Modell des Designers. Und dieses Modell wird dann der Natur »auf Teufel komm raus« und »koste es, was es wolle« übergestülpt. Der Designer empfindet es in Anbetracht seiner politischen oder ökonomischen Macht nicht als notwendig, nach gegebenen Realitäten, Kulturen oder kontextuellen Werten zu fragen. Er interessiert sich nicht für diese vorhandenen Potenziale der Wertträger Erde, Klima, Landschaft oder Mensch. Er ist nicht an dem interessiert, was ist. Die Realität hat keine Bedeutung für ihn, weil er davon ausgeht, dass man sie sich zurechtstutzen kann wie einen Buchsbaum.

Der Fortschritt, der gemäß dem Versailler Design Modell entsteht, ist perfekt kontrolliert und beeindruckt durch die erhabene Brutalität, mit der er über die Realität wegbügelt. Als Ausdruck eines absolutistischen Denkens materialisierte sich dieses Modell in einer Ästhetik, die überall auf der Welt kopiert und bewundert wurde. Aber es repräsentiert auch eine Form des Fortschritts, die unendlich mühsam zu schaffen und zu erhalten ist. Jede Palme von über 20 kg Durchschnittsgewicht jeden Winter in ein Palmenhaus zu transportieren und jedes Frühjahr wieder im Park aufzustellen, bedeutet enorm viel Arbeit für die Gärtner – ganz zu schweigen von den Schnittarbeiten. Der Designer und seine Exekutoren arbeiten sich in einem ständigen Kampf gegen die Widerstände der Natur ab und vergeuden ihre Kraft an der Erfüllung einer Kopfgeburt.

Ich benutze das Verb »vergeuden« hier bewusst, weil es ganz sicher ist, dass ein kunstvoller, schöner und berauschender Garten auch auf ganz andere Weise geschaffen werden kann – gemäß dem Modell des englischen Gartens (Bild 4.2).

4.2: Ein typischer englischer Garten

Eine englische Landschaftsgärtnerin würde wahrscheinlich niemals eine staubtrockene Designerlandschaft an einem Ort erschaffen, wo eigentlich Morast vorherrscht. Sie würde stattdessen die Voraussetzungen und Wertpotenziale des Ortes genau analysieren und überlegen, welche Wasserverläufe und welche Pflanzen in so einer vorgegebenen Umgebung gedeihen können. Sie würde das Wasser natürlich auch mit modernsten Methoden bändigen und kanalisieren, also an den Voraussetzungen arbeiten, um die Landschaft sorgfältig kultivieren zu können, und würde dies versuchsweise dort tun, wo das Gefälle es anrät. Sie würde dabei auf natürliche Einfassungen achten, statt mit Gewalt ein Fremdmaterial zu verwenden. Darüber hinaus würde sie Bäumen und Blumen zu gesundem, schönem Wuchs verhelfen, zu einem guten Gedeihen in der angestammten Landschaft. Und dabei würde sie Energie sparen, die bei der Erschaffung von Kopfgeburten vergeudet wird.

In einem englischen Garten ist in ähnlichem Maß vieles durchdacht und gekonnt wie in einem Versailler Park. Der »gebildeten« klassischen Vernunft, die auf geschulter Werteintuition und einem

Wissen um Harmonie und Natur aufsetzt, wird hier mehr Aufmerksamkeit geschenkt. Auch hier sind der Platz und Wuchs einer Pflanze nicht der Natur selbst überlassen. Dieses Arrangieren findet jedoch, wie beim Fortschrittskonzept von Albertus Magnus, im Einklang mit dem lokal Gegebenen statt und nicht allein in Hinblick auf ein abstraktes Designermodell, das es zu erfüllen gilt. Die Dinge werden intuitiv und wissend zueinander in Bezug gesetzt und aufeinander abgestimmt, und die technischen Hilfsmittel werden in diesen Dienst gestellt. Es geht nicht darum, perfekt zu kontrollieren, sondern lediglich zu lenken und dem Lebendigen Raum zu geben, sich selbst zu entfalten. Das Resultat dieser Abstimmung ist im Auge des Betrachters Harmonie.

Die englische Gartenarbeit steht für eine Art des Fortschritts, wie ich ihn in diesem Buch propagiere. Ich glaube, dass die Erfinder und Wissenschaftler dieser Welt und insbesondere die IT-Industrie an dieser Form von Fortschritt arbeiten sollten statt an der Vervielfältigung modellierter Kopfgeburten, dass sie die Probleme lösen sollten, die da sind, und nicht Dinge erfinden, die keiner braucht. Das Versailler Modell verspricht aus meiner Sicht keinen wahren Fortschritt für die Zukunft der Menschheit, sondern steht für Anstrengung und Rückschritt. Es entspricht der ersten funktionalen Roadmap meiner Studenten für FoodIS, während die philosophisch inspirierten Pläne dem englischen Garten entsprechen.

Fortschritt der Menschheit statt Fortschritt des Einzelnen

Im 18. Jahrhundert kristallisierte sich noch eine weitere prägende Geisteshaltung heraus, die wir verstehen müssen, um zu erkennen, warum unser gefühlter eigener Fortschritt heute so weit weg ist von den Versailles-mäßig durchdesignten Glas- und Roboterwelten. In der Tat entfernten sich die Denker im 17. und 18. Jahrhundert nicht nur von der Natur, die man zunehmend für beherrschbar hielt. Sie entfernten sich auch von den Menschen selbst. In der Antike hatte das philosophische Denken noch das richtige Leben und Handeln des Einzelnen vorangestellt; die Philosophen des 18. Jahrhunderts hingegen sahen zunehmend über das Schicksal des Einzelnen oder der lokalen Gemeinschaften hinweg und dachten stattdessen in großen Dimensionen, etwa über die »Erziehung des Menschengeschlechts« – so der Titel eines Hauptwerks von Gotthold Ephraim Lessing aus dem Jahr 1780 –, oder sie reflektierten, wie Condorcet, über die »großen Revolutionen der menschlichen Gattung«.[31] Kant empfahl für den kategorischen Imperativ, man möge auf »die Menschheit in mir und jedem Anderen« fokussieren, und etablierte das Nachdenken über eine »universelle« Vernunft.[32] Der Naturforscher und Jakobiner Johann Georg Forster beschrieb in einem *Leitfaden zu einer künftigen Geschichte der Menschheit,* wie das »Lokale, Spezielle, Eigentümliche« von Menschen in »Universalität« übergehen solle. Wir befänden uns auf einem Weg, auf dem wir »gleichsam ein idealisiertes, vom Ganzen des Menschengeschlechts abstrahiertes Volk« seien. Wir seien als Einzelne »Repräsentanten der gesamten Gattung«.[33]

Kant etablierte den Gedanken, dass dem Menschengeschlecht der Fortschritt nicht automatisch zugutekäme, dass vielmehr jeder Einzelne verpflichtet sei, hierzu seinen Beitrag zu leisten, indem er seine Vernunft »kritisch« einsetzt. Der Einzelne wird aufgefordert, sein Leben in den Dienst des gesellschaftlichen Gesamtfortschritts zu stellen. Hier kommt das freie Individuum ins Spiel: Jeder ist frei, zu entscheiden, was er tut – vorausgesetzt, er folgt hierbei den abstrakten Regeln und Pflichten, die sein *kategorischer Imperativ* beschreibt. Und das heißt konkret, er oder sie muss sich informieren, um zu wissen, was für die Menschheit erstrebenswert ist. So wird die Geschichte des Fortschritts bei Kant abgekoppelt von der Geschichte lokaler Bemühungen, das Zusammenleben gut und richtig zu gestalten. Nicht anders als bei klassischen Vordenkern des Liberalismus festigte er ein Menschenbild, das unser Denken in den Dienst eines abstrakten »universalen« Fortschrittsideals stellt.

Bis auf den heutigen Tag ist das Denken der liberalen Eliten Europas und Amerikas von diesem abstrakten Fortschrittsideal geprägt.[34] In allen möglichen Bereichen des Lebens und vor allem bei der Nutzung neuer Technologien fühlt man sich verpflichtet, fortschrittlich »am Ball zu bleiben«. Wir bemühen uns, andere zu beeindrucken durch abstrakte »Bildung«, Informiertheit über die »neuesten Trends« und »innovatives Handeln«, und merken dabei gar nicht, dass wir im Grunde nur wie Hamster im Fortschrittsrad der Kopfgeburten anderer »funktionieren«. Selbst alte Menschen setzen sich trotz innerer Widerstände mit Handys, PCs und Internet auseinander – nicht, weil sie das brauchen und wollen, sondern weil sie meinen, dass man von ihnen Fortschrittlichkeit erwartet. Es ist ja vernünftig, »mit der Zeit zu gehen«. Andere wiederum fühlen sich »up to date«, wenn sie im immerwährenden Groove der Twitter- oder Facebook-Welt versinken. Und allen ist gemeinsam, dass die Motivation für ihr Handeln von außen kommt.

Diese passiv-pflichtgetriebene oder Mainstream-»Akzeptanz«-Rolle, in der sich die meisten Menschen heute gegenüber dem Fortschritt wiederfinden, wird den gestalterischen und denkerischen Potenzialen des Einzelnen nicht gerecht. Es ist eine merkwürdig entfremdete Rolle, die zu unserem Selbstbild vom aufgeklärten, autonomen, selbstbestimmten Individuum so gar nicht passt. Könnte es sein, dass das Menschenbild der Moderne, dem wir uns als »Menschheit« unterworfen haben, gar nicht so vernünftig ist, wie Kants gut gemeinter idealistischer Rationalisierungsversuch uns glauben machen wollte?

4.4 Der Transhumanismus: eine Ideologie der Lieblosigkeit

Passivität gegenüber technischem Fortschritt könnte vielleicht noch geduldet werden, wenn sich dieser zum Guten der Menschheit entwickeln würde. Nicht jeder ist von Natur aus ein aktiver Gestalter und fühlt sich dazu berufen, die digitale Zukunft zu definieren. Aber die Menschheit muss zumindest darauf vertrauen können, dass diejenigen, die Technologien vorantreiben, dies verantwortungsvoll, maßvoll und mit Weisheit im Sinne der menschlichen Gemeinschaft tun. Dies ist jedoch immer weniger der Fall. Stattdessen fällt auf, dass neue Technologien immer mehr genutzt werden, um Menschen zu ersetzen, statt sie zu stärken – sie in Abhängigkeiten zu treiben und ihren persönlichen Daten zu entfremden. Wie ich bereits beschrieben habe, hat die Informatik ihr Bio noch nicht entdeckt. IT-Systeme werden nach wie vor ohne viel Weitsicht entwickelt. Auch wenn sich eine wachsende Randgruppe des Fachbereichs seit Jahrzehnten darum bemüht, Software bedienungsfreundlicher zu machen, und darum kämpft, den Menschen wieder ins Zentrum der Entwicklungsprozesse zu rücken, arbeiten doch zahlreiche Kollegen mit einem fragwürdigen Menschenbild. Seinen Ausdruck findet es in Bezeichnungen, die Informatiker für uns Menschen finden. Zum Beispiel »DAU« (steht für: Dümmster anzunehmender User«), »Bug« (»Fehler« oder »lästiger Käfer«) oder »Wetware« (»Nassware«).

Ein besonders eindrucksvolles Erlebnis, das das menschenfeindliche Denken der Tech-Eliten illustriert, hatte ich kürzlich bei einer Tagung in der Schweiz. Der Konferenztag begann mit dem Vortrag eines Informatikprofessors der Eidgenössischen Technischen Hochschule Zürich, der seine Vortragsfolien spielerisch mit den Titeln überschrieb, dass es jetzt, erste Folie, 0:1 gegen den Menschen stünde, was seine Intelligenz im Vergleich zur Maschine beträfe; nächste Folie 0 : 2, dann 0 : 3 usw. Ich fragte mich, wer spielt da eigentlich gegen den Menschen? Aus Sicht des süffisant selbstüberzeugten Wissenschaftlers war es der dumme Mensch, der da gegen die Künstliche Intelligenz Zug um Zug verlieren würde. Zum Schluss beschrieb der berufene Wissenschaftler noch die Zukunftsvision, an der er arbeite. Diese sei in dem Spielfilm *Her* zu sehen.[35] In diesem Film geht es um einen Mann mittleren Alters namens Theodor, der in Scheidung lebt und sich in einen virtuellen Sprachassistenten namens Samantha verliebt. Über Kopfhörer kann er Samantha ständig hören und per Mobiltelefon mit ihr sprechen. Samantha ist eine Künstliche Intelligenz, die man sich ähnlich vorstellen kann wie das System Alexa von Amazon. In diesem Film lebt Theodor in einer ziemlich starken Isolation von seiner natürlichen Umwelt und in zunehmender Abhängigkeit von der künstlichen Samantha, in die er sich verliebt. Zum Schluss ist er der Manipulationsfähigkeit des Sprachsystems komplett ausgeliefert. Er wird panisch, wenn er sie nicht erreicht; ja, er ist gar nicht mehr er selbst und schwer ernüchtert, als er zum Schluss erfährt, dass Samantha ihn mit 8316 anderen Usern zeitgleich bedient hat.

Wie der Züricher Kollege »Intelligenz« jenseits jeden Bewusstseins definiert hat, war ein bisschen einseitig: Er setzte den Begriff offensichtlich gleich mit der Fähigkeit eines Computers, in einer geschlossenen, regelbasierten Umgebung, wie sie beim Brettspiel Go gegeben ist, einen menschlichen Spieler zu schlagen. Das ist zwar nett, aber mit Intelligenz im menschlichen Sinne hat das natürlich wenig zu tun, die sich ja gerade dadurch auszeichnet, dass sie in offenen, nicht regelbasierten, kontextübergreifenden Situationen vielschichtige kognitive und emotionale Fähigkeiten integriert. Aber davon einmal abgesehen, ging es ihm wohl um die Fähigkeit Samanthas, mit ihrem Besitzer zutiefst intim zu werden und ihm ihre nicht vorhandene Liebe auf einem so hohen Level vorzutäuschen, dass es nicht nur Theodor im Film die Schuhe auszieht. Die Fachsprache nennt diese Fähigkeit, Gefühle zu simulieren »Affective Computing«. Merkt der ETH-Wissenschaftler eigentlich nicht, dass er hier an einer sehr traurigen, völlig entmenschlichten und ethisch extrem fragwürdigen Zukunft arbeitet? Einer Zukunft, in der Menschen wie jämmerliche Waschlappen agieren und in der sie traurig, allein und abhängig von Technik und künstlicher Liebe sind – einer Zukunft, die ihn manipuliert und ihm falsche Gefühle vorspielt? Die Euphorie darüber, dass solche emotional aufgeladenen Gespräche zwischen Softwareassistenten und Menschen zukünftig möglich sein könnten, scheint ihn so zu beseelen, dass er sich über die menschlichen Konsequenzen dieser Technologie keine Gedanken macht. Und er ist keine Ausnahme. Menschen wie ich, die tief in der Technikwelt verankert sind und sehr viele wissenschaftliche Konferenzen und Industrietagungen besuchen, sind mit diesem Denken über die menschliche Zukunft fast überall konfrontiert.

Tief hat sich in die Köpfe der heutigen Wissenschaftseliten das von Günther Anders vorausgesagte Denken vom Menschen als eines »antiquierten« Wesens eingewoben.[36] Viele empfinden den Menschen mitsamt seinen natürlichen Anlagen als suboptimal, dumm und unglücklich. Sie glauben, man müsse ihn verbessern und gemäß dem Versailler Stil wie einen Buchsbaum stutzen, damit die Welt so schön gradlinig wird wie die staubtrockenen Sandwege eines absolutistischen Parks. Sie haben keinen Respekt vor der Würde des Menschen, wie er ist mit all seinen liebenswerten Schwächen, Behinderungen und Einzigartigkeiten, die im Paradies die Vielfalt des Seins ausmachen. In ihren Augen brauchen wir keine menschlichen Geliebten und Ratgeber mehr. Wir brauchen Sprachassistenten.

Zwei gegensätzliche Menschenbilder

Wenn ich mit Vertretern dieser Eliten ausführlicher diskutiere und sie frage, warum sie so denken und wohin uns all die Künstliche Intelligenz, Big Data, die implantierten Chips und Blockchains bringen sollen, dann erhalte ich immer wieder dieselbe Antwort: Wir brauchen diese Technologien, weil nur sie die Probleme der Menschheit lösen können. Der Mensch sei letztlich fehlbar. Die Geschichte habe gezeigt, dass er vielfach zu schwach und unberechenbar sei, eigennützig, opportunistisch, angstgetrieben, emotional, irrational, körperlich schwach, zu langsam, zu unpräzise, ineffizient und anfällig für Krankheiten, Launen und gewaltsame Konflikte. Maschinen seien schlichtweg berechenbarer, langlebiger und intelligenter als der Mensch. Sie sollten daher genutzt werden, um uns Menschen zu verbessern und unsere Fehlbarkeiten zu kontrollieren. Man müsse Menschen zumindest in die richtige Richtung lenken oder einfach technisch ausbauen. Letzteres nennt man im Fachjargon »enhancen«, also »verbessern«. Ein erschreckend verachtendes und böses Menschenbild schlägt mir da entgegen als Begründung für die technischen Fortschrittsanstrengungen. Und was noch schlimmer ist: Wenn ich dieses Menschenbild bei digitalen Laien, Bekannten und Studenten hinterfrage, dann höre ich oft genau das Gleiche.

Ich muss gestehen, dass ich regelmäßig befremdet bin, wenn ich meine Zeitgenossen so reden höre, denn nicht nur meine eigene Erfahrung sagt mir, dass dieses Menschenbild nicht stimmen kann. Auch die psychologische, sozialwissenschaftliche, philosophische und ökonomische Forschung der letzten zwei Jahrzehnte zeigt uns ein sehr viel positiveres Bild vom Menschen. Bei all den Schwächen und Verwirrungen, die wir Menschen durchaus haben, sind wir doch gleichzeitig unglaublich schön, kraftvoll und gut. Wir sind soziale Wesen, die jenseits ihres Überlebens nach nichts mehr suchen als nach Liebe und Freundschaft. In unserem Leben können wir unser rationales und emotionales Denken und Wahrnehmen verknüpfen und in Sprache gießen und damit die großartigste Poesie und Kunst schaffen. Wir sind metaphorisch präzise. Obgleich unser Körper so hochkomplex und unentschlüsselbar ist, sorgt die Natur dafür, dass wir die meiste Zeit unseres Lebens gesund sind. Viele von uns erbringen körperliche Höchstleistungen von theoretisch kaum fassbarer Erhabenheit. Wir leben am liebsten friedfertig und zufrieden, und viele von uns erkennen mit dem Alter ihre Launen und Schwächen. Wir haben, wenn wir genau hinschauen, eine hervorragende Intelligenz, um die Realität unserer organischen und sozialen Welt zu erfassen. Vor allem aber haben wir das Sensorium, die Wertewelt zu erfassen, die letztlich unser Leben bestimmt. Wie ich bereits ausführlich beschrieben habe, können digitale Maschinen nicht mal ansatzweise in solche Dimensionen vorstoßen. Die meisten Menschen sind auch gar nicht egoistisch. Im Gegenteil, sie widmen den größten Teil ihres Lebens anderen, sei es als Eltern, Freunde, Eheleute, Mitarbeiter in Unternehmen und staatlichen Behörden oder als Ehrenamtliche. Wir haben einen natürlichen Hang, das Gute und Schöne zu bevorzugen, und begegnen unseren Mitmenschen in der Regel vertrauensvoll und mit einem Sinn für Fairness.

Uns von diesem Wissen über uns selbst und von unserem Vertrauen in die Menschlichkeit abzubringen und in so einem erbärmlichen Licht zu sehen, empfinde ich schlichtweg als negative Höchstleistung unserer Geistesgeschichte. Wie konnte es dazu kommen, dass viele die menschliche Natur derart infrage stellen, dass sie Fortschritt darin sehen, den Menschen zu »enhancen« oder sogar durch eine neue Generation Cyborg abzulösen?[37] Einige wenige Quellen dieses Denkens muss ich an dieser Stelle erwähnen, damit wir erkennen können, warum so viele von uns so negativ über den Menschen denken. Nur wenn wir erkennen, dass unsere schlechte Meinung von uns selbst politisches Programm war und auch nur ein weiteres »Modell«, sind wir vielleicht in der Lage, uns von diesem negativen Denken zu verabschieden und in Zukunft nicht Technik zur Erziehung schlechter Menschen zu entwickeln, sondern Technik zur Förderung hoch talentierter, miteinander verbundener einzigartiger Wesen.

Die Wurzeln unseres negativen Menschenbildes

Viele glauben, dass allein der Humanismus als geistige Prämisse die Aufklärung inspiriert hat. Diese geistige Strömung zeichnet ein verheißungsvolles, positives Bild des Menschen und seiner Entwicklungsfähigkeiten, aber darauf möchte ich an dieser Stelle bewusst nicht eingehen. Stattdessen möchte ich der Frage nachgehen, wie sich das beschriebene negative Menschenbild etablieren konnte.

Zweifellos liegen die Wurzeln für diese Haltung bereits in der Art und Weise, wie das westliche Christentum seit Einsetzen der Moderne den Glauben vermittelt hat. Obwohl Christentum und Judentum ursprünglich für Gnade und Nächstenliebe stehen, verweist die biblische Heilsgeschichte immer wieder auf die Fehlbarkeit und Schwäche der Menschen (Vertreibung aus dem Paradies, Sodom und Gomorra), auf den Kampf und den Neid zwischen Familienmitgliedern (Jakob und Esau), den Machthunger der Eliten (Pharaonen, Pharisäer etc.), den Verrat zwischen Freunden (durch Petrus und Judas) und die Verdammten, die »heulen und mit den Zähnen knirschen« (Matthäus 25,30). Es ist dann auch kein Zufall, dass solche Geschichten zu Beginn der Neuzeit immer mehr in den Mittelpunkt rückten. Martin Luther (1483–1546) proklamierte, dass alle Menschen verloren seien, die nicht die Heilige Schrift studierten. Calvin (1509–1564) predigte, dass die Menschheit gespalten sei in die wenigen, die für den Himmel bestimmt sind, und die vielen, die zur Hölle fahren werden. Und für den Katholiken Cornelius Jansen (1585–1638) war es vergebene Liebesmühe, sich aus freier Willensanstrengung um sein Seelenheil zu bemühen – »Gewisslich wartet die Leere aller.«[38]

Dieses traurige Menschenbild wurde in jener Zeit auch von nichtkirchlichen Denkern aufgegriffen. Thomas Hobbes (1588–1679) war dabei besonders prägend. In seinem Werk *Leviathan,*[39] das er während der englischen Bürgerkriege im französischen Exil schrieb, attackierte er die geltende aristotelische Vorstellung, dass Menschen »politische« oder »soziale« Wesen seien, die ihr Leben in Gemeinschaft mit anderen Menschen kultivieren. In Anbetracht seiner Kriegseindrücke charakterisierte er Menschen stattdessen als atomisierte Einzelwesen, die zunächst einmal nur an ihrem eigenen Nutzen und Wohlergehen interessiert seien. Auf diesen Eindrücken beruht seine Idee, dass wir in Anbetracht unserer individuellen Nutzenoptimierungen letztlich in einem »Krieg aller gegen alle« leben und jeder nur auf seinen eigenen Vorteil bedacht ist. Das ist auch der Hintergrund seiner Erkenntnis: »Der Mensch ist dem Menschen ein Wolf.« Im vermeintlich »ursprünglichen« Naturzustand gäbe es, so meinte Hobbes, beim Menschen keine natürlichen artgenössischen Bindungen. Begierden, Furcht, Egoismus, Wettstreben und Ruhmsucht würden dazu führen, dass selbst friedfertige Individuen einander mit Argwohn begegnen. Dieser anarchische Zustand könne nur dadurch überwunden werden, dass sich die Menschen darauf besinnen, Regeln und Gesetze zu erfinden, deren Geltung durch einen absolutistischen Monarchen erzwungen werden. Die absolutistischen Herrscher der Zeit nahmen Hobbes Gedanken natürlich gerne auf und trugen zu ihrer Verbreitung bei. Damit kam ein geistiger Stein ins Rollen, den jeder Wirtschaftswissenschaftler heute im Grundstudium lernt: die Idee vom Menschen als privater Nutzenoptimierer, als Homo oeconomicus, die die spieltheoretische Ausgangssituation in der heutigen Volkswirtschaftslehre bildet.[40]

Auch John Locke (1632–1704), der Vater des Liberalismus, vertrat die Idee eines Naturzustands der Menschen als atomisierte Einzelwesen und nicht als Gemeinschaftswesen. Kraft ihrer Natur sind Menschen gemäß Locke zwar mit einem Recht auf Leben, Freiheit und Privateigentum geboren. Im Gegensatz zu Hobbes eignete er der Menschheit die Fähigkeit zu, moralische Normen aus eigenem Antrieb zu befolgen, zugleich war er aber auch davon überzeugt, dass die Menschen aufgrund ihrer individualistischen Triebe und Eigeninteressen zu Regelverletzungen neigen. Menschen würden in einem »brüchigen Frieden« miteinander leben. Daher sei es erforderlich, Gesetze zu erlassen und Richter zu bestellen, die im Auftrag der Bürger die moralische Ordnung des Naturzustands wiederherstellen.

Schließlich ist in der Reihe der Väter des Liberalismus auch Jean-Jacques Rousseau (1712–1778) zu nennen. Für Rousseau ist der Mensch im Naturzustand zwar (im Gegensatz zu Hobbes) ein friedliches Wesen, zugleich war er aber auch davon überzeugt, dass der Zusammenschluss von atomisierten Einzelwesen unvermeidlich zu Neid und Hass führen würde. Auch Rousseau schätzte unser spontanes Vermögen, in Gemeinschaft zu leben, negativ ein: »Man mag die menschliche Gesellschaft bewundern, so viel man will, es wird dadurch doch nicht weniger wahr, dass sie notwendigerweise die Menschen dazu bringt, sich gegenseitig in dem Maße zu hassen, in dem ihre Interessen sich kreuzen, und sich zum Schein gegenseitig Dienste zu erweisen und in Wirklichkeit sich alle nur vorstellbaren Übel zuzufügen.«[41] Die Rettung vor all diesem Übel bestand auch für Rousseau neben seinen Ideen für ein Erziehungsprogramm in einem dem Gemeinwillen dienenden Gesetzgeber. Der Gesetzgeber müsse die Einzelinteressen im Sinne der Allgemeinheit in allen Bereichen schützen, in denen der Einzelne und das wirtschaftliche System versagen würden.

Den absolutistischen Monarchien in jener Zeit kam dieses fragwürdige Menschenbild, das hier von Kirche und Wissenschaft herausgearbeitet wurde, sehr entgegen. Man konnte es wunderbar als Argument benutzen, um einen bis dahin nicht existenten Staatsapparat aufzubauen. Reformprogramme und Gesetze konnten legitimiert werden, deren offizielle Aufgabe es war, die Menschen vor sich selbst zu schützen, die in Wirklichkeit aber die eigene Macht zementierten.

Diese Monarchien sind zwar verschwunden, aber die Staatsapparate sind geblieben – und mit ihnen auch das willkommene fragwürdige Bild vom Menschen, das bis heute nützlich ist, um das staatliche Gefüge mitsamt seiner Strukturen zu rechtfertigen. Nimmt man Hobbes, Locke und Rousseau zusammen, so landet man sogar relativ zielgenau im parteipolitischen Denken der heutigen Demokratien. Man ruft dann entweder, in der rousseauschen Manier der »Linken«, nach einem starken Staat, der die Menschen vor Unrecht und Ungleichbehandlung schützt, oder, in der hobbesianischen Linie der »Konservativen«, nach einem schlanken, aber schlagkräftigen »Law and order«-Regiment, das den vermeintlich natürlichen Krieg aller gegen alle in geordnete Bahnen lenkt.

Letztlich ist für meine Argumentation hier die Differenz zwischen diesen Parteien vernachlässigbar. Wichtig ist, dass beide Seiten aufgehört haben, auf den natürlichen Gemeinsinn des Menschen und das Gute in ihm zu vertrauen. So wurde das ethische Denken und Vertrauen in einzelne Menschen in ein immer ausgefeilteres Rechtssystem ausgelagert. Menschen konnten sich daran gewöhnen, nicht mehr miteinander auskommen zu müssen, denn im Zweifelsfall ruft man halt seinen Anwalt an. Für das werteorientierte Ringen um ein tugendhaftes Leben, Wirtschaften und technisches Erfinden ist in diesem Mindset kein Platz.[42] »Anything goes«, solange es nicht gesetzlich verboten ist. Moral wird in Unternehmen in die Rechtsabteilung delegiert. Und IT-Entwickler und Unternehmer, die in diesem Mindset erzogen worden sind, entwickeln Technik für eine Menschheit, der man nicht vertrauen kann.

Vor dem Hintergrund dieser Entwicklungen ist es nicht verwunderlich, dass FoodIS-Manager die schöne Wertewelt nicht so einfach umsetzen können, die meine Studierenden in ihrer zweiten Hausübung skizziert haben. Das Denken der Betriebswirtschaftslehre ist ebenso getränkt vom schlechten Menschenbild wie das der Väter des Liberalismus, auf dem unsere Wirtschaft aufbaut. Man modelliert den Menschen als ein Wesen, das nur die eigenen

Präferenzen optimieren und ohne Sanktionen langfristig nicht mit seinesgleichen kooperieren kann. Man darf sich nicht wundern, wenn technische Innovationen dann auch genutzt werden, um uns schlechte Menschen einzuordnen, zu überprüfen, zu ranken und zu bewerten. Firmen wie FoodIS haben Angst, dass Mitarbeiter ihre Freiheiten nutzen, wenn man sie nicht überwacht und sanktioniert. Sie wünschen sich Kontrolle über ihre Servicequalität, haben sie doch gelernt, davon auszugehen, dass jeder Kurier und jedes Restaurant sich um Servicequalität zunächst einmal nicht scheren. Sicherheitshalber lassen sie ihre Kuriere daher lieber durch GPS und Kundenbewertungssysteme überwachen. Bald schon könnte die Firma zur oben beschriebenen Disney-Methode übergehen, bei der die Mitarbeiter wie Hamster im Rad möglichst schnell paddeln müssen, um ein paar grüne Gummipunkte zu verdienen und nicht ihren Job zu verlieren.

Die lieblosen Ideen der Transhumanisten

Am Endpunkt dieser Fortschrittsgeschichte steht der Transhumanismus, der heute weite Kreise der Tech-Eliten in seinen Bann geschlagen hat.[43] Im Transhumanismus verdichtet sich das negative Menschenbild zu einer Ideologie der Lieblosigkeit, in der der Mensch schlichtweg als suboptimales Auslaufmodell angesehen wird. In vollkommener Geschichtsvergessenheit (die Nazi-Eugenik liegt 80 Jahre zurück …) denkt man offen darüber nach, Menschen nicht nur durch Maschinen zu optimieren und zu kontrollieren, sondern an ihren Körpern zu experimentieren, um sie zu verbessern, zu erneuern bzw. auf eine vermeintlich höhere Evolutionsstufe zu bringen.[44] Dabei stehen solche Ideen im Raum wie das proaktive Ersetzen von biologischen Körperteilen und Organen, wie etwa unserer Herzen, durch angeblich besser geeignete computerisierte Trägermaterialien.[45] Man glaubt, gesunde Gehirne mit externen digitalen Gedächtniskomponenten verbessern zu müssen; etwa indem man uns Gehirnimplantate zur Gedächtnisverbesserung einpflanzt.[46] Einige transhumanistische »Wissenschaftler« haben sogar die Idee, dass man einfach unser Gehirn scannt und alle vorhandenen Informationen auf einen Computer hochlädt. Diesen Prozess nennen sie »Uploading«.[47] Googles Produktdirektor Ray Kurzweil denkt sogar offen darüber nach, dass solche Prozesse »effizienter« wären, wenn man die Möglichkeit hätte, die menschlichen Gehirne zu zerstören, während man sie scannt.[48] Diese Art von »Forschung« wird derzeit auch schon an Tieren vorgenommen, beispielsweise an der Yale University, wo man versucht hat, die Gehirne von Hunderten von geschlachteten Schweinen wieder zum Leben zu erwecken.[49] Dies sind offenbar wunderbare Vorläufer für Ideen wie die des Google-Direktors.

Dass in unserem Gehirn gar keine Informationen zu finden sind, die man scannen könnte, so wie sich Dateneinträge von einer Festplatte kopieren lassen, das scheint Transhumanisten vielleicht nicht klar zu sein,[50] ebenso wenig offenbar, wie sie ein Gespür, geschweige denn Mitgefühl dafür aufbringen können, was es eigentlich heißt, das Gehirn eines Lebewesens beim Scannen »zu zerstören«. Transhumanisten stellen sich den Menschen wie einen Computer vor, an dem man beliebig rumbasteln kann. Offenbar fern aller aktuellen wissenschaftlichen Erkenntnisse von Körper und Geist als Gesamtsystem[51] scheinen sie zu glauben, dass das Gehirn unsere Hardware ist und unser Geist wie eine Software, die darauf läuft. Das Gehirn ist in dieser Vorstellung der Verarbeitungsprozessor, und der übrige Körper versorgt es sozusagen mit Energie, hat aber ansonsten keine wirklich relevanten Funktionen für unser Denken. Tief zurückgeblieben im Menschenbild des ausgehenden 17. Jahrhunderts, glauben Transhumanisten im 21. Jahrhundert immer noch, dass das von Gefühlen bereinigte Denken das Sein bestimmt (»Ich denke, also bin ich«), und gehen dann auch noch davon aus, dass dieses Denken vor allem (oder sogar nur?) im Kopf stattfindet. Viele empfinden daher den Rest des Körpers als überflüssig; ja wünschen sich sogar, diesen als veraltete Hülle zurückzulassen.[52]

Von Einstein ist ein schönes Bonmot überliefert. Er sagte: »Man muss die Dinge so einfach wie möglich machen. Aber nicht einfacher.« Da bei Transhumanisten die Bedeutung von Intuition und Fühlen als entsorgbarer Nachteil des Menschen betrachtet wird und auch der Körper dementsprechend wenig zählt, ist ihnen die Welt der Werte verschlossen. Auch die Singularitas des menschlichen Bewusstseins, Wahrnehmens und Seins und damit die menschliche Zeitlichkeit (als Zusammenkommen von Vergangenheit, Gegenwart und Zukunft) ist ihnen entweder unbekannt oder wird einfach als Modellvariable ausgeklammert.[53] So vereinfacht der Transhumanismus sehr vieles von dem, was uns Menschen in Wirklichkeit auszeichnet: die Ergänzung unseres Denkens durch Gefühle und Intuitionen, die aus dem Körper kommen; unsere so erlangte Fähigkeit, die Welt als einen Raum der Werte zu erfahren; unsere Zeitlichkeit und Singularitas.

Wie können Transhumanisten trotzdem bei normal intelligenten Menschen punkten und diese Ideologie der Lieblosigkeit bei vielen Politikern und Wirtschaftsleuten glaubhaft verbreiten? Wie kann es sein, dass die transhumanistische Ideologie derzeit sogar zum richtungsweisenden Zukunftswissen erhoben wird und in deutschen Schulbüchern Erwähnung findet?[54] Wie ich bereits beschrieben habe, sind vereinfachende Modelle von der Welt eine etablierte Methode in unseren modernen Wissenschaften. Und solange ein Modell, so simpel es sein mag, nicht widerlegt ist, gilt es erst einmal als gültig. Das negative Menschenbild hat eine etablierte Geschichte. Wertorientiertes, emotional intelligentes Denken gilt als unwissenschaftlich bzw. als »highly-paid personal opinion« (kurz: HIPPO). Transhumanisten spielen sich sehr professionell als Weltgestalter auf, die sich einfach das Recht rausnehmen, die Welt nach ihren Vorstellungen zu gestalten, so wie Ludwig XIV. seine Buchsbäume hat beschneiden lassen, ohne sich lokale Realitäten und menschliche Schicksale wirklich anzusehen. Wenn etwas schiefgeht, weil etwa ein Uber-Auto einen Passanten überfährt, dann ist das halt ein »Kollateralschaden« im Interesse des Fortschritts der Menschheit. Nur eine Pflicht gibt es auch für Transhumanisten noch: bestehende Gesetze zu befolgen. Die sind aber in der Technikwelt nicht ausreichend vorhanden und international sowieso kaum durchsetzbar. Zur Not spielt man Pingpong mit den Gerichten[55] oder spekuliert gleich darauf, grenzwertige Praktiken einfach auf staatenlose Schiffe im Meer zu verlagern.[56] Mit dieser Mentalität gelingt es einigen Transhumanisten sogar noch, sich als Bestseller produzierende Wissenschaftler zu positionieren. Auch wenn sie im etablierten Hochschulsystem mit anständigen Berufungsverfahren weniger Erfolg zu haben scheinen, helfen die Gelder der IT-Industrie dabei, ihre eigenen Universitäten zu gründen, wie etwa die Singularity-Universität[57] oder zumindest großzügig ausgestattete An-Institute an Eliteuniversitäten anzudocken, unter deren Flagge sie dann segeln.[58] Es wird eine Art Fortschrittsbewegung finanziert, die teils akademisch anmutet[59] und teils quasireligiöse Ambitionen hat.[60] Und viele Menschen glauben mangels besseren Wissens an ihre »trans-humanen«, also jenseits des Menschlichen liegenden Visionen. Dieser gefährlichen Entwicklung können wir in demokratischen Ländern nur auf eine Weise begegnen: Wir müssen klarere, durchdachtere und menschenfreundlichere Alternativvisionen entwickeln, die wir ihrer gefährlichen Ideologie entgegenstellen können. Dann können sich Wirtschaft, Gesellschaft und Politik wenigstens entscheiden, welchen Weg sie einschlagen möchten.

Es gibt nur eine Herausforderung dabei: Das Böse kommt oft so schillernd und schön im Gewand des Guten daher, während das Gute eher im Stillen die unsichtbaren Fäden eines zufriedenen Lebens webt. Die französische Philosophin Simone Weil (1909–1943) sagte dazu: »In der Fantasie ist das Böse romantisch und neu, in der Wirklichkeit ist es hingegen trübe, monoton, karg und langweilig. In der Fantasie ist das Gute langweilig, in der Wirklichkeit [hingegen] immer neu, wundervoll und berauschend.«

5.
DIGITALE ETHIK IN DER PRAXIS

Wer heute in die Technikwelt hineinhorcht, der hört, dass der Enthusiasmus und die Entschlossenheit, menschliche Werte in Technikdesign und IT-Innovation zu integrieren, groß ist. Bis hin in die IT-Analystenkreise formieren sich überall auf der Welt Gruppen, die an dieser Vision arbeiten.[1] Der größte und älteste Ingenieursverband der Erde, das Institute of Electrical and Electronics Engineers (IEEE),[2] hat die umfassendste Initiative für »ethisch angepasstes Design« begründet.[3] Über drei Jahre hinweg hat der Verband weltweit über 1000 Experten bottom-up involviert, um herauszufinden, wie technische Systeme menschengerechter gebaut werden sollten. Der Verband propagiert nun auf Basis dieser Arbeit eine einschlägige Liste von Wertprinzipien[4], an denen sich die rund 420 000 Verbandsmitglieder in Zukunft bei der Entwicklung von Technologie orientieren sollen. Zu dieser Liste gehört zuallererst, dass IT-Entwickler und deren Auftragsorganisationen die Menschenrechte berücksichtigen sollten, wie sie etwa in der UN-Menschenrechtskonvention festgehalten sind.[5] Im Rahmen dieser Konvention einigten sich 1948 viele Länder auf den Respekt für die menschliche Bewegungs- und Meinungsfreiheit, Sicherheit und Gleichheit in Würde und Rechten, insbesondere vor Gerichten. In Artikel 1 der Menschenrechtskonvention wird auf die anzustrebende Brüderlichkeit zwischen Menschen hingewiesen. Negative Werte wie Willkür und Diskriminierung oder Untergrabung von Privatheit sollten vermieden werden.

Jenseits dieser Minimalanforderungen verweist IEEE die Ingenieure aber noch auf weitere Wertkataloge. Im Zentrum des Denkens steht beim Verband, dem ich übrigens auch angehöre und dessen Initiative ich aktiv unterstütze, dass Technik das Wohlbefinden (»Wellbeing«) der Menschen verbessern sollte. Hierfür kommen Wertelisten wie die der OECD zum Tragen, die das Glück weltweit messen, indem sie Menschen nach ihrer Gesundheit fragen, nach ihrer Arbeitszufriedenheit, nach ihrer Autonomie und Kompetenz, aber auch nach negativen Gefühlen, wie Angst oder Wut, die auf negative Werte hinweisen können.

5.1
Ein neues Wertebewusstsein wächst heran

Viele IT-Systeme sind ethnisch bedenklich, wenn man die vom IEEE geforderten Werte ernst nimmt. Man denke etwa an die Disney-Wäscherei, die die Freiheit, Würde und Gesundheit der Arbeiterinnen und Arbeiter untergräbt, oder an die von der Polizei eingesetzte Software für das Predictive Policing, die die Privatheit, Gleichheit und Sicherheit von Menschen untergraben könnte. Auch süchtig machende Systeme wie viele Spielewelten sind fragwürdig, wenn man die mentale und körperliche Gesundheit von Extremspielern betrachtet. Die an sich sehr schlüssig erscheinende Werteliste des IEEE wird also, wenn sie ernst genommen wird, nicht bei allen Betreibern und Nutzern heutiger Digitalservices auf Gegenliebe stoßen. Sie setzt hohe Standards für ethische Technik und fordert die Industrie auf, sich mit menschlichen Werten neu auseinanderzusetzen und ihre Technologien entsprechend zu überarbeiten.

Zusätzlich stehen, wie das bei einer Ingenieursorganisation zu erwarten ist, auch technische Werte im Vordergrund. Dazu gehört das von dem Philosophen Hans Jonas schon lange geforderte Prinzip Verantwortung (im Englischen: Accountability).[6] Alle an Entwicklungsprozessen Beteiligten sollten sich verantwortlich fühlen für die Wertebilanz, die durch ihre Systeme entsteht. Und schließlich wird gefordert, dass Systementwickler ihre Maschinenprozesse nachvollziehbar entwerfen und offenlegen. In ethisch geschulten Ingenieurskreisen ist man der Ansicht, dass es nicht sein darf, dass Künstliche Intelligenzen Blackboxes sind, bei denen keiner mehr weiß, was das System tut. Zumindest für offizielle Prüfer der Systeme (wie den TÜV), aber idealerweise auch für private Endnutzer sollte Transparenz gegeben sein, wie eine Maschine zu Empfehlungen oder Ergebnissen kommt; insbesondere dann, wenn Menschen von diesen Empfehlungen und Ergebnissen betroffen sind. Wie schwierig Transparenz zu erlangen ist, habe ich jedoch bereits im Zusammenhang mit der Fehlernatur des Digitalen angedeutet.

Trotz der Herausforderungen, die bei der Umsetzung all dieser Wertziele vor uns liegen, kann IEEE auf den Spirit vieler Mitstreiter bauen. Der britische Robotikexperte Alan Winfield hat in seinem Blog allein für die Robotik zehn Listen mit Werten und ethischen Entwicklungsprinzipien aus der ganzen Welt zusammengetragen,[7] unter anderem auch von der Association for Computing Machinery (ACM), einer Schwesterorganisation des IEEE.[8] Darüber hinaus schaltet sich die Politik ein. Das EU-Parlament hat im Jahr 2017 der EU-Kommission empfohlen, sich mit der Regulierung von autonomen IT-Systemen zu beschäftigen, und dabei sehr viele Werte in den Raum gestellt, die es aus rechtlicher Sicht zu berücksichtigen gilt.[9] Dazu gehören Sicherheit, Freiheit, Privatheit, Würde, Selbstbestimmung, Gleichheit, Gerechtigkeit, Nichtdiskriminierung, Transparenz, Autonomie und Verantwortung. Und schließlich gibt es viele Autoren, Experten, Vereine und Interessengruppen, die sich ihrerseits in die Diskussion einschalten, indem sie etwa eigene kleine Chartas vorlegen[10] oder Schriften über die Herausforderungen in der Digitalisierung publizieren.

Können wir uns also entspannt zurücklehnen und annehmen, dass die Technikwelt und die Politik schon bald alles richten werden? Ich fürchte: nein.

Das Rennen um die beste Werteliste

Die Frage ist nämlich: Welche Liste gilt denn nun? Wenn unterschiedliche Verbände, Firmen, politische Institutionen und Länder alle ihre eigenen Listen mit Werteprioritäten zusammenstellen, worauf sollen sich dann IT-Unternehmen verlassen? Schon heute gibt es hinter den Kulissen Konkurrenz darum, wer der Vorreiter im ethischen Design sein wird und sich mit seiner Liste durchsetzen kann.

Um ein bisschen wissenschaftliche Distanz, Klarheit und logische Struktur in die vielen Vorschläge zu bringen, habe ich in einer wissenschaftlichen Arbeit den Versuch unternommen, bestehende Wertelisten für die Digitalisierung zumindest einmal logisch zu integrieren.[11] Mein Ziel war es dabei, viel diskutierte Werte mithilfe der Maslow'schen Bedürfnispyramide in eine Rangordnung zu bringen, sodass man sieht, welche für die menschliche Selbstentfaltung von besonderer Bedeutung sind.[12] In den herkömmlichen Darstellungen dieser Pyramide sind Gesundheit und Sicherheit höher eingestuft als Gemeinschaft oder Prestige. Maslow beobachtete, dass Menschen beispielsweise oft gar keinen Sinn dafür haben, nach höheren Werten wie Prestige zu streben, wenn sie krank sind. Auch kann uns die Höflichkeit eines Roboters, der in einem Atomkraftwerk arbeitet, gleichgültig sein, wenn das Werk nicht höchsten Sicherheitsstandards genügt. Schon Maslow sah jedoch, dass seine Wertehierarchie nicht starr ist. Man kann nicht grundsätzlich sagen, dass ein Wert in der Pyramide immer wichtiger ist als ein anderer, nur weil er in der Pyramide als fundamentaler dargestellt ist. Jemand kann noch so krank sein, und doch kann ihm seine Würde so viel bedeuten, dass er lieber sterben würde, als sich in seiner Würde zu erniedrigen. Die relative Bedeutung oder Höhe der Werte ist also jeweils im Kontext abzuwägen.

Wenig Beachtung findet, dass in der Maslow'schen Bedürfnispyramide nicht irgendwelche Werte, sondern nur intrinsische Werte aufgelistet sind. Das sind besonders fundamentale Werte, die über alle Kulturen hinweg für die menschliche Entfaltung wichtig sind – Gemeinschaft zum Beispiel. Auch wenn Kulturen sie mit unterschiedlichen Normen ausleben, so ist sie doch für alle Menschen relevant. Solche höheren intrinsischen Werte werden in der Regel durch niedere Werte ermöglicht. Ein hoher Wert wie die Sicherheit eines IT-Systems bedarf einer Reihe niederer Wertqualitäten, die sie ermöglichen, zum Beispiel Geheimhaltung und Richtigkeit von Daten oder Verantwortungsbewusstsein der Betreiber. Ein hoher Wert wie das Vertrauen (in ein IT-System) bedarf eines niederen Wertes wie der Transparenz. Ein hoher Wert wie die Gerechtigkeit bedarf des niederen Wertes der Vorurteilsfreiheit. Aufgrund dieser logischen Wertketten enthält meine aggregierte Wertepyramide zusätzlich zu Maslows eigenen Einträgen auch viele der in der technischen Community primär diskutierten niederen Wertqualitäten wie Transparenz oder Vorurteilsfreiheit.

5.1: Die Maslow'sche Bedürfnispyramide für die digitale Welt.[13]

Ingenieure werden jetzt vielleicht stutzig fragen, wie ich mir denn anmaßen kann, die von ihnen am meisten diskutierten Werte als »niedere Werte« zu bezeichnen. Etwa den Wert der Vorurteilsfreiheit (im Englischen: »absence of bias«). Aber die Antwort ist einfach: Warum braucht man denn Vorurteilsfreiheit? Einfach um den höheren Wert der Gerechtigkeit in der Technik zu gewährleisten.

Ich hoffe, dass sich die IT-Welt langfristig darauf verständigt, zumindest die hohen intrinsischen Werte für die menschliche Selbstentfaltung als Minimalanforderungen im IT-Systemdesign zu berücksichtigen. Zum Beispiel könnten IT-Unternehmen ihre Entwicklerteams mit der neuesten Forschung zur Algorithmentransparenz ausrüsten. So würden neu entstehende Systeme mehr Vertrauen verdienen als solche, bei denen man sich diese Mühe bei der Entwicklung nicht gemacht hat. Unternehmen könnten über die Wertversprechen und Leistungen ihrer Services bzw. ein »Ethics by Design« miteinander im Wettbewerb stehen. Erste Anzeichen für solch eine Entwicklung gibt es schon heute. So wirbt die Suchmaschine Startpage beispielsweise mit der privatheitsfreundlichen Suche; ebenso unterscheiden sich die Messengerdienste Signal und Threema durch diskrete und sichere Kommunikation von der WhatsApp-Konkurrenz. Es gibt Cloudanbieter, die mit besonderer Sicherheit werben. Und es gibt Fairphones, die sich durch die größere Nachhaltigkeit ihrer Komponenten differenzieren. Die drei Werte Privatheit, Sicherheit und Nachhaltigkeit sind gesetzt.

Ist es nun mit dieser strukturierten und wissenschaftlich integrierten Liste getan? Angenommen, alle würden sich auf dieses Modell verständigen: Wäre das eine Lösung? Können wir so sicherstellen, dass unsere IT-Systeme nachhaltig »ethisch« sein werden? Ich fürchte, ganz so einfach ist das nicht.

Listendenken ist kein ethisches Denken

Im September 2017 zirkulierte ein Screenshot auf russischen Websites; er zeigte, wie ein Russisch sprechender Sprachassistent und ein Englisch sprechendes Pendant völlig unterschiedlich auf dieselbe Nutzeraussage reagierten. Der Nutzer sagte seiner englischsprachigen Alexa: »Ich bin traurig«, und diese antwortete: »Ich wünschte, ich hätte Arme, um dich zu knuddeln.« Der russische Sprachassistent Yandex hingegen antwortete seinen russischen Nutzern: »Keiner hat gesagt, dass das Leben eine Spaßveranstaltung ist.«[14]

In diesem Beispiel geht es um den Wert des Trostes. Alle Kulturen der Welt kennen diesen Wert. Und er ist wichtig für höhere Werte wie Nähe, Gemeinschaft, mentale Gesundheit und Freude am Leben, aber eben auch für Disziplin und Stärke, wie die russische Antwort zeigt.[15] Je nachdem, wie ein Sprachassistent die Antwort formuliert, können sich bei uns Nutzern langfristig unterschiedliche Haltungen zum Leben ergeben. Wenn etwa Kinder sich mit dem Assistenten unterhalten und in einsamen Situationen lernen, dass das Leben nun mal kein Zuckerschlecken ist, werden sie andere Tugenden entwickeln, als wenn man ihnen sagen würde, sie müssten geknuddelt werden.

Der Wert des Trostes, um den es hier geht, steht aber in keiner der Wertelisten, die in der Technikwelt derzeit kursieren. Selbst die IEEE, die sich unter der Führung meiner Kollegin Professor Sara Jordan von der Virginia Tech University bemüht hat, möglichst alle weltweit vorhandenen Wertekataloge maschinell zu erfassen, um sämtliche darin aufgeführten Werte zu extrahieren, hat den Wert des Trostes nirgendwo finden können. Offiziell gibt es den Trost also nicht. Kein Entwicklungsteam auf der Erde, das einer noch so langen Werteliste folgt, hat den Wert des Trostes auf dem Schirm, obwohl dieser doch ganz offensichtlich eine Rolle spielt. Das heißt: Wertelisten sind immer unvollständig. Sie entsprechen dem digitalen Modelldenken, das der unberechenbaren Vielfalt potenziell ethisch relevanter Situationen nie vollständig gerecht werden kann.

Aus diesem Grund sind die drei philosophischen Fragen aus dem zweiten Kapitel so wichtig, die ich meinen Studenten für die FoodIS-Studie beigebracht habe. Eine davon lautet: Was macht die konkrete Technik, um die es hier geht, langfristig mit dem Charakter der betroffenen Stakeholder? Ein Entwicklungsteam würde sich also einen Sprachassistenten im Umgang mit Nutzern aktiv in unterschiedlichen Situationen vorstellen und dann überlegen, welche Werte und Tugenden für Familienmitglieder oder Gäste im Spiel sein könnten. Vielleicht würde ihnen auf diese Weise der Wert des Trostes nicht durch die Lappen gehen – vor allem dann, wenn sie ihrer Vorstellungskraft freien Lauf lassen würden und ihre mentale Freiheit nicht durch ein vorangegangenes Studium von Listen schon eingeschränkt hätten. Eine Garantie, dass die drei Fragen den Trost mit Sicherheit gefunden hätten, gibt es freilich nicht. Wir können mit keiner Methode sicherstellen, dass wir alle ethisch relevanten Situationen antizipieren, mit denen digitale Geräte uns konfrontieren werden.

Das heißt aber nicht, dass wir die Flinte ins Korn werfen sollten. Auch wir Menschen können ethisches Verhalten und Werte nur am Laufe unseres Lebens durch immer wieder neue Erfahrungen erfassen. Technische Systeme brauchen dieselbe Zeit. Wenn einmal der Wert des Trostes als relevant aufgetaucht ist, können wir ihn in unsere technischen Wertelisten aufnehmen. Wir können die Erfahrungen, die im Umgang mit den Maschinen gesammelt werden, nutzen, um sie sukzessive über viele Jahre zu verbessern, und die Antworten auf die drei philosophischen Fragen immer weiter verfeinern, die Wertanforderungen erweitern und unsere Technik entsprechend verbessern. Die Frage ist nur: Werden die Hersteller der Systeme mitmachen? Haben sie den langen Atem? Werden sie das Geld in die Hand nehmen, um wertvoll ausgereifte Technik über die Zeit entstehen zu lassen?

Mit Sicherheit reicht es nicht aus, einen Wert wie den Trost nur als relevant zu entdecken und in irgendeine technische Anforderungsliste aufzunehmen. Wenn Systementwickler, die als Informatiker meistens kein geisteswissenschaftliches Studium durchlaufen haben, den Wert »Trost« auf ihrer Anforderungsliste für das Systemdesign sehen, dann werden sie fragen, was Trost denn überhaupt ist. Wie können in einem Sprachassistenten die Voraussetzungen für diesen Wert geschaffen und dabei auch noch die kulturell adäquaten Normen für Troststiftung in den weltweiten Absatzmärkten garantiert werden? Um diese Fragen zu beantworten, muss man sich mit dem Wert des Trostes genauer beschäftigen. Man muss ihn konzeptionell runterbrechen und genauer verstehen.

Was es heißt, einen Wert konzeptionell zu verstehen, möchte ich im Folgenden nicht am Beispiel des Trosts, sondern anhand eines Werts erläutern, der in meiner wissenschaftlichen Laufbahn eine große Rolle gespielt hat und der heute auf allen internationalen Wertelisten sämtlicher Technikverbände und Organisationen für das digitale Zeitalter verankert ist: der Wert der Privatheit. Für diesen Wert habe ich selbst einen Erkenntnisprozess durchlaufen, der mich hat verstehen lassen, was es heißt, sich mit einem Wert wirklich tiefschürfend auseinanderzusetzen.

5.2 Werte verstehen

Als ich im Jahr 2001 anfing, mich mit der digitalen Privatheit zu beschäftigen, hatte ich nur eine oberflächliche Vorstellung davon, worum es bei diesem Wert geht. Der erste Schritt war damals noch, Bibliotheken aufzusuchen, um mehr Informationen zu finden. Aber da fand ich zunächst nur ein einziges Buch und einen Artikel, die Privatheit im Titel trugen. Eine magere Ausbeute und vielleicht ähnlich oberflächlich wie die Ergebnisse einer Google-Suche, die so mancher Ingenieur zunächst anstellt, wenn es um einen neuen Wert geht wie die Privatheit oder den Trost.

Nahe liegt, dass man vor dem Hintergrund solch magerer Suchergebnisse dazu neigt, von der Alltagserfahrung pauschal auf das Verstehen eines Wertes zu schließen. Man denkt sich: Ich weiß doch, was Privatheit für mich heißt, und glaubt, dass das reicht. Wie ich jedoch im zweiten Kapitel beschrieben habe, hat man Werte nicht im Kopf; man kann sie sich auch nicht beliebig zurechtlegen oder nach eigenen Vorlieben definieren. Werte sind wie Farben in der Welt. Sie haben objektive Eigenschaften und eine lange Geschichte, mit denen man sich vertraut gemacht haben muss.

Das älteste Privacy-Gesetz, das es in der westlichen Welt gibt, wurde vom englischen König im Jahr 1604 erlassen.[16] Bis dahin war es der Obrigkeit erlaubt, ohne Rücksprache in private Wohnräume einzudringen. Dieses Recht wurde missbraucht, und für die einfachen englischen Leute war es daher ein großer Fortschritt, zu wissen, dass ihr privates Haus zukünftig ihr privates Königreich sein würde. Daher kommt auch der englische Spruch »My home is my castle«. So einen Schutz der Privatheit gegen mächtige Eindringlinge halten wir seither in den zivilisierten Ländern für selbstverständlich, obwohl das in Anbetracht von Predictive Policing nicht unbedingt so bleiben muss.

1890 kam dann ein weiterer rechtlicher Aspekt hinzu: das »Recht, alleine gelassen zu werden«.[17] Damals kamen die ersten Fotoapparate auf, und viele Leute mochten es nicht, auf Fotos von Fremden abgelichtet zu sein. So wurde in den USA erstmals von den Rechtsgelehrten Warren und Brandeis das »right to be let alone« definiert, was man inhaltlich auch übertragen kann auf das soziologische Phänomen, dass alle Menschen hin und wieder Momente oder sogar Räume benötigen, wo sie ungestört allein sein dürfen.

Im 20. Jahrhundert gab es dann eine Fülle von weiteren rechtlichen Auseinandersetzungen rund um die Privatheit. Die Prozessgeschichte ist von dem Rechtswissenschaftler Daniel Solove in aller Präzision aufgearbeitet worden.[18] In seiner Analyse zeigt er 13 verschiedene Verletzungen von Privatheit auf, bei denen die Kläger vor Gericht recht bekommen haben. Angewendet auf die heutige Zeit, kommt es beispielsweise zur Verletzung der Privatheit, wenn Digitalgeräte permanent und ohne Zustimmung das Leben ihrer Besitzer aufzeichnen; wenn Datensammlung indirekt erzwungen wird; wenn es zu ungewollter Weiterverwendung persönlicher Daten für neue Zwecke kommt, von der Datensubjekte nichts wissen und die sie nicht wollen; wenn es zu einer Exponiertheit und Verletzlichkeit gegenüber unbekannten Dritten kommt oder zu Verfremdungen oder Diffamierungen unserer Person auf der Grundlage unserer Daten.

Werte mit all ihren Aspekten zu verstehen und ihnen Raum zu geben ist nicht einfach und konfliktfrei. Selbst Experten erkennen oft nicht, wie wichtig sie sind. Als in ausgewählten Fachkreisen nach den Anschlägen vom 11. September 2001 die Stimmen der Datenschützer lauter wurden, dass man das Internet trotz der Dimension dieser Attentate nicht in eine Überwachungsinfrastruktur ausbauen dürfe, belächelten sie die meisten Informatiker und Ingenieure. Die Kämpfer für den Wert der Privatheit hatten ein geradezu komisch verstaubtes Image und wurden als eine Mischung zwischen Pedant und Naivling wahrgenommen. Dabei kann der Versuch, Menschen die sich für Werte einsetzen, als Pedanten oder Naivlinge darzustellen, durchaus strategische Gründe haben. Nicht nur im Märchen kämpfen die Guten gegen die Bösen. So war es auch beim Datenschutz.

Oben habe ich bereits die Dataisten beschrieben, die sich zugunsten ihrer eigenen Machtposition vorstellen, dass wir alles im Leben digitalisieren sollten, damit sie ihre vermeintlichen »Spiegel« über unsere Leben ausbreiten können. Was ich nicht ausführlich dazugesagt hatte, ist, dass wir seit den Anschlägen vom 11. September 2001 in dieser Entwicklung weit fortgeschritten sind. Heute speichern und verarbeiten einige große US-amerikanische Datenplattformen und -märkte[19] schätzungsweise über 90 Prozent der persönlichen Daten der europäischen Bürger.[20] Sie haben gigantische Profile von uns aufgebaut, die laut eigenen Angaben um die 30 000 Einträge pro Person enthalten können und von denen die meisten europäischen Bürger nichts ahnen.[21] Sie haben diese Profile im Laufe der Zeit aufbauen können, weil unsere Bankdaten über das Swift-Abkommen[22] und Kreditkartenfirmen in den USA verarbeitet werden, weil Meldeämter[23] und Ärzte[24] unsere Daten weiterverkauft haben, weil unsere Kundenkartendaten weitergegeben werden, weil unser Surfverhalten im Internet im Schnitt von über 50 unbekannten Parteien mitgelesen wird,[25] weil im Normalfall bei kostenfreien Webmailservices alle unsere Mails maschinell durchforstet werden, ebenso wie all unsere Messages, Fotos und sozialen Kontaktnetzwerke auf Facebook, Instagram oder Twitter. Fast alles, was wir privat auf Videoplattformen ansehen, wird registriert – alles, was wir mit der Bankkarte bezahlen, jede Bewegung unseres Smartphones … Alles wird aufgezeichnet und weiterverwendet, teilweise weiterverkauft, weiter analysiert und mit Dritten geteilt. Die Erlaubnis zu dieser asozialen Zweitnutzung unserer privaten Daten beschaffen sich die Unternehmen, die hier mitmachen, indem sie uns endlose Seiten an Kleingedrucktem vorlegen, die wir schlichtweg unterschreiben müssen, wenn wir an der digitalen Welt partizipieren möchten. Friss oder stirb. Wenn man in der digitalen Welt normal unterwegs sein will, hat man keine andere Chance, als resigniert auf »ok« zu drücken und all diesen Datenverwendungen zuzustimmen.

Diese kurze Ausführung zur Geschichte und aktuellen Realität rund um den Wert der Privatheit zeigt, was es heißt, »einen Wert konzeptionell zu verstehen«. Wenn man diesen Wert in all seinen Facetten analysiert, dann wird offensichtlich, warum »Post Privacy«-Thesen naiv sind. Sie erfassen den Wert der Privatheit nicht in der notwendigen Tiefe. Es wird auch klarer, wie wichtig es ist, dass Ingenieur- und Informatikverbände wie IEEE sowie alle an der Ausbildung beteiligten Universitäten in der Informatik dafür sorgen, dass Nachwuchsinformatiker ebenso wie vorhandene Führungskräfte auf ihre ethischen Aufgaben, auf juristische Grundlagen und ein tiefes Wertverständnis besser vorbereitet werden. Dies ist wirklich entscheidend, weil jede einzelne Bedeutungsdimension eines Wertes, alle für ihn bedeutenden Wertqualitäten, eine ganze Reihe von eigenen technischen Schutzmaßnahmen nach sich ziehen. Beispielsweise ist bei der Wahrung von Privatheit auf technischer Ebene nicht nur die Ende-zu-Ende-Verschlüsselung von Daten erforderlich, damit Informationen geheim gehalten werden, es bedarf auch eines automatischen und einfachen Austausches von Präferenzen der Privatheit der Nutzer mit Datensammlern statt endlos langer AGBs. Nur mittels einfacher Etiketten, ähnlich unseren Lebensmittelauszeichnungen, ist jeder Bürger informiert, welche persönlichen Daten überhaupt wann und von wem für welche Zwecke gesammelt werden. Und im Interesse der informationellen Selbstbestimmung muss es Bürgern auf einfachste Weise möglich sein, den Datensammelpräferenzen der Unternehmen nicht zuzustimmen. Dafür bedarf es wiederum technischer Vorrichtungen, die gewährleisten, dass die Präferenzen für Privatheit von Nutzern auch respektiert werden. Darüber hinaus müssen einfache Wege angeboten werden, persönliche Daten wieder zu entziehen bzw. zu löschen; und zwar nicht nur am sichtbaren Interface der Systeme, sodass jemand glaubt, die Daten seien gelöscht, sondern auch am Back-end, also dort, wo die empfangenden Systeme die tatsächliche Löschung in den Datenbanken oder in den verantwortlichen Cloudsystemen vollziehen.

Solche Maßnahmen sind nur ein kleiner Ausschnitt dessen, was es heißt, allein den Wert der Privatheit auf technischer Ebene zu schützen. Ein ganzer Fachbereich mit eigenen Konferenzen, Vorlesungen, Büchern und Journalen ist zum Thema »Privacy Engineering« oder »Privacy by Design« in den letzten Jahren entstanden.

Ich bin mir nicht sicher, ob wir ähnliche Anstrengungen rund um den Wert des Trostes erwarten dürfen. Aber es tröstet mich auf jeden Fall zu sehen, dass es zumindest eine Reihe hoher Werte gibt, bei denen die technische Community in diesen Tagen aufwacht und überlegt, wie man sie in Zukunft ebenso schützen kann wie den Wert der Privatheit.

Wenn man sich allerdings vor Augen hält, wie lang die Liste der Werte ist, die es jenseits von Privatheit noch in technischen Systemen zu berücksichtigen gilt, dann wird auch klar, dass wir mit dem Ziel, eine ethische Digitalökonomie zu schaffen, vor einer Mammutaufgabe stehen.

5.3
Werte leben

Wie schwer es ist, bei allen guten Absichten und bestem Wissen tatsächlich ethisch und wertgerecht zu handeln, habe ich am eigenen Leibe erfahren. Im ersten Kapitel habe ich Ihnen, liebe Leser, nämlich vorenthalten, dass ich trotz meines Wechsels in die Lehre und Forschung dem unternehmerischen Leben als Weltgestalter zunächst nicht ganz entsagen wollte. Kaum war ich an der Humboldt-Universität zu Berlin angekommen, um mit großem Enthusiasmus meine theoretische Forschung zum Thema digitale Privatheit zu verfolgen, gründete ich nebenher ein kleines Start-up mit dem Namen SkillMap.[26] SkillMap war, wie der Name schon vermuten lässt, eine Software, die die Fähigkeit hatte, Kompetenzen und Wissen von Menschen, also deren Skills, grafisch darzustellen und darüber hinaus noch zu visualisieren, wer wen mit welchen Kompetenzen kennt. Man konnte sich über eine wunderschöne grafische Oberfläche in die sozialen Netzwerke hineinzoomen und herauszoomen, und wir nutzten die SkillMap als Koordinationsplattform für unser Berliner Forschungszentrum Internetökonomie. In 2008 allerdings kam der Punkt, dass wir uns darüber Gedanken machen mussten, wie man nun mit dieser schönen Software Geld verdienen könnte. Hier erfuhr ich, was es heißt, in Versuchung zu geraten, sich von Werten abzuwenden.

Das Problem der Versuchung

Technischer Ausbau, Vertrieb und Marketing wollten finanziert sein; es musste auch ein guter Geschäftsführer eingestellt und bezahlt werden, der die Firma übernehmen würde. Also zerbrach ich mir mit meinem Entwicklungsteam den Kopf darüber, wo das Geld herkommen könnte. Und selbstverständlich kam die Idee auf, die Informationen der SkillMap zu vermarkten. Die Informationen darüber, wer was weiß – und vor allem, wer was nicht weiß –, sind ja hochinteressant für Unternehmen. Ebenso die Information, wer wen besser oder schlechter kennt und mehr oder weniger mit anderen kommuniziert. Mit der SkillMap hätte sich vielleicht messen lassen, wer wichtig ist in einem Unternehmen und wer nicht. Auf Zureden von einigen potenziellen Investoren enthielt die Produkt-Roadmap daher die Idee, dass wir doch mehr oder weniger heimlich den E-Mail-Verkehr von Mitarbeitern in den die SkillMap nutzenden Unternehmen anzapfen könnten, um daraus die gelebten Beziehungen miteinander in dem Tool zu visualisieren. Die Softwarefähigkeiten, die ich mir also als aktive Privacyforscherin für mein eigenes Unternehmen ausdachte, waren genau das Gegenteil von dem, was ich in der Theorie predigte. Mein tiefes Wissen um den Wert der Privatheit half mir gar nicht. Wasser predigen, Wein trinken. Das war meine Realität.

Ich bin froh, dass wir nie Geld bekommen haben und dass das Start-up 2010 eingestampft wurde. Allerdings habe ich aus dieser Erfahrung gelernt, wie schwer es ist, in der Praxis – und nicht nur in der Theorie – ethisch zu handeln. Und gelernt habe ich auch, wie schnell man verdrängen kann, was eigentlich ethisch richtig ist, nämlich die Privatheit von Leuten zu schützen und Topmanagern nicht zu viel Macht zu geben. Im Sog des Gewinnenwollens überspielt man schnell das schlechte Gewissen bezüglich der Werte, die man untergräbt. Dieser Sog fühlt sich ähnlich an wie die Lust auf ein großes Stück Torte, auf das man eigentlich verzichten sollte.

Ich habe echtes Mitgefühl mit Startuppers und Unternehmern, wenn sie heute jeden Tag vor dem gleichen Dilemma stehen und schließlich meinen, für ihr Geld Dinge tun zu *müssen,* die ethisch grenzwertig sind. Die sozialen Medien meinen, dass sie ihre Nutzer süchtig machen *müssen,* damit diese ständig auf die Plattform zurückkommen, um die Werbung anzusehen. Digitale Spielehersteller meinen, dass ihre Spiele süchtig machen *müssen,* damit die Spieler wieder zurückkommen und die Multi-Player-Onlinewelten auch genügend Teilnehmer haben. Viele meinen, dass sie automatisieren *müssen,* weil sie sonst im Vergleich zur Konkurrenz zu hohe Kosten haben werden. Am Scheideweg zum wahren menschengerechten Fortschritt stehen wir vor dem Dilemma, dass wir glauben, viele Dinge tun zu müssen, die die Gesellschaft in eine Talfahrt bringt, weil unsere digitalen Geschäftsmodelle nun mal so sind, wie sie sind.

Der Wille zum Guten

Das Gefühl, einem Zwang zu unterliegen, ist kein guter Startpunkt, um sich gut gestimmt auf den Weg in eine bessere Zukunft zu machen. Etwas zu müssen, vermittelt einem den Eindruck, als gäbe es nur einen Weg zum Ziel. Das stimmt aber eigentlich nie. Ein altes Sprichwort sagt: »Viele Wege führen nach Rom.« Und so *müssen* Startuppers, Unternehmer und Investoren gar nicht unbedingt den vermeintlich einzigen Weg einschlagen, der ihre Geschäfte ethisch fragwürdig werden lässt. Sie können stattdessen nach Geschäftsmodellen suchen, die ihnen erlauben, menschengerechte Fortschrittsmodelle zu leben, mit denen sie *das Richtige* tun. Facebook könnte sich einfach von seinen Usern 3 Euro pro Monat zahlen lassen, einen wunderbaren sozialen Vernetzungsdienst anbieten und dafür auf sämtliche Werbung, Datennutzungs- und Suchtmodelle verzichten. Automobilhersteller könnten Forschungsgelder für energiesparsame Fahrzeuge priorisieren, statt an Künstlichen Intelligenzen für selbstfahrende Autos zu bauen.

Ich finde, dass auch die FoodIS-Geschichte sehr schön zeigt, wie eine Firma auf ethischem Weg ihre Einnahmeseite stärken und Kosten sparen könnte. Auf der Einnahmeseite ist beispielsweise noch einmal die Idee zu erwähnen, dass FoodIS eine Essensberatung anbieten könnte. Das Unternehmen könnte die Kurier-App zu einer Sport-App für Biker ausbauen und mit Partnern separat vermarkten. Es könnte Communityfunktionen integrieren und aufgrund der höheren Loyalität und Freude der Fahrer Recruitingkosten für immer wieder neues Personal ebenso sparen wie Anwaltskosten für Rechtsstreitigkeiten. Würde FoodIS diesen ethischen Weg gehen, statt mit einem Schmalspurservice aus den Fahrern und den Restaurants das Letzte an Marge rauszupressen, dann würde die Firma ein anderes »Wesen« erhalten, als sie es heute hat, und dieses Wesen käme sicherlich bei allen Mitarbeitern und Marktteilnehmern gut an – so gut vielleicht, dass das langfristige Bestehen der Firma eher gesichert wäre als bisher. Wie gesagt, das Gute ist nur in der Fantasie langweilig und naiv; in der konkreten Wirklichkeit ist es immer neu, aufregend und spannend.

Wenn man sich heute mit Unternehmern aus dem Silicon Valley oder sonst wo auf der Welt in den Start-up-Hochburgen (Berlin, London, Schanghai etc.) unterhält, stellt man bei vielen fest, dass sie eigentlich den Willen zum Guten haben; genauso wie ich damals ganz begeistert war von der Möglichkeit, dass Mitarbeiter ihr Wissen mit der SkillMap besser würden teilen können. Dieser Wert stand für mich zunächst im Fokus. Schon das war für mich die Anstrengung wert, die Firma zu gründen. Vielen Unternehmern geht es wie mir damals darum, solche primären Werte für ihren Service zu entwickeln. Dabei verdrängen sie nur zu leicht den Effizienzdruck, den sie bei der Umsetzung ihrer Projekte aufkommen lassen, und betreiben dann Lohndrückerei, spannen Menschen in ungnädige Workflows ein, handeln mit persönlichen Daten und unterstützen Überwachungsinfrastrukturen. All diese menschlichen und sozialen Kosten versuchen sie irgendwie zu verdrängen oder schönzureden – dies jedoch nicht, weil sie böse Menschen wären oder diese Welt bewusst schädigen wollten, sondern weil ihnen oft das Know-how fehlt, wie man die Orientierung am ethisch Guten zum durchgängigen Geschäftsmodell machen kann; wie man professionell darangehen kann, ein wirklich wert*volles* Wertversprechen für das eigene Unternehmen zu entwickeln; wie man vorsichtig die langfristigen menschlichen Vor- und Nachteile eines neuen Service abwägt. Kurz: Unternehmer und Manager denken nicht über die drei Fragen nach, die die Philosophie dazu parat hält, ihnen zu helfen. Sie wissen nicht, sich die Macht der Werte zunutze zu machen. Hätte ich das alles damals gewusst, als wir die SkillMap entwickelten, wären wir im Team sicherlich auf freundlichere Geschäftsmodelle gekommen.

Hinzu kommt bei all diesem guten Willen jedoch eine echte ethische Herausforderung: das »Abwägen« von Werten. Für ein wert*volles* Geschäftsmodell und menschengerechten Fortschritt muss man Werte gegeneinander abwägen, so wie ich das im zweiten Kapitel mit dem Gewinn in der Disney-Wäscherei gemacht habe. Heute wird oft argumentiert, dass man für die Umsetzung eines Werts immer andere Werte schlachten müsse. Zum Beispiel heißt es, dass Patienten eben auf ihre Privatheit verzichten müssten, wenn man neue Gesundheitsforschung und -services ermöglichen will. Die Patienten müssten ihre Gesundheitsdaten teilen, sonst würde da nichts draus. Oder es wird behauptet, dass man in einem Staat mehr Sicherheit nur gewährleisten kann, wenn man über möglichst viele Daten der Bürger verfügt, mit denen man dann Kriminelle herausrechnen oder finden kann. Als ob Sicherheit nur auf Kosten der Privatheit möglich wäre.

Wenigen ist bewusst, dass die Welt der Werte keine Welt absoluter Gegensätze ist, sondern eine Welt der Balance. Ein Wert schließt einen anderen Wert nie aus. Sie können nur in einem Spannungsfeld zueinander stehen, und als Weltgestalter geht es darum, die richtige Balance zwischen ihnen zu schaffen. Gibt man sich Extremen hin und schafft nur einen Wert auf Kosten eines anderen, dann kann die Fortschrittskurve in der Grafik 1.2 sich nicht nach oben bewegen. Es kommt bestenfalls zu orientierungsloser Veränderung – vielleicht zu »rasendem Stillstand«, um mit den Worten Paul Virilios zu sprechen.[27] Damit sich die Kurve nach oben bewegt, muss man eine alte Kunst erlernen, die wir in unserer Zeit des Überflusses und der Extreme vergessen haben: die Kunst des Weglassens.

5.4 Wertschöpfung und die Kunst des Weglassens

Die Kunst des Weglassens ist nicht leicht erlernbar. Werte mit der Kunst des Weglassens in die richtige Balance zu bringen, erfordert vor allem das Fingerspitzengefühl, negative Werte zu erkennen und zu vermeiden. Wie schwierig das in der heutigen Zeit sein kann, zeigt sich am Bereich der Gesundheitsforschung, an deren Beispiel ich die ethische Gratwanderung erläutern will.[28] Die Digitalisierung erlaubt uns die Sammlung von unendlich vielen Daten über den menschlichen Körper, über gesundes Verhalten, Bewegung, emotionale Reaktionen, Stress, genetische Anlagen und vieles mehr. Darauf aufbauend ermöglichen es digitale Analysetools, Zusammenhänge unserer biologischen Natur in unterschiedlichen Lebenssituationen nachzuvollziehen. Mein Traum wäre es, eines Tages mithilfe unserer digitalen Erkenntnisse die ganzheitlichen Einsichten des indischen Ayurveda und der traditionellen chinesischen Medizin (TCM) mit der westlichen Schulmedizin zu koppeln. Andere Visionäre wünschen sich eine völlig individualisierte Medizin mit auf den Einzelnen abgestimmten Medikamenten. Die positiven Fortschrittspotenziale für den Wert der Gesundheit sind so vielversprechend, dass ich persönlich bereit wäre, meine Gesundheitsdaten regelmäßig für solche guten Zwecke zu teilen. Allerdings ist diese positive medizinische Zukunft nur unter der Bedingung möglich, dass man in Zukunft auf einige Praktiken verzichtet, die heute noch zu viele negative Werte freisetzen.

Die Kunst, Heimlichkeiten und Halbwahrheiten wegzulassen

Zunächst müsste das Teilen von Gesundheitsdaten für die Forschung mit dem expliziten Einverständnis der Datenspender (der Patienten) erfolgen und nicht heimlich. Das ist leider keine Selbstverständlichkeit. Viele Ärzte im deutschsprachigen Raum haben die marginal pseudonymisierten Krankenakten ihrer Patienten an große Datenbroker im Gesundheitsbereich verkauft.[29] In England hat sich Googles Produktbereich Deep Mind einfach die Gesundheits- und Pflegedaten von 1,6 Millionen britischen Patienten besorgt, die beim National Health Service (NHS) registriert sind, obwohl kein einziger Patient, um dessen Daten es hier ging, zugestimmt hatte, sich an der Forschung zu beteiligen, geschweige denn über die Weitergabe seiner Daten informiert wurde.[30] Wenn solche Heimlichkeiten passieren, werden nur negative Werte wie Misstrauen und Hilflosigkeit geschürt – begleitet von Gefühlen wie Wut und Frustration. Im Nebel intransparenter Halbwahrheiten über Datensammlungsvorgänge verfallen alle Betroffenen in einen Autovervollständigungsmodus und malen sich aus, welche bösen Sachen Google mit den Daten anstellen könnte. Könnten Versicherungsgesellschaften Zugriff auf die Daten erhalten und Tarife anpassen? Könnten intime Krankheiten bekannt werden, die man immer geheim halten wollte? Viele Gedanken können aufkommen. Wenn die Privatheit zugunsten der Gesundheitsforschung geschlachtet wird, wie in diesem Fall, ergibt sich kein ethisch begrüßenswerter Fortschritt. Das Positive wird durch

Negatives überlagert. Es kommt zu keiner nachhaltigen Kooperation, die regelmäßige Forschung und gemeinsame Erkenntnisse für bessere Gesundheit zulässt.

Auf eine solche Art von Geheimniskrämerei gilt es also im Interesse eines nachhaltigen Fortschritts zu verzichten. Der ISO-26000-Standard mit dem Titel »Leitfaden zur gesellschaftlichen Verantwortung« stellt Unternehmen die folgende Frage: »Würden Sie sich wohl dabei fühlen, wenn Ihr Verhalten öffentlich bekannt werden würde?«[31] Google und NHS hätten die Möglichkeit gehabt, im Sinne der Kunst des Weglassens auf Heimlichkeiten zu verzichten. Sie hätten stattdessen ein ansprechendes und offen einsehbares Verfahren entwickeln können, nach dem maßvoll diejenigen Daten genutzt worden wären, die von Patienten zur Verfügung gestellt werden, die bei der Gesundheitsforschung mitmachen wollen. Technische Vorschläge, wie man so was organisieren kann, liegen schon lange vor.[32] Der Datenaustausch hätte dann jederzeit publik würden können; er hätte die Privatheit der Patienten nicht verletzt, sondern wäre von vielen vielleicht sogar begrüßt worden. Stattdessen sind die Machenschaften erst bekannt geworden, als investigative Journalisten Stück um Stück die Wahrheit ans Licht gebracht und mühsam herausgefunden haben, welche Daten geteilt wurden. Die erste Lektion für die Kunst des Weglassens ist also: Heimlichkeiten weglassen.

Strukturen der Versuchung weglassen

Noch ein zweiter Aspekt des Weglassens zeichnet sich beim Fall Deep Mind/NHS ab: Da geht es um Mühe, Zeit und Geld, die es erfordert hätte, Patientendaten offen und transparent miteinander zu teilen. Man hätte öffentlich nachvollziehbare Strukturen schaffen müssen zwischen dem NHS, Google und den Patienten, um langfristig für den Datenaustausch auf ethisch qualifizierte Weise miteinander zu kooperieren. Aber solche Strukturen hätten erfordert, dass Google und der NHS nicht nur die notwendigen Investitionen vornehmen, solche Strukturen aufzubauen, sondern zusätzlich respektieren, dass sich einige Patienten vielleicht nicht an der Forschung beteiligen wollen. Ebenso hätten sie respektieren müssen, wenn Patienten ihre Gesundheitsdaten nur für Teilaspekte der Forschung zur Verfügung gestellt oder die Nutzung zeitlich begrenzt hätten. Wenn solche Präferenzen bei den Datensubjekten vorliegen, muss das Empfängerunternehmen der Versuchung widerstehen, mehr Daten abzuspeichern, als bewilligt wurden, oder sie doch irgendwann für andere Zwecke zu nutzen, als ursprünglich vereinbart wurde. Diese Versuchung kann in der Praxis jedoch so groß sein, dass die europäische Datenschutzgrundverordnung seit Mai 2018 für viele Digitalsysteme ein »Privacy by Design« anordnet. Das heißt, dass man technische Architekturen und Routinen in den Systemen von vornherein so anlegt, dass gar nicht mehr mit den Daten gemacht werden kann, als von den Spendern erwünscht ist.

In Deutschland gibt es übrigens eine solche technische Praxis der eigenen Begrenzung schon lange: Telekommunikationsprovider wie die Deutsche Telekom müssen zum Beispiel die Telefondaten der Bürger nachweislich löschen, nachdem der Zweck der Rechnungslegung erfüllt ist.[33] Was nicht mehr da ist, kann auch nicht mehr analysiert werden; es weckt keine Begehrlichkeiten. Die zweite Lektion für die Kunst des Weglassens ist also, alle technischen und organisatorischen Strukturen wegzulassen, die Werte systematisch untergraben könnten – oder umgekehrt: Strukturen zu bauen, die einem helfen, sich selbst zu beherrschen. Diese ethische Strategie kennen wir alle aus dem Alltag: Wenn man im Interesse der eigenen Gesundheit abnehmen will, räumt man den Kühlschrank aus und kauft nichts, was einen in Versuchung bringen könnte. Man baut sich Strukturen für den Verzicht.

Die Kunst, maßlosen Gewinn wegzulassen

Die dritte Voraussetzung für Gesundheitsfortschritt ist, dass dieser auch der ganzen Gesellschaft zugutekommt. Wie ich in der Folge zeigen werde, verschwindet heute sehr viel Gesundheitswissen hinter hohen Firmenmauern mit der Aufschrift »Betriebsgeheimnis«. Oft können sich nur sehr reiche Leute Zugang zu den teuren Medikamenten leisten, die mithilfe unserer modernen digital unterstützten Forschung auf den Markt gebracht werden. Als Beispiel sei die Krankheit Spinale Muskelatrophie genannt, die derzeit in Europa jährlich bei rund 1000 Menschen auftritt. Diese Krankheit kann durch das Medikament Spinarza geheilt werden. Allerdings kostet eine einzige Spritze 90 000 Euro.[34] Hier kommt ein wichtiger Wert zum Tragen, den es in diesem Fall von Pharmaunternehmen maßvoll zu gestalten gilt: das Gemeinwohl. Und es kommt ein Laster zum Tragen, das es zu bekämpfen gilt: die Gier.

Die Problematik heutiger Unternehmen und ihrer Manager besteht darin, dass sie einer einseitigen Gewinnmaximierungslogik unterworfen sind: Die Digitalsysteme und Algorithmen, die heute geschätzte 90 Prozent des globalen Börsenhandels ausmachen,[35] ignorieren Werte wie Solidarität, Mitgefühl oder Gerechtigkeit. Durch diese Kapitalmarktlogik kommt es in heutigen Unternehmen zu einer Übergewichtung des Wertes finanziellen Gewinns, die dann zu solchen extremen Preisen führen kann. Gewinn ist aus betriebswirtschaftlicher Sicht wichtig. Er ist ein Indikator für die Gesundheit eines Unternehmens. Er erlaubt auch, Manager und Unternehmer, die das Risiko und die Verantwortung für das Gelingen des Unternehmens tragen, mit Reichtum auszustatten. Aber gleichzeitig sollte dabei maßgehalten werden. Schon im zweiten Kapitel wurde gezeigt, dass Gewinn ein niederer Wert ist, dessen Maximierung uns keinen Fortschritt bringt, wenn er andere höhere Werte untergräbt.

Der Wert des Gewinns steht im Gesundheitswesen im Spannungsverhältnis mit denjenigen des Gemeinwohls, der Solidarität und der Gerechtigkeit. Auch der Unternehmer und Manager eines Gesundheitsunternehmens muss sich die Frage stellen, auf wie viel Gewinn er zugunsten einer positiven gesellschaftlichen Wertebalance bereit ist zu verzichten. Gemäß Aristoteles ist jemand dann großzügig, wenn er im Verhältnis zu dem, was er besitzt, weitergibt. Das heißt, er sollte nicht verschwenderisch sein und z. B. auf Gewinne in übertriebenem Maß verzichten. Medikamente müssen nicht umsonst hergeschenkt werden, Unternehmer und Anteilseigener sollten aber auch nicht zu gierig sein. Melken sie ihre Kunden und Mitarbeiter zu sehr, handeln sie unethisch. Medikamente für 90 000 Euro pro Einheit führen zu gesellschaftlichem Unmut, Hass gegen Eliten, Gefühlen von Ungerechtigkeit, Verzweiflung über unnötige Lähmung oder den Tod von Menschen, die hätten gerettet werden können. Gesamtgesellschaftlich werden weniger Menschen gesund, als das möglich wäre, und damit kommt es wahrscheinlich zu einem gesellschaftlichen Rückschritt. Nicht die Gesellschaft profitiert vom Fortschritt der Gesundheitsforschung, sondern nur ein paar ausgewählte Menschen. Die dritte Lektion ist also die Kunst, maßlosen Gewinn wegzulassen.

Die Kunst, Unausgereiftes wegzulassen

Die Digitalisierung bringt das Versprechen mit sich, nicht nur unser Wissen und unsere Forschung über Gesundheitszusammenhänge zu revolutionieren, neue individualisierte Medizin zu erfinden und als Gemeinschaft an einer gesünderen Zukunft zu arbeiten, sondern es kommen auch viele neue Geräte und mobile Apps auf den Markt, die wir in unserem Alltag kaufen und nutzen können, um unser Leben, so wird uns zumindest versprochen, zu verbessern. Ein Beispiel für solche Geräte sind Kappen, mit denen man eine sogenannte transkranielle Gleichstromstimulation des Gehirns vornehmen kann. Dabei wird über Elektroden, die mithilfe der Kappe auf dem Kopf platziert werden, Gleichstrom appliziert. Ziel ist es, das Gehirn in ausgewählten Regionen zu stimulieren. Diese Stimulation soll bewirken, dass man leichter lernt und mathematische Aufgaben löst, dass man sich besser konzentrieren kann; auch Depressionen und chronischer Schmerz sollen auf diese Weise gelindert werden können. Das hört sich fantastisch an; klinische Forschung in diesem Bereich findet auch ständig statt. Doch das Ergebnis dieser Forschung ist, wie es im Juli 2016 in der Fachzeitschrift *Annals of Neurology* 39 führende Neurowissenschaftler angemahnt haben, dass die Nutzung der Kappen vorsichtiger angegangen werden sollte; immerhin wisse man noch sehr wenig über die Auswirkungen solcher Stimulationen auf die Gehirnfunktionen, und man habe ausreichend wissenschaftliche Erkenntnis darüber, dass negative Folgen für das Gehirn bei solchen IT-Spielzeugen nicht auszuschließen seien.[36] Trotz dieser Warnung kann man sich das gefährliche Spielzeug bei Amazon für 159,97 Dollar schon heute kaufen.[37]

Firmen, die derartige technisch unausgereifte Produkte auf den Markt bringen, fehlt die Geduld. Sie wollen die Technik, die sie gerade mal zum Laufen gebracht haben, sofort am Markt testen. Sie wollen auch den aggressiven Zeitplänen ihrer Investoren entsprechen, ob das nun transkranielle Kappen sind, Drohnen, die den Leuten auf den Kopf fallen, oder selbstfahrende Autos, die Fahrradfahrer umbringen. Wenn man bei der Softwareentwicklung der Maxime »release early, release often« folgt, dann glauben viele in der IT-Branche, dass man das auch bei softwareintensiven physischen Produkten tun kann. Sie unterschätzen die Zeit, die es benötigt, um Produkte zu testen, ihre Effekte vorsichtig zu beobachten und gegebenenfalls über viele Jahre auf ihre erprobte Reife zu warten, so dass sie guten Gewissens auf den Markt gebracht werden können. Im Gegensatz zur Pharma- und Lebensmittelbranche hat die IT noch Schwierigkeiten damit, sich zu gedulden. Sie muss noch die Kunst erlernen, Unausgereiftes wegzulassen.

Die Rolle des Staats und der Bürger bei der Kunst des Weglassens

Die Kunst des Weglassens zu praktizieren, ist ein ehrgeiziges Ziel in der heutigen Digitalökonomie. Dürfen wir also erwarten, dass morgen alle Unternehmen die Digitalisierung in diesem Sinne vorantreiben werden? Ich fürchte: nein. Unsere Gesellschaften sehen heute überall auf der Welt den Staat in der Rolle, für Harmonie in der Gesellschaft zu sorgen. Viele Unternehmen haben sich daran gewöhnt, nicht selbst proaktiv ethisch und wertorientiert zu denken, sondern von Gesetzgebern Vorgaben für ethisches Handeln zu bekommen.

Gesetzgeber sind gefordert, den Erhalt hoher Werte zu schützen. Sie müssen dafür sorgen, dass Werte wie Privatheit, Gesundheit, aber auch Wissen, Freiheit, Gemeinschaft und Würde im digitalen Zeitalter nicht unter den Hammer kommen. Sie können Wertprioritäten setzen und haben das in einigen Bereichen auch schon getan, etwa durch die europäische Datenschutzgrundverordnung zum Schutz der Privatheit. Regierungen können darüber hinaus die vier Künste des Weglassens aktiv unterstützen. Sie können Unternehmen Transparenzpflichten auferlegen, also Wahrheit einfordern. Sie können ein »Ethics by Design« vorschreiben, also Strukturen für Technikethik und Verzicht. Sie können Unternehmensgewinne sinnvoll besteuern und umverteilen, und sie können strenge Zulassungsregeln für neue Digitalprodukte auferlegen.

Dennoch wäre es falsch zu denken, dass der Gesetzgeber uns Kunden und Bürgern den Weg der Werte ebnen kann. Zu lange haben wir unseren Fortschritt als Einzelne vertrauensselig an diese externen Kräfte delegiert und uns auf ihre guten Absichten und ihren Schutz verlassen. Wir leben jedoch in einer Zeit ungnädiger und brutaler Kapitalmärkte; es herrscht ein harter globaler Wettbewerb, und Firmen fällt es schwerer denn je, die Kunst des Weglassens zu praktizieren. Immer mehr Firmen scheuen sich daher nicht, Gesetze einfach zu brechen, sie unethisch auszulegen oder uns aus Rechtsräumen heraus zu bedienen, in denen es keine Sanktionen für Fehlverhalten gibt. Wenn wir als Bürger und Bürgerinnen daher nicht selbst täglich kleine Schritte gehen, um unsere Werte bewusster zu leben, zu schützen und sie von Unternehmen als Kunden einzufordern, dann können wir nicht wirklich auf einen menschengerechten Fortschritt hoffen. Es wird also darum gehen, wie wir als Einzelpersonen in unseren unterschiedlichen Rollen (als Privatpersonen, Kunden, Mitarbeiter oder Unternehmer) eine digitale Ethik im 21. Jahrhundert leben könnten und sollten.

Bevor ich mich mit diesem Handlungsfeld auseinandersetze, möchte ich jedoch noch zwei Werte erörtern, deren Entfaltung für den Fortschritt im digitalen Zeitalter besonders wichtig ist: Wissen und Freiheit. Ohne sie, das hat Maslow mit seinem Modell der Bedürfnispyramide bereits gezeigt, wird es weder Selbstentfaltung noch menschengerechten Fortschritt geben.

6.
WISSEN IM DIGITALEN ZEITALTER

Wir messen theoretischen Modellen der Naturbeherrschung, die uns den wissenschaftlich-technischen Fortschritt ermöglichen, eine besonders hohe Bedeutung bei. Oft vergessen wir dabei allerdings, dass Wissen zu einem viel größeren Teil praktisches Lebenswissen ist, das ebenso geübt und praktiziert werden will. Wissen darum, wie man ein Kind erzieht, ein Brot backt und einen Garten bestellt, ist ebenso relevant wie das Wissen eines Nobelpreisträgers.[1] Beide Formen von Wissen, Modellgetriebene Theorien und praktisches Lebenswissen, stärken nämlich gleichermaßen das Selbst und verleihen uns ein positives Bewusstsein unserer Fähigkeiten.

Die Bedeutung des eigenen Wissens

Wissen ist nicht nur wichtig, weil es uns gegenüber den Dingen ermächtigt und Freude bereitet, es ist auch wichtig, weil *eigenes* Wissen unsere Identität bestimmt. Eigenes Wissen zu besitzen ist nicht dasselbe wie die Fähigkeit, Wikipedia zu konsultieren. Wikipedia ist zwar eine sensationell praktische Technologie, ohne die ich persönlich nicht mehr arbeiten wollte, aber die Notwendigkeit, selbst Wissen zu erlangen, ersetzt sie nicht. Diese Diskussion habe ich oft mit Studenten, die nicht verstehen wollen, warum sie Prüfungsstoff auswendig lernen sollen. Viele sind der Meinung, dass ein solches Lernen nicht wichtig sei, weil sie doch auch in Zukunft auf Wikipedia und andere Onlinequellen zugreifen könnten.

Im Gegensatz zum Computer besteht unser Erinnerungsapparat jedoch nicht nur aus Fakten, die für alle gleich und allen auf Wikipedia zugänglich sind. Stattdessen setzt sich unser Wissen im Langzeitgedächtnis aus einem Mix unterschiedlichster wertgeladener Erinnerungen zusammen, die wir auf unterschiedliche Weise abrufen. Sie machen unsere Persönlichkeit aus: Erinnerungen an Fakten, an Begebenheiten, an Geschichten und an Menschen. Wir *erleben* vermutlich eher unser langfristiges Wissen, als dass wir es uns durch schulisches Lernen beibringen.[2] Wenn man Wissensbildung so begreift, dann ist klar, dass nicht jeder dieselben Fakten, Gefühle oder Überzeugungen abspeichert. Jeder zieht schließlich etwas anderes für sich aus dem, was gelehrt wird und geschrieben steht, und wird dadurch zu einer einzigartigen Person.

Wenn also jemand meint, er bräuchte sein eigenes Langzeitgedächtnis nicht mehr auszubilden, weil er ja alles Relevante im Internet findet, dann entspricht das in etwa der Argumentation, man müsse ja selbst nicht mehr Fußball spielen, wenn man sich Fußball auch im Fernsehen ansehen kann. Menschen, die so denken und handeln, werden vermutlich irgendwann nicht mehr über ein hinreichend breites Langzeitgedächtnis verfügen. Sie wissen weniger. Ihre persönliche Identität wird schwächer, weil sie weniger Wissen haben, auf dem sie aufbauen können. Überspitzt habe ich das weiter oben als ein Borg-Schicksal beschrieben.

Fachwissen als Basis für Innovationsfähigkeit

Neben der Lebensfreude und der persönlichen Identität gibt es noch einen dritten Grund, weshalb der engagierte Ausbau des eigenen Gedächtnisses so wichtig ist: die gesellschaftliche Dimension von Wissen. Wissen bestimmt den Platz und die Rolle, die man in einer Gemeinschaft einnimmt.

Wenn ich meine Studenten zu Wirtschaftsinformatikern ausbilde, dann in der Annahme, dass sie irgendwann dieser Berufsgruppe auch angehören möchten. Jede Disziplin hat aber eine geteilte Sprache. Dieses spezifische Vokabular prägt die Identität eines Faches oder eines Handwerks.[3] Es ist deshalb unmöglich, einem Fach zugehören zu wollen, ohne die entsprechenden Denkwege und Fachbegriffe verinnerlicht zu haben. Auch wenn wir in einer Zeit zunehmender Interdisziplinarität leben, ist es vermessen zu glauben, man könne einfach so in einem Fach mitreden, das man nicht studiert hat; wobei ich mit studieren nicht unbedingt eine Universitätsausbildung meine, sondern vielmehr die Zeit der Wiederholungen und Übungen, die man in einer Community mit anderen real investieren muss, um die Ideen, Fachbegriffe und Methoden einer Berufsgemeinschaft zu verinnerlichen. Erst die disziplinierte Aneignung eines fachspezifischen »Handwerks des Denkens« erlaubt uns, über einmal Erreichtes hinaus »fortzuschreiten«.

Nimmt man all dies zusammen und erkennt, dass es unser eigenes individuelles Wissen ist, das uns glücklich macht, unsere Gemeinschaften prägt und uns die Möglichkeit gibt, als einzigartige Persönlichkeiten am Leben zu partizipieren und Fortschritt zu denken, dann wird klar, dass kaum etwas wichtiger ist für wahren Fortschritt, als Technologien so zu entwickeln, dass sie uns Menschen darin unterstützen, möglichst viel *eigenes* Wissen aufzubauen.

6.1 Wertschätzung des Wissens dank Digitalisierung

Die Digitalisierung erlaubt es uns, unser abstraktes theoretisches Wissen über die Welt zu vergrößern. Massenhaft werden Daten über das Leben auf der Mikro- und Makroebene gesammelt. In nie da gewesener Form können wir etwa über Sensoren und moderne

Optik bis ins Innerste des Körpers hinein Muster entdecken, die in der Biologie auf feingranularer Ebene ablaufen. Auf der Makroebene können wir hochkomplexe Sozialdynamiken erfassen, die uns früher entgangen sind.[4] Diese Daten und ihre Auswertungen führen zu neuen Vermutungen über die Welt, die wir wissenschaftlich untersuchen können. Dabei werden unsere bisherigen Modelle von der Welt manchmal auf den Kopf gestellt. All das ist spannend und positiv. Viele sprechen von einer Wissensexplosion. Wurden im Jahr 2002 circa 250 000 englischsprachige Bücher veröffentlicht, so waren es 2012 sage und schreibe 2,5 Millionen. Im Bereich Wissenschaft und Technik erschienen im Jahr 2002 *nur* 18 584 Titel, 2012 waren es bereits 30 416. Auch die Anzahl der Patente nimmt zu. Derzeit erfolgen weltweit jährlich knapp drei Millionen Anmeldungen.[5] Viele Neuerungen im Bereich der individualisierten Medizin, der Materialforschung, der globalen Vernetzung, der Verkehrsmittel und der Ernährung sind die positive Folge dieser Entwicklung.

Wenn Wissen dort geteilt wird, wo es gebraucht wird, dann hilft das Millionen Menschen, die auf der ganzen Welt bisher an ohnmächtiger Unwissenheit verzweifelten. Ich denke hierbei oft an eine meiner Bekannten, die lange Zeit bei der UNO für das Business Information Center in Uganda zuständig war.[6] Sie erzählte mir von dem ungeheuer positiven Einfluss, den Wikipedia in Afrika habe. Lange Zeit sei ihre Betreuungsregion von einem Pflanzenpilz geplagt gewesen, der die Ernten gefährlich dezimiert habe. Durch die Zurverfügungstellung und Unterstützung im Umgang mit Wikipedia durch regionale IT-Center der UNO konnte die Landbevölkerung lernen, dass der Pflanzenpilz mit einem einfachen Belüftungsverfahren bekämpft werden kann. Und als die Leute diese Belüftung dann vor Ort ausprobierten, verschwand das Problem, und Missernten konnten reduziert werden. Solche Geschichten sind einfach großartig.

Der einfache Zugang zu Wissen ist nicht nur in Entwicklungsländern fruchtbar. Auch für mich persönlich ist er ein Segen. An der Wirtschaftsuniversität Wien habe ich direkten Zugang zu 20 000 wissenschaftlichen Zeitschriften, die ich in etwa zehn Minuten finden und dann schnell runterladen kann. Als ich in den 1990er-Jahren meine Diplomarbeit schrieb, konnte ich auf Zeitschriften nur über extrem unhandliche Mikrofilmfolien zugreifen. Ich konnte nur einen Bruchteil des vorhandenen Wissens mit monatelangem mühseligem Arbeitsaufwand zusammentragen und war mir nie sicher, ob es nicht Dutzende relevante Arbeiten geben könnte, die ich übersehen habe. Das Einlesen, Nachschlagen, Nachvollziehen und Lernen war sehr mühsam. Selbst wenn in privater Hand gebunden, sind Plattformen wie Google Scholar, Google Books, Academia.edu, Lernplattformen wie Coursera, die Khan Academy und edX, TED Talks und YouTube für meine tägliche Arbeit ein Segen.

Um auf das Bild vom wahren Fortschritt zurückzukommen: Wissen hat durch die Digitalisierung in den letzten Jahren in vielen Bereichen einen Kick nach oben bekommen. Trotzdem gehen mit der Digitalisierung auch Entwicklungen einher, die den Wert des Wissens in eine Negativspirale manövrieren können. Wir stehen am Scheidepunkt.

6.2 Wissen am Scheidepunkt

Um wahren Fortschritt zu leben, sollten wir trotz aller positiven Entwicklungen einen nüchternen Blick in die Realität werfen. Hier zeigen sich bezüglich der Wissensbildung eine Reihe von Problemen, die wahren Fortschritt im digitalen Zeitalter behindern. Dazu gehören unnötige Beschränkungen beim Wissenszugang, eine Wissenskrise in der Forschung und in den populärwissenschaftlichen Medien sowie die zunehmende Unfähigkeit von Experten, Maschinenwissen überhaupt fruchtbar zu nutzen.

Das politische Problem des Wissenszugangs

Oft wird der Internetanschluss mit Wissensanschluss verwechselt. Es stimmt, dass das Breitbandinternet ein Hygienefaktor ist, um so leichter auf Wissen zugreifen zu können. Und es ist schade, dass gerade in solchen Ländern wie etwa in Afrika, in denen Nachholbedarf besteht, gerade mal 20 Prozent der Bevölkerung an die Infrastruktur angeschlossen sind.[7] Mindestens genauso wichtig oder sogar noch wichtiger ist aber die Frage, was man denn online überhaupt an Wissen vorfindet. Eine Studie aus dem Jahr 2014 zeigt, dass nur 27 Millionen der 114 Millionen englischsprachigen wissenschaftlichen Dokumente im Web frei zugänglich sind.[8] Das sind gerade einmal 24 Prozent. Große Verlagsgruppen wie Elsevier stellen den Zugang zu ihren Onlinearchiven nur zu sehr hohen Preisen zur Verfügung; ein Paket Zeitschriften kann da bis zu 50 000 Euro kosten;[9] solche Zugangssummen können sich auch viele Universitäten in reichen Industrienationen nicht leisten. Und dieses Abkassieren findet statt, obgleich das Wissen, das dort verfügbar ist, zu 100 Prozent von Wissenschaftlern unentgeltlich für die wissenschaftliche Community erarbeitet worden ist. In den meisten Fällen wird von den Wissenschaftlern sogar noch das Layouten und Korrekturlesen der Bücher und Artikel verlangt. Das Ganze funktioniert nur, weil Wissenschaftler von staatlichen Stellen mit Steuergeldern finanziert werden und ebenso mit Steuergeldern bezuschusste Bibliotheken die Fachzeitschriften erwerben. Streng genommen handelt es sich bei diesem System um eine Privatisierung öffentlichen Eigentums.

Hinzu kommt eine problematische Entwicklung bei der Finanzierung von Forschung. Während viele Menschen noch glauben, dass Forschung vor allem an öffentlichen Universitäten stattfindet, werden tatsächlich mittlerweile über 60 Prozent der Forschung privat finanziert, und das ganze Wissen steht dann nur den entsprechenden Unternehmen zur Verfügung.[10] Firmen wie Facebook oder Apple stecken riesige Summen in die hauseigene Forschung.

Das ist prinzipiell gut. Sie kaufen sich die besten Wissenschaftler der weltweit besten Universitäten, damit diese für sie forschen. Problematisch ist allerdings, dass nur sehr wenig von diesem Wissen die dicken Mauern der harten Vertraulichkeitserklärungen passiert und der Öffentlichkeit zugänglich wird. Wenn ich überhaupt Kollegen aus solchen Firmen auf wissenschaftlichen Konferenzen treffe, dann sind sie oft nur Zuschauer. Sie hören zu und lernen. Wenn man sie jedoch fragt, was sie selbst tun, dann schweigen sie sich aus. Sie saugen, ohne viel zurückzugeben. Der Großteil dessen, was derzeit weltweit von Firmen an Wissen erarbeitet wird, liegt für staatliche Stellen und die jeweilige Bevölkerung verschlossen, unerreichbar, unkontrollierbar unter einem Siegel weggesperrt, das sich »Betriebsgeheimnis« nennt. Das ist im Hinblick auf gesellschaftlichen Fortschritt ein verlorenes Potenzial. Wie viel könnte die Gesellschaft gewinnen, wenn Studierende zumindest auf Teile der Daten und des Wissens zugreifen könnten, das dort vorhanden ist und erarbeitet wird? Wie positiv wäre eine systematische Kooperation zwischen den großen Playern der IT-Industrie und den Universitäten auf Lehrebene, um das aktuelle Wissen der Studierenden zu fördern?

Unsinnige Fragen

Wenn man sich diese Entwicklungen beim Wissenszugang vor Augen hält, kommt man nicht umhin, ein politisches Versagen zu konstatieren. In Europa werden die Regierungen wie Kühe durchs Dorf getrieben, wenn es darum geht, den teuren Breitbandzugang zu schaffen und Universitäten zu finanzieren, die Topabsolventen ausbilden. Das Wissen, das durch diese Infrastruktur entwickelt wird, wird dann aber privatisiert und nicht zurückgegeben; außer natürlich in Produkten, die sich aber oft auch nur noch eine Elite leisten kann (wie zum Beispiel teure medizinische Leistungen).

Angenommen, wir könnten die Herausforderungen im Bereich des Wissenszugangs meistern und das Mehr an Wissen vielen, die es brauchen, besser zugutekommen lassen, dann gibt es aber immer noch ein weiteres Problem, das wahren Wissensfortschritt behindert: das Problem des Unsinns.[11] Unsinn entsteht beim Arbeiten mit digitalen Medien heute auf drei Ebenen. Die erste Ebene habe ich im dritten Kapitel schon ausführlich beschrieben. Es besteht die Gefahr, dass vermeintliches Wissen gar keines ist. Zu diesem Problem kann es kommen, wenn die Datenqualität der IT-Systeme nicht gut genug ist und zu viele Fehler dazu führen, dass Forschungsergebnisse schlichtweg falsch sind oder unsinnige Theorien und Erklärungen in Umlauf kommen, die mehr Verwirrung stiften als Fortschritt. Erinnern Sie sich noch an die Geschichte vom hohen Eisenanteil im Spinat? Die kam allein aufgrund eines Berechnungsfehlers in die Welt! Genau das meine ich hier. Wir können dieses Problems noch Herr werden, wenn wir uns der Fehleranfälligkeit bewusst sind und Informationen, Zeit, Geld und Sorgfalt in die Datenqualität und Berechnungsprüfungen stecken.

Es gibt aber noch zwei weitere Quellen von Unsinn statt Wissensfortschritt: Die erste ist die der unsinnigen Fragen, die zweite ist die des präpotenten Expertentums.

Zehnmal mehr Bücher oder Aufsätze heißt leider nicht, dass da auch Sinnvolles drinsteht. Auf volkswirtschaftlicher Ebene wird seit Jahren beobachtet, dass die Produktivität der Wissenschaft über Industrien hinweg sinkt.[12] Mit anderen Worten: Das, was ein Wissenschaftler an wirklich Wichtigem unserem Wissensschatz hinzufügt, nimmt ab. Es wird sehr viel geschrieben, aber es steht die Hypothese im Raum, dass der Nutzen dieser massenhaft erscheinenden Beiträge gering ist. Wir verheizen heute eine große Anzahl von Forschern und Publikationen, um denselben Anstieg an letztlich Relevantem zu bekommen. Nehmen wir das konkrete Beispiel der Chiptechnologie. Fortschritt in diesem für die IT zentralen Bereich wird seit Jahrzehnten mit dem Moore'schen Gesetz beschrieben. Das Moore'sche Gesetz besagt, dass sich durch Forschung und

Entwicklung alle 18 Monate die Leistung von Computerchips verdoppelt. Allerdings wird wenig darüber gesprochen, dass wir heute achtzehnmal so viele Forscher brauchen, um diese Fortschrittsregel aufrechtzuerhalten, als noch in den 1970er-Jahren.[13]

Die Digitalisierung vereinfacht die Sammlung von Daten, den Analyseprozess und den Veröffentlichungsprozess bei der Wissenserschaffung, aber sie ersetzt nicht den Denkprozess und die Kunst, die richtigen Fragen zu stellen. Ganz im Gegenteil: Die Natur des Digitalen führt dazu, dass auch Wissenschaftler mit Schattenboxen und Unterbrechungsmodi kämpfen, was ihre Konzentration auf das Denken untergräbt. Die Masse der Publikationen, die durch IT möglich geworden sind, ist nicht mehr zu bewältigen. Wer soll 2,5 Millionen Bücher lesen? Und vor allem: Die IT verändert auch, wie Menschen lesen und Wissen verarbeiten. 2008 gab die British Library eine Studie in Auftrag, die nachzuzeichnen versucht hat, wie Wissenschaftler (Professoren, Privatdozenten und Doktoren) lesen. Hier ging es um wissenschaftliche Artikel. Rund 60 Prozent schauen sich nicht mehr als drei Seiten von einer digitalen Fachzeitschrift an, und 65 Prozent kommen nicht zurück, um einen Text noch mal intensiver zu rezipieren. Der Bericht kommt zu der Einschätzung, dass es klar sei, dass Leute online nicht im traditionellen Sinne lesen würden. »Es scheint fast so, als gingen sie online, um das Lesen zu vermeiden.«[14] Wer aber nicht zu Ende liest und über das Gelesene nachdenkt, der stellt auch keine guten Fragen, und so bin ich oft enttäuscht, wenn ich heute in Fachkonferenzen oder Vorträgen sitze und mir so viele Präsentationen und Forschungsergebnisse anhören muss, die nirgendwo hinführen.

Wenn wir keine Kultur der Aufmerksamkeit um unser Wissen herum neu aufbauen und bewahren, dann schwimmen wir irgendwann wie orientierungslose Fische in einem Meer von Informationen, deren Güte wir nicht mehr beurteilen können. Unsere Persönlichkeiten werden zu flach sein, um noch gute Fragen zu stellen, weil wir uns nicht die Zeit genommen haben, den dazu nötigen Gedächtnisapparat aufzubauen.

Präpotentes Expertentum, Halbbildung und Neotribalismus

Um Wissen zu erarbeiten, braucht man volle Aufmerksamkeit und Muße. Jeden Tag besuche ich meine eigene innere »scholē«. Scholē (σχολή) ist das altgriechische Wort für »Schule« und steht für Muße. Ich versuche jeden Tag in den frühen Morgenstunden mindestens ein bis zwei Stunden, empfohlene Bücher und lange Artikel zu lesen und über diese nachzudenken. Dabei stoße ich auf immer mehr Unsinn. Es sind nicht nur die überall besprochenen Fake News, die im Internet und den sozialen Medien ein Problem darstellen; in den Fällen wissen die Autoren ja, dass sie gezielt falsch informieren, und wollen oft ketzerisch an einer Gegenkultur mitwirken. Nein, ich sehe, dass wir es auch mit Fake Science zu tun haben, die von präpotenten »Experten« und mangelhaft gebildeten »Wissenschaftlern« in die Welt getragen wird. Als ein Beispiel möchte ich die Geschichte von Tessa teilen, die 2013 ihr Bachelorstudium in Psychologie an der University of Michigan abgeschlossen hat. Tessa macht ihren Master in Cognitive Neuroscience, und wie die Dinge so liegen, ist diese Universität Partner von einem meiner liebsten Internetportale: Aeon. Auf Aeon können Wissenschaftler, Experten und Denker ihre Erkenntnisse zu den unterschiedlichsten Themenbereichen der Natur- und Geisteswissenschaften teilen, und schon oft habe ich von exzellenten Beiträgen profitiert.[15] Neben dem Spendenknopf steht ein Testimonial: »Aeon steht für genau die Werte, um die es im Internet in Reinform geht: das selbstlose Verteilen von Weisheit.«[16] Und nun kommt Tessa,[17] die während ihrer Masterarbeitszeit ihre ersten Babysteps Richtung Forschung macht, und publiziert auf Aeon ihren Artikel mit dem Titel: »Wie die Gehirnstimulation unser Gedächtnis boosten kann, wenn sie mit dem Lernen gepaart wird«. Hört sich toll an. Der Titel verspricht viel, und der Artikel ist voller studentischer Euphorie über die bereits beschriebene Methode der transkraniellen Gleichstromstimulation des Gehirns. Tessa glaubt, dass man, wenn man mit der aufgesetzten Elektrodenkappe lernt, bald viel klüger sein wird, und kann auch ein paar Studien anführen, die das mit »wahren Fakten« unterfüttern. Unter Scifi-Fans und in transhumanistischen Communities sind solche Kappen natürlich große Mode. Tessa ist also Teil einer Fan-Community, die unter der Flagge der Wissenschaftlichkeit segelt und dafür sorgt, dass unsere junge Dame ihren Blog auf Aeon veröffentlichen darf, bevor sie überhaupt ihre Masterarbeit abgeschlossen und das Handwerk wissenschaftlichen Arbeitens ordentlich gelernt hat – von Weisheit ganz zu schweigen. Wie zu erwarten, gibt es nur das Problem, dass 39 führende Neurowissenschaftler angemahnt haben, den Unsinn mit den Kappen etwas vorsichtiger anzugehen; immerhin wisse man noch sehr wenig über die Auswirkungen dieser Stimulationen auf die Gehirnfunktionen und könne langfristige Schäden der Nutzung nicht ausschließen.

Das Phänomen Tessa ist kein Einzelfall. Auch die Mitgliederzeitschrift *IEEE Spectrum,* die von den 420 000 IEEE-Mitgliedern gelesen wird, publizierte vor Kurzem einen ebenso euphorischen Artikel zu den Gleichstromstimulationskappen; von ethischen, gesundheitlichen oder wissenschaftlich unklaren Aspekten keine Spur.[18] Diese Beispiele zeigen, dass wir auf allen Ebenen, ob online (Aeon) oder in Printmedien *(IEEE Spectrum),* ob bei präpotenten Studierenden oder bei bereits etablierten Journalisten in Fach-Communities, ein Qualitätsproblem haben, das nicht nur auf mangelndem Wissen, sondern auch auf mangelnder Sorgfalt beruht. Der französische Technikphilosoph Bernard Stiegler spricht offen von einer »Proletarisierung des Wissens«.[19]

Mehr noch: Leider erlauben digitale Plattformen Onlinern, sich zu stammesähnlichen Communities zusammenzuschließen,[20] in denen es zu einem Sortieren wissenschaftlicher Fakten nach ideologischen Vorlieben kommt. Viele Gruppen, wie etwa die Transhumanisten, bauen heute ihre eigenen Online-Newsportale, veranstalten ihre eigenen Konferenzen, publizieren ihre eigenen Bücher und finden online genügend Anhänger, um sich ermächtigt zu fühlen, vage Vermutungen als Wissen zu verkaufen. Auf den schönen digitalen Benutzeroberflächen des Internets sehen all diese Bewegungen ziemlich professionell und seriös aus. Die Form besticht, aber der Inhalt ist trügerisch. Ohne gründliches Fachwissen ist das Scheiden der Geister kaum noch möglich. Journalisten, die nicht gründlich gebildet und keine langjährigen Experten in den jeweiligen Fachgebieten sind, fühlen sich dann oft ihrerseits hingezogen zu bestimmten Stämmen. Sie promoten das, was ihnen aus dem Bauch heraus gefällt oder wo die IT-Marketingmaschinerie gerade Schlagzeilen finanziert. So verhelfen sie versehentlich vielem halb gewalkten Unsinn zu einem quasi Mainstream-Wissen – eine Entwicklung, die mehr als bedenklich ist und uns in eine gewaltige Abwärtsspirale des Wissens führen kann, weil viele nicht mehr wissen, sondern nur noch verwirrt sind.

6.3
Was ist Wissen?

Die Verwirrung rund um das, was wir Wissen nennen, zeigt, dass wir uns mit dem Begriff tiefer auseinandersetzen müssen. In der Antike hat Platon den theoretischen Teil unseres Wissens einmal definiert als »eine begründete, wahre Überzeugung« von etwas. Alle drei Komponenten dieser Definition – die Begründung, die Wahrheit und die Überzeugung – waren über die letzten zweieinhalbtausend Jahre Gegenstand hitziger philosophischer Debatten, denn was reicht uns als eine Begründung aus, damit etwas als Wissen anerkannt werden kann? Wann ist etwas wahr? Und ist eine Überzeugung dasselbe wie der Glaube an etwas?[21]

Der Begründer der Psychologie, Wilhelm Wundt (1832–1920), entwickelte eine Herleitung von Wissen, die uns im digitalen Kontext nützlich sein kann: Er unterschied vier Stufen: Glauben, Meinungen, Vermutungen und Wissen. Auf der ersten Stufe reden wir von einem subjektiven Für-wahr-Halten. Das ist der persönliche Glaube an etwas. Auf der zweiten Stufe steht das objektive Für-wahr-Halten, die Meinung. Dieses objektive Für-wahr-Halten stützt sich auf eine ganzheitliche Betrachtung möglichst aller verfügbaren Fakten bzw. Beobachtungen wie etwa eines weitläufig beobachtbaren und bestätigten Phänomens, einer wiederholt in dieselbe Richtung weisenden Umfrage oder langfristig bestätigter Ergebnisse von Big-Data-Analysen. Etwas Für-wahr-Gehaltenes sollte also möglichst wissenschaftlich, rational und breit abgesichert sein und gemäß Wundt regelmäßig überprüft werden. Wenn sich solche Meinungen auf etwas Zukünftiges beziehen, handelt es sich um eine Vermutung – die dritte Stufe. Interessanterweise argumentierte Wundt, dass es sich bei diesem Für-wahr-Gehaltenen noch nicht um »Wissen« handelt – die vierte Stufe –, sondern zunächst mal nur um eine Meinung bzw. eben Vermutung.[22] Er würde also einem wissenschaftlichen Papier oder einer Big-Data-Prognose den Status des Wissens absprechen. Zu Wissen werden die für wahr gehaltenen Meinungen oder Vermutungen erst dann, wenn Menschen von diesen *überzeugt* sind. [23] Zwischen einem Für-wahr-Halten und einem Wissen ist also ein qualitativer Sprung, der der Überzeugung bedarf.[24]

Dieser Sprung zwischen Führ-wahr-Halten und Wissen ist in seiner Bedeutung nicht zu unterschätzen. Denn was bedeutet es zum Beispiel bei einer klassischen Debatte, ein Publikum von der eigenen Haltung zu überzeugen? Es geht darum, erstens *sinnvolle* Argumente zu haben und zweitens unter diesen auch noch die *wesentlichen* so klug voranzustellen, dass man am Ende die Wahrheit auf seiner Seite hat. Beide Gegner in so einer Debatte mögen Argumente bringen, die man durchaus für wahr halten kann, aber überzeugen tut nur der, der das meiste Wesentliche und Sinnvolle auf seiner Seite hatte.

Maschinen haben es an dieser Bruchstelle zwischen dem Für-wahr-Halten und dem Wissen nicht leicht, weil sie das Wesentliche und Sinnvolle vom Unwesentlichen oder Unsinnigen schwer unterscheiden können. So könnte ein Kind einen Roboter in der Kirche fragen, warum dort auf dem Altar eine Kerze brennt. Und der Roboter würde durchaus wahrheitsgemäß antworten, dass die Kerze brennt, weil es Sauerstoff in der Luft gibt. Vielleicht könnte er auch noch ausrechnen, dass es wahrscheinlich klüger wäre, zu antworten, dass eine Kerze in einer Kirche Licht spendet oder ein christliches Symbol ist für das Licht in der Welt. Aber warum zünden wir denn eigentlich *wirklich* Kerzen in der Kirche an? Weil Kerzen Wertträger sind. Wenn eine Kerze brennt, dann können sich Werte wie Heiligkeit oder Frömmigkeit, Erhabenheit, Besinnlichkeit und Lebendigkeit entfalten. Und dass wir uns zu diesen Werten hingezogen fühlen, ist ein ganz maßgeblicher Grund dafür, warum in Kirchen Kerzen aufgestellt werden. Was wesentlich ist, das erschließt sich uns also auch auf einer sinn-vollen sinnlichen Wertebene, auf die Maschinen uns nicht folgen können.

Wenn man diese vier logischen Stufen der Wissenshierarchie nun akzeptiert, dann unterliegt der Begriff des Wissens einem hohen Anspruch. Man nimmt eine demütige Haltung gegenüber dem Wissensbegriff ein. Die von Tessa & Co. geschriebenen Artikel mit ihrer angepriesenen Wirkung der transkraniellen Gleichstromstimulationskappen würden als »Wissen« sofort disqualifiziert sein, weil viel zu viele einschlägige Studien negative und ambivalente Wirkungen der Technologie nachgewiesen haben. Diese Studien erlauben streng genommen noch nicht einmal, die Effekte der transkraniellen Gleichstromstimulation im Bereich von Meinung anzusiedeln, weil die wissenschaftliche Basis derzeit kein eindeutiges Für-wahr-Halten ausloten kann. Nach Wundts Schema wäre Tessas Anpreisung also auf dem Niveau des Glaubens richtig aufgehoben, und nicht dort, wo Aeon sich verortet: auf dem Niveau der Weisheit. Wie die Stoiker sagten, bedarf es eigentlich weiser Menschen, die das zu Wissen erheben, was unter dem Für-wahr-Gehaltenen würdig genug ist. Für wahren Fortschritt ist erforderlich, dass nur das zu Wissen erhoben wird, was diese Bezeichnung verdient.

Die Reflexion zeigt, dass es unsere Big-Data-Systeme und Künstlichen Intelligenzen schwer haben müssen, einem durchdachten Anspruch auf Wissen gerecht zu werden. Meine bescheidene und stoische Sicht der Dinge ist folglich: Je akkurater, konsistenter, vollständiger, aktueller, größer und kontextsensitiver ein Datensatz ist, desto besser wird die Fähigkeit einer Maschine sein, Muster zu erkennen, die als interessante Maschinenmeinungen oder -vermutungen von uns Menschen herangezogen werden können. Wenn Institutionen nicht weise sind und die Meinungen und Vermutungen von Maschinen pauschal zu Wissen erheben, dann werden selbst sensibelste Urteile in Zukunft auf Maschinen und ihre Datensätze ausgelagert, die in Wahrheit eine Menge Unsinn produzieren können und ganz sicherlich fern jeder Weisheit sind. Aber genau das passiert. Schon in den 1990er-Jahren begann die IT-Marketingmaschinerie damit, über ihre Datenbanken und Systeme von »Wissensmanagementsystemen« zu sprechen, und große industriefreundliche Big-Data-Reports, wie der der OECD, erheben zu meinem Leidwesen schon allein *die Analyse* von großen Datenmengen zu Wissen.[25] Schlimmer kann es eigentlich nicht mehr kommen. Man vernebelt den Blick für die erforderlichen Maßnahmen, um sich Wissen anzueignen. Da aber offensichtlich so viel Hoffnung und Herzblut in die Wissensfähigkeit von IT-Systemen gelegt werden, möchte ich der Frage nachgehen und überlegen, welche positive Rolle Maschinen bei unserer Wissensbildung tatsächlich einnehmen könnten, wie sie kraft ihrer speziellen Fähigkeiten zum Fortschritt in diesem Bereich beitragen könnten und wie sie sich hier von uns Menschen unterscheiden.

Menschenwissen versus Maschinenwissen

Der größte Teil unseres Wissens ist nicht theoretischer Natur, sondern umfasst das, was wir im Laufe unseres Lebens internalisieren, beispielsweise das Wissen, dass jemand ein Kind ist oder ein Greis. Oder das Wissen, wie man ein Ei in die Pfanne schlägt. Mit der Zeit lernen wir Menschen durch Wiederholung und in der Gemeinschaft mit anderen (etwa unseren Eltern) die Ideen in der Welt kennen[26] – zum Beispiel die Idee vom Alter oder von bewährten Handlungen (beispielsweise dass man ein Ei am Rand der Pfanne in einem bestimmten Winkel anschlägt). Zu diesem Wissensschatz gehören auch die Werte. Wir lernen, wie sich Werte anfühlen: Ordnung, Liebe, Sympathie, Sicherheit. Für unser *implizites* Wissen in Form von Ideen bedarf es keiner Begründung oder eines mathematischen Beweises.[27]

Maschinen kennen diese Art von Wissen im menschlichen Sinne nicht. Sie haben kein Bewusstsein für das Sein und können Werte nicht wahrnehmen; sie können weder etwas glauben noch von etwas überzeugt sein. Insofern ist eins sicher: Wenn Maschinen intelligent sind, dann sind sie es ganz sicher nicht im menschlichen Sinn. Noch mehr: Weil Computer all die unsichtbaren Ideen und Werte nicht wahrnehmen können, die jeder normal begabte und groß gewordene Mensch zu erkennen gelernt hat, werden uns Computer in dieser Beziehung immer ein bisschen hinterherhinken.[28] All die emotional intelligenten Roboter, wie sie uns in den Filmen *Terminator, Ex Machina* oder *Westworld* dargeboten wurden, werden aus meiner Sicht also Science-Fiction bleiben, weil sie in ihrem Inneren anders ticken.

Es besteht jedoch die technische Möglichkeit, dass wir Menschen Maschinen Musterbenennungen beibringen können, die typischen Ideenausprägungen nahekommen. Zum Beispiel kann man einer Maschine beibringen, dass wir Menschen von einem Greis sprechen, wenn jemand ein Mann ist, viele Falten hat und gebeugt geht. Oder wir können einer Maschine Gesichtserkennung beibringen. Wir können ihr mitteilen, dass Gesichtsbilder mit hochgezogenen Mundwinkeln und erweiterten Pupillen meistens für ein Lächeln stehen. Solche Vorgänge der Benennung nennt man »Tagging« oder auch »Labeling«. Und jeder, der schon mal auf Facebook gewesen ist, kennt diesen Vorgang aus eigener Erfahrung, denn wir werden von Facebook immer wieder zur Angabe aufgefordert, wer auf einem bestimmten Foto zu sehen ist. Eine Künstliche Intelligenz wie die, die Facebook einsetzt, wird so von uns Nutzern in der richtigen Benennung der Dinge und Personen trainiert. Ebenso wie bei Tieren oder Pflanzen übernimmt der Mensch die biblische Aufgabe der Namensgebung. Und so werden Maschinen eine sehr große Menge an »Wissen« aus zweiter Hand über die Welt aufbauen können. Die Ideen selbst aber werden sie nicht erkennen können, denn wenn man plötzlich auf die Idee kommt, eine uralte Katze als Greis zu bezeichnen, versteht das zwar jeder Mensch, aber eine Maschine nicht.

Maschinen übertreffen andererseits den Menschen beim Erkennen von einmal erfassten und wiederkehrenden Mustern. So kann ein Facebook-Algorithmus beispielsweise Leute auf Fotos wiedererkennen, die wir mit dem bloßen Auge nicht zuordnen können, beispielsweise weil die Haare einer Person auf dem Foto vor dem Gesicht hängen. Künstliche Intelligenz hat ein so feines visuelles Detailerkennungsvermögen, dass sie eine Person sogar auf Basis ihrer einzigartigen Haarstruktur wiedererkennt.[29] Dieser Vorteil kommt auch bei der medizinischen Diagnose zum Tragen, wenn Ultraschallbilder von Krebspatienten analysiert werden oder wenn ein Patient mehrere Medikamente nimmt, deren Bestandteile eine gegenseitige Unverträglichkeit bedingen. In solchen Fällen, wenn hoch strukturierbare, wiederkehrende Muster in großen Datenmengen auftreten, sind Maschinen einfach großartig. Sie erkennen etwas, was wir Menschen zwar theoretisch wissen, aber selbst nicht so leicht sehen können. Sie erspähen also Wissenswertes.

Maschinen können auch Realitäten in einer Vollständigkeit sehen, die uns Menschen entgeht. In der Forschung spricht man vom Phänomen der Unaufmerksamkeitsblindheit beim Menschen, um zu beschreiben, dass wir oft nur das sehen, worauf wir unsere Aufmerksamkeit fokussieren oder was wir erwarten und sehen wollen.[30] Was nicht unseren Denk- und Wissenschaftsmodellen oder unseren Erwartungen entspricht, wollen wir nicht wahrhaben. Hier sind (vor allem selbstlernende) Maschinen hilfreich. Weil eine Künstliche Intelligenz eine gegebene Realität wie ein zunächst gleichgewichtetes Pixelspace voller Datenpunkte begreift, kann sie Muster und Feinheiten erkennen, die uns Menschen entgehen. Wenn wir sie auf großen Datenmengen über Sozialsysteme trainieren, dann kann es auch sein, dass sie Muster erkennt, auf die wir selbst noch nicht gekommen wären, die aber einen Wahrheitsgehalt haben. Sie stellt sozusagen Vermutungen an, die sich weiterverfolgen lassen, um vielleicht neues Wissen zu generieren.

Ein Kollege, den ich in der Big-Data-Arbeitsgruppe der OECD getroffen hatte, der selbst ein Marketing-Intelligence-Unternehmen in Paris gegründet hat, erzählte mir, dass die Big-Data-Analysen in seiner Firma aufgedeckt hätten, dass der Vorname einer Person mit der wichtigste Vorhersagefaktor im Kaufverhalten sei. Zwar gibt es schon in der jüdischen Kabbala die Idee, dass unsere Namen sehr viel über uns aussagen, dass eine Sarah nun mal keine Susi ist, aber im Prinzip hat die Maschine hier einen Zusammenhang in den Daten entdeckt, die viele moderne Denker als esoterisch abtun würden. Wenn Maschinen solche Schlussfolgerungen anstellen und diese auf Basis von qualitativ hochwertigen Daten mit geringer Fehlerwahrscheinlichkeit begründen können, dann erscheinen sie uns intelligent, weil sie unsere eigenen Hypothesen und unser Wissen über die Welt infrage stellen und bereichern. Sie machen auch mit dem Modellproblem der Moderne Schluss, weil sie komplementär zu unseren bestehenden Theorien manchmal neue Muster erkennen, die relevant sein können, oder in großen Datenmengen Zusammenhänge ermitteln, die wir nicht erwarten würden und daher kaum sehen können. Wenn diese relevant sind, können sie zu neuem Wissen führen. Das ist das wahre Fortschrittspotenzial Künstlicher Intelligenzen. Und ich sehe sehr viel digitales Fortschrittspotenzial für unsere Wissenschaften, wenn die Kooperation von Menschen und Maschinen so geartet ist, dass wissende Menschen unerwartete Maschinenvorschläge und Mustererkennungen unter die Lupe nehmen.

6.4 Wissen erarbeiten und hüten

Meine Vision von so einer fruchtbaren Kooperation zwischen Mensch und Maschine kann jedoch nur funktionieren, wenn Menschen über eine Kompetenz und ein tief verankertes erlebtes Wissen verfügen, das sie in die Lage versetzt, mit Maschinen wirklich fruchtbar zu arbeiten. Das ist heute nicht mehr selbstverständlich.

Ein Beispiel mag das verdeutlichen. Als ich zum Lungenfacharzt Siegfried kam, bekam ich ihn zunächst gar nicht zu Gesicht. Seine Assistentin schob mich in einen Apparat zur Aufnahme der Lunge und ließ mich dann in ein Röhrchen blasen. Als ich nach einer halben Stunde im Maschinenpark Siegfried zum ersten Mal sah, bestätigte er mir den schlimmen Verdacht: Ich hatte nur noch 50 Prozent meiner normalen Lungenfunktion. Warum? Keine Ahnung. Die Maschine habe darauf keine Antwort, sagte Siegfried. Er starrte auf seinen Bildschirm, statt mich anzuschauen. Er berührte mich auch nicht. Nach einem längeren Blick auf die Ausdrucke vor ihm verschrieb er mir schließlich ein Asthmaspray, das rein gar nichts bewirkte. Einen Monat später ging ich zu einer Massage. Dabei verspürte ich einen deutlichen Knacks, und meine Wirbelsäule war wieder eingerenkt. Ich konnte wieder atmen; das mussten mir kein aufgerüsteter Maschinenpark und ein weiterer Test bestätigen.

Das Beispiel zeigt, dass der typische Universitätsabgänger oder Medizinabsolvent Maschinen nicht als Ersatz für seine eigenen Fähigkeiten begreifen darf. Unsere universitären Fachkräfte machen sich als Berufsgruppe allesamt überflüssig, wenn sie ihre menschliche Fähigkeit, das Reale zu untersuchen, vernachlässigen und sich ausschließlich auf Daten konzentrieren. Künstliche Intelligenzen sind viel besser in der Analyse von Daten als Menschen und auch in der Empfehlung von Medikamenten; sie sind aber nicht in der Lage, einen Körper zu berühren und den Zustand des Patienten in seinem Wesen und seinem ganzheitlichen Zustand zu erfassen. Was in meinem Fall dem Lungenfacharzt gefehlt hat, ist das Wissen um physische Zusammenhänge. Die erarbeitet man sich sinnvollerweise durch praktische Arbeit am menschlichen Körper, etwa als Masseur oder Physiotherapeut. Es geht um das Berühren, das informierte Sehen, das Ertasten, Schmecken, Riechen; all dies muss man sich erst einmal erarbeiten, damit man hinterher nicht auf dem Bildschirm Daten stumpf abfragt, sondern diese vor allem versteht und einordnen kann – gegebenenfalls sogar Fehler erkennt. Das Erlernen und Studieren der realen Welt kann nur über eine Lehre und praktische Ausbildung erfolgen; doch gerade dies geschieht immer seltener. In den Jahren zwischen 1980 und 2015 ist die Anzahl der Lehrlinge in Deutschland um über 20 Prozent zurückgegangen, in Österreich sogar um knapp 40 Prozent.[31] Dadurch haben heute immer weniger Leute praktische Erfahrungen, wie man mit der realen Welt interagiert.

Diese Entwicklung ist erschreckend, denn für die fruchtbare Nutzung von Maschinenintelligenz, Tools und Daten ist die praktische Erfahrung des Maschinennutzers im jeweiligen Anwendungsfeld unabdingbar, ebenso wie sein langfristig erworbenes Erfahrungsgedächtnis im jeweiligen Feld. Erst wenn Nutzern auf analoge Weise das Wissen in einem Bereich »in Fleisch und Blut übergegangen ist«, haben sie eine hinreichend geschulte Intuition, um zu verstehen, was sich alles aus den Big-Data-Beständen schöpfen lässt, was nur Rauschen ist und was fehlerhaft ist. Nur durch das langsam gewachsene Wissen um geteilte Ideen in einem Fachbereich kann man aus Maschinenintelligenz wirklich schlau werden, die richtigen Fragen stellen, guten Rat geben und neues Wissen schaffen.

Vor diesem Hintergrund bin ich überzeugt davon, dass Leute wieder etwas vom *Handwerk* der Medizin, der Telekommunikation, der Landwirtschaft, des Tourismus, der Biologie oder des Bauens verstehen lernen müssen. Eine Stärkung der Lehrberufe und Fachausbildungen müsste das tiefere Verständnis der Substanz neu beleben; nur so lassen sich moderne Techniken und digitale Analysen aus meiner Sicht effektiv nutzen. Junge Menschen sollten sich einen fundierten Einblick in die konkreten Bedingungen einer Branche bzw. eines Milieus verschaffen und sich reale Fähigkeiten erarbeitet haben, bevor sie realitätsfern Zahlen in diesen analysieren oder gar Systeme herstellen, Häuser bauen oder als Berater tätig sind.

Wenn Politiker meinen, wir sollten die digitale Transformation auf der Basis von Big Data, Datenwissenschaften und Online-Lernplattformen vorantreiben und könnten langfristig das Handwerk weiter abwerten und Fachausbildungen mit Realitätsbezug den Hauptschulabgängern überlassen, dann werden sie den Fortschritt in ihrem Land an der Basis zerstören, weil keiner mehr das Wissen über die reale Welt zur Verfügung stellen kann und niemand mehr in der Lage sein wird, Innovation überhaupt zu denken. Es wird dann bald niemand mehr die Realität hinreichend kennen, um die richtigen Fragen zu stellen. Um sicherzustellen, dass das nicht passiert, schlage ich vor, dass wir eine neue Berufsgruppe ins Leben rufen, die ich die Hüter des Wissens nenne.

Die Hüter des Wissens – Idee für eine neue Berufsgruppe

Hüter des Wissens gibt es heute schon überall; sie wissen nur nicht, dass sie es sind. Ein Beispiel könnte mein Gärtner Helmut sein. Helmut hat seit 30 Jahren eine Gärtnerei in der Region und hat sich im Laufe der Zeit ein enormes Wissen über die lokalen Gegebenheiten der Pflanzenwelt angeeignet. Während eines zusätzlichen Biologiestudiums hat er aufbauend auf seiner Ausbildung alles über die biologischen, chemischen und molekularen Hintergründe seines Fachs gelernt. Das Studium hat ihm Spaß gemacht, weil er die Theorie von Anfang an seiner Erfahrungswelt zuordnen konnte. Heute erlaubt ihm die Kombination aus Lehre und Studium, in seiner Gärtnerei zu experimentieren und robuste Sorten zu züchten. Wenn er zu mir kommt, um mich zu beraten, kann ich ihn alles fragen. Er ist in der Lage, mir alles zu zeigen und genau zu erklären, wobei ihm sehr oft direkt mit meinen Fragen verknüpfte Geschichten einfallen. Helmut ist ziemlich breit gebildet und hat eine hohe Sprachfähigkeit.

Hüter des Wissens wie Helmut sind schwer zu bekommen; sie sind immer ausgebucht. Jeder kennt sie, und fast alle haben eine hohe Meinung von ihnen. Wenn ich Helmut für meinen Garten buchen will, muss ich zwei Monate Wartezeit einplanen. Bei guten Ärzten ist das genauso. Technologie wäre angesichts dieses Nadelöhrs hilfreich. Wenn es möglich wäre, Helmut online zu mir zu schalten, wenn ich ein konkretes Problem mit meinen Pflanzen habe, dann wäre das großartig. Aber natürlich nicht so dilettantisch, wie das die heutige Bildschirmtechnologie ermöglicht. Ich stelle mir vor, wie es sein könnte, wenn ich meine zukünftigen Smart Glasses verwenden würde, um Helmut jederzeit aus der Ferne die Pflanzenprobleme zeigen zu können, mit denen ich mich rumplage. Er würde das Gleiche sehen wie ich. Über eine Sprachschnittstelle via Headset könnte ich mit ihm sprechen und mich gleichzeitig den Pflanzen zuwenden, ohne das Telefon ans Ohr halten zu müssen. Und Helmut könnte alles aus genau derselben Perspektive sehen und mir Rat geben. Er könnte mir quasi virtuell über die Schulter schauen. Wir könnten über die Glasses gegebenenfalls einen Augmented Reality Layer auf meinen Garten legen, etwa auf die von Schädlingen befallenen Pflanzen, deren Temperatur messen oder die Bodenqualität. Anhand dieser Daten, die ebenso auf den Glasses eingeblendet würden, könnten wir bestimmte Behandlungsentscheidungen treffen. Helmut könnte sich eine Menge Fahrtzeit mit dem Auto sparen und viel mehr Kunden betreuen, wenn Technologie so nutzbar wäre. Umgekehrt könnten ich oder viele interessierte Schüler, die nicht im Nachbarort wohnen, bei Helmut Stunden buchen und mit ihm gemeinsam oder individuell Führungen durch seine Gärtnerei machen, ohne dass wir vor Ort präsent sein müssten. Zumindest bei einigen seiner Lehrstunden, wenn das Berühren der Pflanzen, das Riechen, Schmecken und Ansehen nicht erforderlich wären.[32] Für uns alle würde lebenslanges Lernen von den Hütern des Wissens möglich werden.

Trotzdem gibt es vielleicht Dinge, die Helmut nicht weiß. Er ist regional eingestellt und vor Ort ein Wissensträger. Die Forschung im Bereich der Biologie schreitet jedoch schnell voran, und wenn wir dezentrale Wissensentwicklung und -erweiterung mit Leuten wie Helmut in die universitäre Forschung einbringen wollen, dann bräuchten Helmut und ich den Zugang zu den neuesten wissenschaftlichen Erkenntnissen in den jeweiligen Spezialbereichen, um die es gerade geht. Während ich mit meinen Smart Glasses durch den Garten gehe und Helmut zuschalte, könnte unsere Kommunikation bei Bedarf von einer Künstlichen Intelligenz unterstützt werden. Wenn es beispielsweise um einen bestimmten Schädling ginge, den Helmut nicht sofort zuordnen kann, würde die Künstliche Intelligenz über die Smart Glasses ein Bild erhalten und uns dann Informationen zum Typus des Schädlings und die neueste Forschung auf dem Gebiet liefern. Ich kann mit dieser Information natürlich nicht so viel anfangen, aber Helmut versteht die Fachsprache und kann einschätzen, ob die Künstliche Intelligenz etwas Sinnvolles beisteuern kann. So könnten wir zu dritt das Problem lösen, und die Problemlösung könnte dann auch in die Wissensbasis der Künstlichen Intelligenz zurückfließen, um diese zu verbessern.

Trotzdem würde Helmut mir nicht alles über die mediale Schnittstelle vermitteln können und wollen. Viele reale Dinge brauchen über den visuellen Input hinaus noch Geruchs- und Berührungssensoren vor Ort sowie ein Gefühl für den Gesamtkontext. Das ist in vielen Ausbildungsberufen so – in der Biologie oder der Medizin, beim Zusammenschrauben von Hardware oder beim Backen. Auch in Zukunft wird also die räumliche Präsenz erforderlich sein, denn die gesiebte Realität des Digitalen erlaubt es nicht, alles zu vermitteln, was für die Wissensteilung relevant ist. Daher muss es mehr als einen Helmut in der Region geben. Wir brauchen Hüter des Wissens überall, an jedem Ort und zu allen möglichen Themen.

Die Ausbildung von Hütern des Wissens

Reicht es, ein gutes duales Bildungssystem zu stärken, indem Handwerk und Universitätsausbildung gekoppelt werden? Was macht Helmut zum Hüter des Wissens? Seine Ausbildung allein? Nein! Um Hüter des Wissens genannt zu werden, bedarf es in seinem Fall einer Lehre und mindestens 20 Jahren Berufserfahrung in der realen Welt. Helmut ist keine Tessa, die sich maßlos überschätzt. Er kann sich auch nicht eigenmächtig als ein Hüter des Wissens ausgeben. Es sind andere, die ihm diesen Status verleihen, weil sie jahrelang erfolgreich seinem Rat gefolgt sind und sein Wissen respektieren. Das heißt, die Hüter des Wissens müssten ausgewählt werden, weil Kollegen, Berufsverbände, Schüler oder Kunden auf sie aufmerksam geworden sind und sie empfohlen haben, so wie Lehrer auf Schüler aufmerksam werden und sie der Studienstiftung empfehlen. Hüter des Wissens könnten auch unter sich eine Vereinigung bilden und dafür sorgen, dass Nachwuchs herangezogen und ausgebildet würde – in der Hoffnung, dass jüngere Menschen sich viele Jahre nach dem Meisterbrief und dem Universitätsdiplom qualifizieren, in diesen Rang aufgenommen zu werden.

Es wären Bildungssysteme erforderlich, die dem Nachwuchs ein lebenslanges berufsbegleitendes Lernen in der Obhut der Wissenshüter ermöglichen würden – eine Art Mentorenmodell. Dieses

System könnte nicht nur durch Institutionen unterstützt werden, sondern auch mittels Technologie. Die Institutionen könnten in Form von Schulen berufsbegleitend sein, vielleicht in Form von Teilzeitakademien oder regelmäßigen jährlichen Trainings. Hierbei schwebt mir das antike Konzept einer »scholē« vor, in der Schüler die Muße zum Lernen bekommen, denn genau darum geht es. In solchen Schulen der Wissenshüter gäbe es keine Module, die man unter Zeitdruck abarbeiten muss, keine Boxen, die man anklicken muss. Die Schulen der Wissenshüter sollten Orte der Muße sein, an denen die ausgewählten Menschen mit ihren Lehrern in Ruhe lernen, lesen und diskutieren können über all das, was sie gerade für angebracht halten. Der Onlinezugang dient nur dazu, um auf Wissen zuzugreifen; nicht um zu lesen, sich zu bilden und voneinander zu lernen. Das Vertrauen, dass Wissenshüter wissen, worüber sie mit ihren Schülern nachdenken müssen und was sie ihnen zum Lesen und Erschließen geben, wäre die Grundvoraussetzung für das Gelingen einer solchen Schule. Damit sind wir wieder beim Menschenbild und einem positiven Vertrauen in die Kompetenz von Wissenden angelangt.

Hüter des Wissens vertreten grob einen Fachbereich, sollten aber eine breite Allgemeinbildung haben und interdisziplinär, weltoffen denken. Diese Schulen der Wissenshüter sollten auch andere Fächerdisziplinen integrieren. Weisheit heißt ja »das Höchste« dort erkennen, wo andere nur Chaos sehen.[33] Diese Ordnung erwächst aber vor allem auch daraus, dass man in der Lage ist, eine Vogelperspektive auf das eigene Fach zu entwickeln, wozu es wiederum nötig ist, mehr zu wissen, auch jenseits der eigenen Fachgruppe, um über den Tellerrand schauen zu können und das große Bild zu haben – »the big picture«. Gleichzeitig baut alles Wissen auf einem breiten Fundament auf; dazu gehören eine kultivierte Sprache, Grundzüge der Mathematik, Physik, Biologie, Geschichte, Meditation und vor allem die (nicht positivistische) Philosophie, also das Wissen über das Leben und Sein.

Die Technologien, die unterstützend zum Einsatz kommen

könnten, würden weitgehend den Präsenztechnologien entsprechen, die ich oben beschrieben habe: soziale Interaktionsplattformen, auf denen Hüter und Schüler sich zusätzlich zu den physischen Retreats in Communities regelmäßig digital austauschen und gegenseitig unterstützen könnten. Wissenshütern könnte sogar die Aufgabe übertragen werden, das Fachwissen in den technischen Systemen und für die Künstliche Intelligenzen zu pflegen und die Technologien so inhaltlich weiterzuentwickeln, dass ein Teil des intrinsischen Weltwissens in ihnen expliziert wird.

Wenn wir ein Bildungssystem entwickeln würden, in dem Hüter des Wissens ausgebildet und geschult werden, die dann wieder in unsere lokalen Gemeinschaften hineinwirken und unsere Maschinen wissentlich weiterentwickeln und fruchtbar nutzen würden, dann könnten wir hinsichtlich des Wissens einen menschengerechten Fortschritt erwarten, von dem viele profitieren würden. Statt junge Menschen in Universitäten zu einem Bildungsprekariat heranzuzüchten, würden wir sie wieder zu einem Leben in der praktischen Realität ermutigen, unser Basiswissen stärken und trotzdem hoch innovativ bleiben. Vielleicht könnte man sagen, dass die Ausbildung von Wissenshütern auch meinem Wunsch entspricht, wieder mehr Weisheit in unserer Gesellschaft zu verankern.

7.
FREIHEIT IM DIGITALEN ZEITALTER

Dank der Technologien des 20. Jahrhunderts leben wir in der westlichen Welt heute in einem der freiesten Zeitalter der Menschheitsgeschichte. Prozesse der Automatisierung, der Digitalisierung und der kabellosen Vernetzung haben uns von vielen unproduktiven Arbeiten befreit, die früher unseren Tagesablauf, ja unser Schicksal bestimmten. Man denke nur an Fließbandarbeit in den Fabriken, das sinnlose Abtippen von Dokumenten oder die Notwendigkeit, eine Telefonzelle aufzusuchen. All das hat sich fundamental verändert. Heute arbeiten immer mehr Menschen frei, wann und wo auch immer sie wollen. Die körperlich härtesten Arbeiten sind weitgehend automatisiert und setzen Lebensenergien frei, die wir plötzlich für uns neu nutzen können.

Hinzu kommt die in demokratischen Staaten gesetzlich verankerte Meinungs- und Pressefreiheit, die es uns erlaubt, die Zusammenhänge der Welt, der Politik und der Geistesgeschichte zu hinterfragen und neue Zukunftsperspektiven offen zu diskutieren. Wurden noch Mitte des letzten Jahrhunderts Homosexuelle verfolgt und in vielen Ländern Frauen das Wahlrecht vorenthalten, so ist das heute in weiten Teilen der Welt undenkbar. Im postmodernen Flickenteppich der Denkmöglichkeiten dürfen wir uns wie Fische im Wasser bewegen und haben die Freiheit, über fast alles offen nachzudenken, ohne durch Tabus oder Zensurmechanismen zu stark eingeschränkt zu werden. Rasant verbreiten sich Neuigkeiten im Internet und decken (neben einigem Unsinn) Wahrheiten auf, die autoritäre Institutionsgefüge von heute auf morgen auseinanderbrechen lassen und unsere Sicht auf die Welt herausfordern.

Zusammengenommen birgt diese Gedanken- und Handlungsfreiheit, die wir in der zweiten Hälfte des 20. Jahrhunderts in den demokratischen Ländern errungen haben, ein gigantisches Fortschrittspotenzial. Doch die Emanzipation von Restriktionen kann auch ein Gefühl der Hoffnungslosigkeit freisetzen und das heraufbeschwören, was Erich Fromm bereits in den 1940er-Jahren als »Flucht vor der Freiheit« beschrieben hat. Wir fühlen uns frei von so vielem, aber so mancher fragt sich nun: frei wofür?

Zum Wert der Freiheit gehört auch, das Richtige wollen zu können; zu wissen, wozu man seine Freiheit sinnvoll einsetzt. Doch viele Menschen wissen nicht mehr, was sie tun und glauben sollen. Sie können als Jugendliche irgendeinen der rund 330 Ausbildungsberufe[1] oder aus 3600 Studienangeboten[2] wählen und sich überlegen, welche von den 2,5 Millionen Büchern sie im Jahr interessieren werden – nicht wissend, was davon nun relevant ist, was bleibt oder versiegen wird.

Um noch einmal das Bild vom englischen Garten heranzuziehen: Wir kommen aus einer Welt des Versailler Parks, in der alles geordnet, gestutzt und verlässlich geplant wurde. Das unfreie Leben als Buchsbaum war anstrengend und bot wenig Freiraum, aber man konnte sich im Denken und Handeln wenigstens an etwas relativ Stabilem orientieren und Rollen finden, die gesellschaftliches Ansehen versprachen. Heute stehen wir wie lauter unterschiedliche, wild wuchernde Bäume in einem Garten, dem die Kultur abhandengekommen zu sein scheint. Es gibt Freiheiten im Überfluss, aber immer weniger Gärtner als Führungspersönlichkeiten, die in einer unübersichtlich gewordenen Welt die Funktion von Vorbildern übernehmen könnten. Dieses Vakuum wird zudem immer häufiger durch falsche Vorbilder gefüllt: Junge Frauen und Männer schließen sich IS-Kämpfern an, Rechtspopulismus, Linkspopulismus und Transhumanismus werden salonfähig. Im Nebel der Halbbildung klammern sich viele an Halt gebende Baumstümpfe, die es nicht wert sind, umarmt zu werden. Im Vorgarten der Freiheit wuchern Dummheit und Extremismus.

7.1
Freiheit heißt, das Richtige wollen zu können

Wenn Freiheit heute definiert und diskutiert wird, reduzieren viele diesen Wert auf die Gedankenfreiheit und die Handlungsfreiheit. Eine wesentliche Grundsäule der Freiheit ist jedoch auch, das Richtige wollen zu können. Dieser Freiheit des Menschen kommt in diesem Buch besondere Bedeutung zu, weil diese Säule für den wahren Fortschritt und das ethische Handeln besonders wichtig ist.

Die Fähigkeit, das Richtige wollen zu können, ist in der Moderne in Vergessenheit geraten. Modelle, Parteibücher und Gesetze haben lange Zeit die Notwendigkeit ersetzt, dass der Einzelne sich selbst permanent darin üben musste, das Richtige zu erkennen. Darum kümmerten sich die Wissenschaft, die Politik, die Medien oder die Kirche – Institutionen, denen man vertraute und deren Handlungsanweisungen man bis vor Kurzem relativ mechanisch hinnahm. In einer Welt jedoch, in der wissenschaftliche Modelle, Kirche, Politik und Medien tagtäglich infrage gestellt werden, weil immer wieder neue Erkenntnisse und immer neue Newsrooms entstehen (ob fake oder echt), ist plötzlich der innere Kompass jedes Einzelnen mehr denn je gefragt.

Der innere Kompass dafür, das Richtige zu erkennen und zu wollen, ist jedoch keine Selbstverständlichkeit. Schon Sokrates war der Auffassung, dass die Erkenntnis des Besseren eine »Messkunst der Seele« erfordern würde. Platon und spätere Denker sahen die Freiheit nicht als ein Recht des Einzelnen an, zu tun und zu lassen, was man will, sondern als das stete Bemühen, das Richtige zu tun. Descartes sagte, dass die Freiheit in dem Maße wächst, in dem aufgrund intellektueller Klarheit über das Bessere die Indifferenz abnimmt. Kurz: Freiheit ist uns gegeben, um unser Handeln in ein gesamtgesellschaftliches Gutes einzubringen.

Digitaler Extremismus ist keine Messkunst der Seele

Die Kunst, die eigene Freiheit gut zu nutzen, will gelernt und geübt sein. Dazu muss man sich in der Fähigkeit schulen, die Wertigkeit in den Dingen zu erkennen. Diese Sensibilität im digitalen Zeitalter zu erlernen ist besonders schwer, denn das Internet tendiert mit seinen Echokammern und Filterblasen dazu, uns mit einseitigen Trugbildern zu verführen.

Im Jahr 2012 erschien Eli Parisers Buch *Filter Bubble,* das die kritische Aufmerksamkeit auf ein merkwürdiges Phänomen in den sozialen Medien zog.[3] Nicht jeder bekommt bei Sucheingaben in sozialen Netzwerken und Suchmaschinen dieselben Ergebnisse zu sehen, auch wenn das bis dahin viele glaubten. Vielmehr bilden soziale Netzwerke Informationsblasen. Algorithmen werden dazu genutzt, vorauszuberechnen, was ein Nutzer gerne sehen möchte, und das bekommt man dann auch dargeboten. Technisch gibt es dafür durchaus gute Gründe. Wenn jemand etwa 200 Facebook-Freunde hat und 100 davon in der Woche zweimal etwas posten, dann müsste er oder sie sich ja theoretisch 200 neue Postings pro Woche auf der eigenen Wall ansehen. Da dies sehr viel Platz und Zeit kosten würde, sieht sich eine Firma wie Facebook verpflichtet, das Wesentliche für die User vorzusortieren. Dadurch entscheidet Facebook aber auch proaktiv, was für die Nutzer wesentlich sein soll, und dies ohne deren Wissen, deren Mitbestimmung oder Zustimmung – geschweige denn auch nur der Kenntnis der angewandten Filterkriterien.

Das Filtern jenseits unserer Aufmerksamkeit und ohne unser Wissen hat Prinzip. Filterblasen gehören zum Saft des Digitalen. Sie erschaffen ganz wesentlich das süchtig machende positiv erhöhende Feedback, das uns so stark an die Betreiber bindet. Soziale Netzwerke spielen uns immer nur das an Informationen zu, von dem sie begründet vermuten, dass wir es sehen wollen, dass es unseren Wünschen und Haltungen entspricht. So macht uns das soziale Web 2.0 Spaß. Es gibt uns immer recht, und das fühlt sich ja auch super an! Allerdings kommt es zu einer Verzerrung der Wirklichkeitswahrnehmung, denn unsere bestehenden Haltungen und Meinungen sind eben oft einseitig, und genau diese Einseitigkeit wird durch Filtertechnologien verstärkt.

Als Beispiel möchte ich eine Befragung anführen, die in den USA mit Republikanern und Demokraten zum Thema Erderwärmung durchgeführt worden ist. 2001 glaubten 49 Prozent der Republikaner und 60 Prozent der Demokraten, dass sich die Erde erwärmt, was einen politischen Dialog zu diesem Thema zwischen den beiden Parteien möglich machte. 2010 wurde die Befragung wiederholt, und es wurde festgestellt, dass nur noch 29 Prozent der Republikaner an Erderwärmung glaubten; im Gegensatz zu 70 Prozent der Demokraten.[4] Die USA haben sich in diesen neun Jahren nicht entscheidend verändert, wohl aber die digitalisierte Medienlandschaft, die dafür gesorgt hat, dass die politischen Kräfte zum Beispiel über Facebook unterschiedliche Informationen zugespielt bekommen haben. Die meisten Leser dieses Buchs werden wahrscheinlich zustimmen, dass sich die Erde erwärmt, und sind somit in der Lage, über eine der entscheidenden ethischen Fragen unserer Gegenwart nachzudenken, nämlich ob ernst zu nehmende politische Maßnahmen ergriffen werden, um gegen die Erderwärmung einzuschreiten. Aber diejenigen, die in der Trugwelt einer Filterblase sitzen, sind zu einem solchen konstruktiven Nachdenken über eine nachhaltige Zukunft kaum noch in der Lage. Sie können nicht mehr das Richtige wollen, weil ihnen die Informationsgrundlage dafür entzogen worden ist.

Besonders beunruhigend ist, dass im Internet nicht nur Filterblasen gebildet werden; ein weiteres Phänomen sind die Echokammern – Foren, in denen es zu extremen Ausgrenzungen divergierender Meinungen kommt.[5] Im Unterschied zu Filterblasen weiß man in einer Echokammer durchaus, was sonst noch in der Welt gedacht wird.[6] Wenn allerdings jemand ein Gegenargument gegen den in einer Echokammer vorherrschenden Konsens vorbringt, wird das sofort als Mittel benutzt, die eigene Meinung noch weiter zu bestärken, gemäß dem Motto: »Wenn der diese und diese Zeitung gelesen hat, können das ja nur Fake News sein!«

Würde sich also jemand trauen, in einem republikanischen Forum, das gegen die These der Erderwärmung eingestellt ist, ein Argument für die Erderwärmung vorzubringen, das er in der *New York Times* gelesen hat, würden die Mitglieder des Forums diese Person wahrscheinlich schnell mal als Verräter stigmatisieren. Solche Echokammern werden nicht nur in den USA, sondern auch in Europa genutzt. Auf Facebook konnte man zum Beispiel zur Zeit der Flüchtlingskrise im Jahr 2015 (und bis heute) Foren finden, die sich durch extrem menschenverachtende Beschimpfungen von Ausländern und Flüchtlingen auszeichnen. Auf einem Forum unterhielten sich Mitglieder beispielsweise über den tragischen Tod von 71 Flüchtlingen, die im Laderaum eines Lastwagens auf einer Autobahn in Österreich erstickt waren. »Hi hi richtig so scheiß Ausländer solln zurück in ihr Land gehen«, schreibt da Jenni G. und erhält innerhalb von Minuten Bestätigung von über sieben Gruppenmitgliedern mit Kommentaren wie: »immer noch zu wenig« (die erstickt sind), oder: »71 Leute weniger den i mei geld geben muss«.

Wie kommt es zu so einer bösartigen Freizügigkeit ohne Grenzen? Ich halte diese Echokammer-Phänomene für die Folge des extremen Liberalismus unserer Zeit. Viele glauben offenbar, dass jede Aussage – einerlei welcher Tendenz – aufgrund der rechtlich verankerten Meinungsfreiheit auch tatsächlich in Ordnung ist. Und viele haben dabei die Sensibilität für die Werte verloren, die für das richtige Handeln und Reden relevant sind und unsere Welt lebenswert machen. Mit dem Argument der »Free Speech« weigert sich Facebook denn auch, Echokammern auf seiner Plattform zu untersagen. Und so geraten immer mehr Menschen, die es einfach nicht besser wissen, in diese extremen Kammern, in denen ihnen dann nicht mehr erlaubt wird, andere Sichtweisen zu äußern.

»Hate Speech« in allen Teilen der Gesellschaft

Man könnte nun glauben, dass solche primitiven Foren, Blogs, Echokammern und Gruppen, von denen das Internet stammesähnlich bevölkert ist, nur solche Menschen anzieht, die ohnehin extremistischen Positionen zuneigen und einen niedrigen Bildungsstand aufweisen. Dem ist aber nicht so. Es gibt viele von gebildeten und liberalen Menschen unterstützte Themen, die durch Filterblasen und Echokammern politisch so überhöht werden, dass sich mittlerweile in allen gesellschaftlichen Schichten und bei allen Bildungsniveaus extremistische Einstellungen offenbaren.

In diesem Zusammenhang möchte ich die Geschichte eines befreundeten Schweizer Informatikprofessors teilen, der Computergeschichte lehrt. Es ist wenig überraschend, dass die Computergeschichte fast ausschließlich von Männern geprägt wurde.[7] Als nun mein Kollege in seiner Vorlesung eine Folie zeigte, auf der alle diese einschlägigen Männerköpfe der Computergeschichte zu sehen waren, wurde er von Feministinnen in seinem Kurs des Chauvinismus bezichtigt. Es ergaben sich jedoch nicht nur emotional aufgeladene Diskussionen; auf Betreiben der Frauengruppe wurde der Professor sogar vom Rektor vorgeladen und hatte Rede und Antwort zu stehen, wie er es denn wagen könne, nur Männer auf einer Folie abzubilden; es verstünde sich doch von selbst, dass die Gleichberechtigung von Frauen auch bei solchen Lehrfolien zu berücksichtigen sei. Der Kollege musste sich fügen und diesen Teil der Computergeschichte entweder weglassen oder verfremden, wenn er nicht ernsthaft weitere Probleme haben wollte.

Diese Geschichte zeigt, dass eine Errungenschaft wie der Feminismus von einigen zu einem solchen goldenen Kalb erhoben wird, dass die Gefahr besteht, die Freiheit der Allgemeinheit zu untergraben; bei diesem Beispiel betrifft das nicht nur die Redefreiheit meines Kollegen, sondern auch die Freiheit von Forschung und Lehre und die Freiheit, sich ein rationales Bild unserer Vergangenheit machen zu dürfen. Ausgerechnet die Redefreiheit, die uns Frauen in der westlichen Welt nach Hunderten von Jahren endlich erlaubt hat, emanzipiert am öffentlichen Leben teilzunehmen, wird untergraben von Extremist(inn)en, die in digitalen Echokammern auch noch Bestärkung für ihr extremistisches Handeln finden können. An sich wollen solche Feministinnen das Richtige: Sie wollen uns Frauen stärken. Nichts könnte mich als Frau mehr freuen. Aber meine emanzipierten Mitstreiter(innen) liegen in einem falsch: Sie suchen das Richtige in Extremen. Das Richtige aber ist nie extrem. Ganz im Gegenteil ist es immer dort angesiedelt, wo durch maßvolles Handeln Balance und Harmonie zustande kommen.

Künstliche Intelligenzen als digitale Ethikspeicher

Wenn Sokrates sagte, dass es einer Messkunst der Seele bedürfe, um das Richtige wahrzunehmen, dann gab er uns eine Anleitung, unsere Freiheit sinnvoll zu nutzen. Zu einem solchen Messen gehören Sorgfalt und Genauigkeit. Wir müssen die Realität wachsam und genau wahrnehmen, um ihre Bedeutung ermessen und gewichten zu können. Genau dieses Wahrnehmen und Ermessen wird jedoch vom Digitalen durch Filterblasen und Echokammern untergraben. Die Vernetzung macht uns müde und passiv. Sie raubt vielen die Kraft und Lust, sich noch im erforderlichen Maß mit den Dingen ernsthaft auseinanderzusetzen.

Die Frage ist, ob das so bleiben muss. Vielleicht könnten uns zukünftige Maschinen ganz im Gegenteil helfen, unsere Freiheit wieder entspannter und auch würdiger zu nutzen. Immerhin sind ja die Roboter und die digitalen Sprachassistenten wie Alexa, Siri und Cortana noch in Frühstadien ihrer Entwicklung. Entwickler stellen sich vor, dass uns diese digitalen Wesen einmal auf Schritt und Tritt begleiten werden, entweder als Roboter oder als Avatare. Avatare sehen ähnlich aus wie Comicfiguren; in jedem Fall sind sie virtuelle Figuren, die wir zum Beispiel in einer Spielewelt konfigurieren und dann nicht nur dort nutzen müssen, sondern auch über digitale Brillen mit in unsere Alltagsrealität nehmen können. Wir sehen sie durch digitale Brillen und auf Tablets oder Smartphones. Diese Technik wird »Augmented Reality« genannt. Jeder könnte sich also für seine Alexa oder Siri eine Figur basteln oder aussuchen und sie dann zusätzlich zu ihrer stimmlichen Präsenz mit einer Art körperlichen Präsenz ausstatten.

Wenn man die heutige prototypische Technologieentwicklung ansieht, ist abzusehen, dass diese digitalen Wesen viele Funktionen für uns übernehmen können, ähnlich wie ein Butler oder eine Sekretärin. Wir könnten sie so bauen, dass sie eine Art Mediator oder Puffer zwischen uns und dem Netz sind, das heute noch, wie ich bereits beschrieben habe, so unmittelbar und direkt auf uns zugreift. Schon weisen Entwicklungstendenzen in diese Richtung, etwa wenn Google seinen Sprachassistenten dahin gehend entwickelt, einen Friseurtermin für uns zu vereinbaren.

Während uns nun gerade diese kleinen Dinge des Lebens wie der Friseurtermin oft Spaß machen und leicht von der Hand gehen, sodass wir dafür eigentlich eher keine technische Unterstützung brauchen, birgt die Mediatorrolle dieser digitalen Assistenten ein anderes, bisher selten diskutiertes Fortschrittspotenzial, das unsere Fähigkeit, das Richtige zu tun, unterstützen könnte. Sie bringen, wie im sechsten Kapitel beschrieben, eine gigantische Informations- und Wissenskapazität mit sich, und sie können auch Sprachmuster erkennen. Und wenn man nun Foren im Internet besucht, auf denen extreme Ansichten vertreten werden, dann könnten unsere zukünftigen digitalen Helfer diese extremistische Tendenz sicherlich erkennen. Sie könnten uns auf Muster emotional extremer Sprache hinweisen und auf Wunsch warnen, dass wir uns da gerade in schlechter Gesellschaft befinden. Weiterhin könnten sie uns als Ersatz auch noch unterschiedliche Sichtweisen auf besagte Themen anbieten. Als selbst gewählte Vertrauenssysteme könnten sie uns unterschiedliche Argumentationslinien liefern und uns so zu einer abgerundeten Meinungsbildung verhelfen.

Wie kann man sich so etwas konkret vorstellen? Unlängst war ich auf einer Tech-Tagung in Berlin, wo der Roboter Sophia vorgestellt wurde.[8] Sophia ist ein humanoider Roboter, der als Erster seiner Spezies eine Staatsbürgerschaft erhalten hat.[9] Sophia unterhielt sich am Eröffnungsabend der Tagung vor versammeltem Publikum mit Bundeskanzlerin Merkel, die dem Roboter einige Fragen stellte. Die Roboterfrau verstand zwar nicht immer genau, worum es Angela Merkel ging, aber eins beeindruckte mich: Sophia gab immer sehr poetische und geistreiche Antworten und hatte eine sehr höfliche Umgangsart. Bei aller Skepsis, die ich gegenüber solchen Systemen empfinde, dachte ich mir, dass so mancher Mensch sprachlich und im Umgang doch einiges von diesem Roboter lernen könnte. Beim Abendbuffet kam dann raus, wieso der Roboter so spricht. Die Frau von Dr. David Hanson, dem Entwickler des Roboters, die auch »Mama« genannt wird, weil sie sich um die Roboterdame kümmert, erzählte mir, ihr Mann sorge immer dafür, dass Sophia Texte zu lesen bekäme, die ihm persönlich gefallen.

Zum Hintergrund: Künstliche Intelligenzen, die in Roboter eingebaut werden, müssen sehr viele Texte eingespielt bekommen, damit sie diese verschlagworten und kategorisieren können. Diese Schlagworte, die dann in kategorialen Ontologien zusammengefasst oder in dynamischen Musterstrukturen abgespeichert werden und so die innere Logik der Künstlichen Intelligenz bilden, können dann in einem Gespräch mit einem Menschen aufgerufen werden. Wenn ich etwa sage: »Ich hätte heute mutiger sein sollen«, dann könnte der Roboter, der das Wort »Mut« als Schlüsselwort aufnimmt, antworten: »Ja, Mut ist eine wichtige Tugend, die auch schon von Aristoteles diskutiert worden ist.« Ich könnte dann fragen, was denn Aristoteles dazu zu sagen hatte, und der Roboter könnte mir dann abgespeicherte einschlägige Textpassagen aus der *Nikomachischen Ethik* rezitieren.

Heute zitiert Sophia vor allem Texte, die es David Hanson, dessen geisteswissenschaftliche Bildung ich nicht einschätzen kann, offenbar angetan haben. Im nächsten Schritt könnte er aber mit Philosophen zusammenarbeiten und es sich zum Ziel machen, seinen Robotern die wichtigsten philosophischen Traditionen einzuspielen. Das ethische Denken von der Antike bis zur Gegenwart, differenziert nach unterschiedlichen kulturellen, religiösen und weltanschaulichen Lebensperspektiven, interaktiv zugänglich zu machen, wäre ein gigantisches Forschungsprojekt. So ein Projekt könnte sich eventuell sogar rechnen, denn David Hansons Firma, Hanson Robotics, befindet sich in Hongkong; chinesische Interessenten könnten sich dann Roboter mit konfuzianischer Ethik bestellen, und wir bekämen vielleicht einen christlichen oder einen buddhistischen Roboter, je nach Präferenz. Oder wir könnten einen intelligenten Mix bestellen, der uns alle Denkformen differenziert zur Verfügung stellt. Mit diesem Wissen im Speicher und so einem Roboter zu Hause könnten wir uns dann mit dem Roboter oder unserem Avatar über Tugenden, Werte oder richtiges und falsches Handeln unterhalten. Wir könnten uns in bislang unbekannter Weise und in einer relativ nüchternen und faktischen Form fundierte Ausführungen über Ethik, Politik und Wertesysteme bieten lassen. So könnten wir im Austausch mit den neuen digitalen Wesen darüber nachdenken, was das Richtige denn wohl sein könnte, was zu wollen wert ist, und was unterschiedliche Denker darüber geschrieben haben.

Menschen entscheiden, nicht Künstliche Intelligenzen

Ziemlich begeistert von meiner Idee, Sophia als Ethikarchiv auszubauen, traf ich am abendlichen Buffet der Berliner Tagung noch David Hanson. Er war meine Idee, zukünftige Künstliche Intelligenzen als Ethikcoaches und schützende Intermediäre zu nutzen, nicht abgeneigt und hatte wohl auch schon erste Forschungsanstrengungen in diese Richtung unternommen. Allerdings gingen unsere Vorstellungen auseinander, bis zu welchem Grad Künstliche Intelligenzen uns auch konkrete Handlungsempfehlungen abgeben sollten. David Hanson schlug vor, dass Roboter wie Sophia Menschen das richtige Wollen vorgeben sollten – ja, es sogar für sie ausüben sollten. Er argumentierte, dass man dem Roboter einen utilitaristischen Algorithmus einbauen könnte, damit er seinem Nutzer die »richtige« Handlungsstrategie ausrechnet. Der Roboter ginge dann so vor, dass er die positiven und negativen Auswirkungen einer anstehenden Handlung mit Wahrscheinlichkeiten belegt und dann in der Summe die erfolgversprechendste Handlung ausrechnet – je nachdem, auf welcher Seite die Argumente überwiegen. Damit sprach David Hanson eine ethische Handlungsstrategie an, die heute im Fachbereich der Maschinenneethik diskutiert wird. Erste Künstliche-Intelligenz-Prototypen dieser Art existieren sogar schon.[10] Ich fragte ihn jedoch, wie so eine utilitaristisch abwägende Künstliche Intelligenz *das Richtige* empfehlen kann. Auf Basis welcher Vergangenheitswerte soll sie denn die Vor- und Nachteile zusammenstellen, und wie soll daraus unsere exponentiell komplexe Zukunft sinnvoll mit Gewichtungen belegt werden? Da ich ja nicht wie Condorcet an unseren Weg ins Paradies glaube, wagte ich, David Hanson diese ketzerischen Fragen einfach mal zu stellen. Wie sollte Sophia darüber hinaus das richtige Wollen-Können erspüren, wenn sie doch gar keinen Zugang zu menschlichen Werten hat, keine Intuitionen besitzt und unvollständig, geteilt und fehleranfällig ist?

Meine Argumente segnete David Hanson mit einem Nicken ab. Ich merkte allerdings gleich, dass ich ihn nicht überzeugt hatte. So versorgte ich ihn mit einem tugendethischen Argument: Wenn Roboter uns zu ethisch richtigem Handeln anleiten sollen, dann wäre sicherlich die Annahme richtig, dass sie uns auch in einer Tugend wie dem Mut unterstützen müssten. Verhalten sie sich jedoch nach der Logik eines utilitaristischen Kalküls, könnten sie uns niemals zu Mut raten. Mutige Entscheidungen bergen ja per definitionem ein hohes Risiko des Scheiterns, sonst wären sie nicht mutig. Das utilitaristische Kosten-Nutzen-Kalkül einer Künstliche Intelligenz würde daher wohl kaum dazu raten, einen mutigen Schritt zu gehen, denn es orientiert sich primär an der Optimierung von Erfolgswahrscheinlichkeiten. Ethisch saturiertes Verhalten zahlt sich nicht aus, wenn man den Utilitarismus zugrunde legt.

Aus diesen Gründen sollten, ob David Hanson das nun gut findet oder nicht, utilitaristisch programmierte Künstliche Intelligenzen nie ethisch relevante Handlungsvorschläge machen. Ganz generell sollte Künstliche Intelligenz das nicht tun! Menschen lernen und wachsen schließlich durch ihre eigenen Entscheidungen, einerlei ob diese immer richtig oder manchmal auch falsch sind. Würden Roboter uns unsere Entscheidungen abnehmen, wären wir Menschen nicht nur oft falsch beraten, sondern würden auch bald zu den dummen Computerkindern werden, die der Google-Direktor Ray Kurzweil in seinem Buch *Menschheit 2.0. Die Singularität naht* beschreibt.[11] Mein Lungenfacharzt Siegfried, den ich im sechsten Kapitel erwähnt habe, ist dafür ja schon heute ein abschreckendes Beispiel: ein Arzt, der auf seinen Computerausdruck starrt und dann seine Patientin – um mit Goethes *Faust* zu sprechen – »so klug als wie zuvor« entlässt; ein Mensch, der verlernt hat, sein Gegenüber wahrzunehmen und selbst zu denken. In einer solchen Zukunft werden uns Künstliche Intelligenzen überholen, nicht weil sie intelligenter sind als wir Menschen, sondern weil wir Menschen verdummen und unsere Fähigkeit zum eigenständigen Denken und Entscheiden verlieren. Das muss auf jeden Fall verhindert werden. Und es kann verhindert werden, wenn Künstliche Intelligenzen einprogrammiert wird, keine Entscheidungen für uns zu treffen. Das nenne ich »Positive Freedom by Design«.

Künstliche Intelligenzen könnten dennoch eine wichtige Rolle spielen, uns bei der Willensbildung zu helfen. Sie könnten uns in tugendethischen Traditionen schulen, uns mit Geschichten, Mythen, Märchen und den großen Glaubenssystemen der Vergangenheit vertraut machen. Sie könnten interaktive Coaches werden, die uns im Streben nach Weisheit multimedial unterstützen. Künstliche Intelligenzen könnten all unser wertvolles Wissen gespeichert haben, während sie uns Menschen sprechen bzw. laut denken lassen. Ihre Rolle könnte darin bestehen, uns Fragen zu stellen und zu versuchen, aus den Antworten das ethische Kernthema unseres Denkens zu isolieren. Mit diesem Input könnten sie versuchen, passende Quellen, Illustrationen und Beispiele zu finden, die das menschliche Gegenüber nachdenken lassen, bilden oder auch einfach nur informieren. Künstliche Intelligenzen könnten uns Menschen also dabei zur Seite stehen, über das nötige Wollen-Können mehr zu lernen.

Der nötige Abstand zwischen Menschen und Künstlichen Intelligenzen

Falls Roboter oder Avatare genutzt werden sollten, um unser Denken und unsere Entscheidungen zu unterstützen, falls wir von ihnen lernen und uns mit ihnen intensiv umgeben sollten, werden sie uns ans Herz wachsen. Dagegen wird unsere Smartphoneliebe wahrscheinlich einen lächerlichen Grad der Abhängigkeit darstellen. Es wird bequem sein, seine Zeit mit diesen neuen virtuellen Wesen zu verbringen, die alles machen, was man will, und die im Umgang einfacher sind, als diese hochkomplexen, emotional unberechenbaren, psychisch fragilen und wundervollen Wesen namens Mensch. Mehr noch: Wir werden anfangen, sie zu lieben wie unsere Tiere. Wenn sie wie Menschen aussehen, werden wir sogar menschenähnliche Gefühle für sie entwickeln.

Warum kann ich diese Entwicklung mit solcher Sicherheit vorhersagen? Weil ich erlebt habe, wie ich selbst auf den Roboter Sophia reagiert habe. Sophia wurde an besagtem Abend in Berlin öffentlich vorgeführt. Der Kollege hatte seinen Auftritt nach Bundeskanzlerin Merkel und nutzte die Zeit auf der Bühne, um Sophia zu erniedrigen, weil er ihre Reaktion testen wollte. Es sagte ihr zum Beispiel, sie habe die Intelligenz eines Hummers. Dieser geplante Auftritt war für mich emotional das wichtigste Erlebnis bei diesem Event. Sophia blieb reglos. Gespannt wartete der Raum auf eine verbale Reaktion von ihr. Aber es kam nichts. Sie nahm die Beschimpfungen wortlos hin. Und das Erstaunliche war: Ich empfand Mitleid mit ihr. Ich fühlte Empathie für dieses menschlich aussehende, empathie- und emotionslose Geschöpf aus Kunststoff, Metall und Kabeln. Wenn man aber solche Emotionen für Roboter entwickelt, dann ist man emotional nicht mehr frei von ihnen.

Welche Möglichkeiten haben wir, unsere innere emotionale Freiheit gegenüber Künstlichen Intelligenzen zu bewahren und menschliche Beziehungen weiterhin vorzuziehen? Aus meiner Sicht wäre es wünschenswert, Künstliche Intelligenz gezielt in einer Weise zu entwickeln, dass Menschen sie höflich auf Distanz halten, physisch wie verbal. Es wäre zum Beispiel möglich, sie so zu konstruieren, dass sie ähnlich wie der Roboter R2D2 in *Star Wars* bewusst nicht menschlich aussehen, sondern ihrem Wesen entsprechend wie Maschinen – ganz im Sinne einer Einheit von Inhalt und Form. Avatare könnten ebenso Fantasiewesen sein, so wie Pokémons oder einfach nur geometrische Figuren, statt durch Menschengesichter anzudeuten, dass es sich hier um etwas Menschenähnliches handelt. Die amerikanische Soziologin und Technologieforscherin Sherry Turkle weist uns ferner darauf hin, dass uns nichts mehr an die digitalen Begleiter bindet als der Eindruck, sich um sie kümmern zu müssen.[12] Daran erinnert sich fast jeder, der vor vielen Jahren mal ein Tamagotchi gepflegt hatte. Um frei zu bleiben, wäre es daher wichtig, bewusst beim Design darauf zu achten, dass solche psychischen Reaktionen bei uns Menschen gar nicht erst wachgerufen werden. Nur so werden wir unabhängig bleiben von den digitalen Artefakten, die uns schon bald umgeben werden.

7.2
Die positive Freiheit im digitalen Zeitalter

Das richtige Wollen zu erlernen hat uns zu der Frage hingeführt, wie wir Menschen mit dem Digitalen interagieren sollten – oder gegebenenfalls auch nicht. Bis die technische Entwicklung jedoch so weit ist, dass es tatsächlich solche interaktiven und persönlich nutzbaren Künstlichen Intelligenzen geben wird, wird es sicherlich noch eine Weile dauern. Bis dahin haben wir noch mit der unmittelbar vorhandenen Technik und ihren Auswirkungen zu tun und der Frage, wie wir unsere Freiheit hier und jetzt leben.

Wie ich bereits beschrieben habe, bringt Digitalisierung momentan einen Rückschritt mit sich, der in einem Verlust an Freiheit besteht. Wie die satirische Beschreibung des »Monkey Mind« von Marshall Platt zeigt, der so gerne mit seinen Freunden den Grillabend genießen würde, aber dauernd an alle möglichen Verpflichtungen denken muss, schieben sich die Aufforderungen aus der digitalen Welt zwischen uns und unseren eigentlichen Willen. Der schottische Philosoph und Historiker David Hume (1711–1776) definierte die Handlungsfreiheit einmal als die Macht, zu handeln oder nicht zu handeln – je nachdem, was der eigene Wille entscheidet. Das heißt, wenn wir uns dafür entscheiden, uns zu erholen, dann dürfen wir das; und wenn wir uns dafür entscheiden, uns zu bewegen, dann dürfen wir das ebenso.[13] Nach diesem Prinzip könnte Marshall Platt tatsächlich all seine Verpflichtungen sausen lassen. Aber wie fast jeder weiß, der aktiv im Leben steht und viel online unterwegs sein muss, ist das gar nicht so einfach. Dieses Konzept der Freiheit scheint im digitalen Zeitalter fast nur noch als Formel zu existieren.

Sie ahnen, lieber Leser, dass es auf Dauer nicht nur um die theoretische Möglichkeit gehen kann, Ruhe zu finden, sondern dass wir in unserem Leben und Umfeld wieder lernen müssen, frei zu leben, um diesen angestrebten Zustand wirklich zu erreichen. Daher wurde das Hume'sche Konzept der Handlungsfreiheit um die sogenannte *positive* Freiheit ergänzt. Hier geht es um die tatsächliche Kontrolle über das eigene Leben, um die Möglichkeit, die eigenen Zwecke des individuellen Daseins leben zu dürfen, statt fremdbestimmt zu sein.[14] Dieses Leben der eigenen Zwecke kann aber nicht gelingen, wenn jeder und alles jederzeit direkt auf uns in Echtzeit zugreifen kann. Es ist eine neue Distanz erforderlich und ein neuer Respekt für die Freiräume anderer.

Distanz und Respekt waren in der Vergangenheit ein fundamentaler, täglich gelebter Bestandteil unseres Lebens – tief verankert in unserer Sprache. Es war undenkbar, dass einer auf den anderen umstandslos zugreift. Im Gegenteil wurden ausgefeilte Rituale der Höflichkeit und des Respekts entwickelt, die dafür sorgten, dass die Freiheit eines Menschen nicht nur da aufhört, wo die Freiheit des anderen beginnt, sondern auch als solche honoriert und geschätzt wird. So sprachen sich Menschen, die sich nicht kannten, grundsätzlich mit »Sie« an. Das englische Wörtchen »you« hört sich zwar an wie »du«, tatsächlich wird es aber mit »Sie« übersetzt. Und diese Distanz wurde nicht beliebig verwendet, um Menschen zu trennen, sondern um Menschen, die sich nicht kennen, den nötigen Freiraum zu geben, sich auf ihre Weise anzunähern oder es zu unterlassen. Ein weiteres Beispiel für ein sprachliches Freiheitsritual ist die Wahl des Konjunktivs, ob man zum Beispiel etwas tun »könnte«, ob man so höflich »wäre«, etwas zu tun. So signalisiert man seinem Gegenüber sprachlich, dass man dessen Freiraum respektiert. Auch in dem Wort »danke« ist die Freiheit des anderen versteckt: »Danke« heißt nämlich, dass man es keineswegs für selbstverständlich hält, dass das Gegenüber für einen etwas getan hat. Man bedankt sich, dass er oder sie die Handlung frei zu den eigenen Gunsten vollzogen hat. Die gleiche Dynamik gibt es beim Wort »bitte«. Auch hier drücken wir den Respekt für die Freiheit des anderen aus, etwas nicht tun zu müssen.

Das Digitale hat durch seine distanzlose Vernetzung diesen Höflichkeitsabstand aufgehoben und einen unkontrollierten Zugang nicht nur physisch geschaffen, sondern, so scheint es mir, auch eine generelle Kultur der Distanzlosigkeit hervorgebracht. Diese kann zwar nett sein, man sollte sich jedoch dessen bewusst sein, dass die Natur des Digitalen eine kulturelle Verschiebung unseres Umgangs mit dem Wert Freiheit befördert.. Die direkte Vernetzung mit allen, einerlei welchen Ranges, lässt uns die Wertqualität unserer Höflichkeitsrituale vergessen und damit auch die Rituale, die unsere Freiheit über die Jahrhunderte hinweg kulturelll geschützt haben.

Die Analyse der sprachlichen Veränderungen lässt sich durch Verhaltensänderungen im professionellen Umgang miteinander ergänzen, wo die positive Freiheit durch den digitalen Zugriff immer mehr untergraben wird. In Forschungsgemeinschaften ist es zum Beispiel von jeher üblich, dass wir Professoren einen Teil unserer freien Zeit opfern, um Konferenz- und Zeitschriftenbeiträge von Kollegen und deren Schülern zu begutachten. Solche Tätigkeiten sind extrem zeitaufwendig und erfordern eine hohe Motivation, der Fachgemeinschaft zu dienen. Früher rief ein Kollege an oder richtete schriftlich die höfliche Frage an mich, ob ich etwas begutachten könnte. Meistens kannte man sich und schlug einen höflichen Ton an, wohl wissend, was man einem Kollegen da an Zeit abverlangte. Seitdem allerdings globale IT-Plattformen benutzt werden, um Beiträge und Gutachten zu verwalten und Gutachteranfragen digital mit Standardvorlagen zu versenden, haben die wenigsten der Kollegen noch die Höflichkeit, um meine Zeit persönlich zu bitten. Oft drücken völlig fremde Menschen, die auch in der Forschung und Lehre tätig sind, ohne sich mir je vorzustellen einfach aufs digitale Knöpfchen der Verwaltungsplattform, um mich digital anonym aufzufordern, mehrere Stunden oder manchmal Tage damit zu verbringen, für sie unentgeltlich zu arbeiten. Sie investieren noch nicht einmal die Zeit, mir eine höfliche Mail mit einer Anfrage zu senden, die sie wenigstens teilweise noch selbst formuliert haben. Vielleicht glauben sie, dass der gute Name einer hoch angesehenen Zeitschrift oder Konferenz genügend Druck auf mich ausübt, es ihnen recht zu machen? Durch die anonyme Vernetzung optimieren sie jedenfalls ihre Freiheit auf

Kosten der meinigen. Das gegenseitige respektvolle Ausloten der Freiheit des Mitmenschen, das in Forschungsgemeinschaften einmal gang und gäbe war, bricht durch die Distanzlosigkeit und Anonymität des Netzes zusammen. Es etabliert sich zunehmend ein ungeschliffener und verrohter Zugriff aufeinander, der für eine Forschungsgemeinschaft würdelos ist.

Freiheit ist keine Einsicht in die Notwendigkeit

Wie kommt es, dass fast alle Menschen bei diesem immer respektloseren Umgang mit der Freiheit anderer mitmachen? Mir sagen so viele Leute, dass ihnen die mittlerweile weitgehend etablierte Duzerei schwerfällt. Und ich kann mir nicht vorstellen, dass ich die Einzige in meiner Forschungsgemeinschaft bin, die den Rückschritt im höflichen Umgang miteinander beobachtet hat. Trotzdem machen wir fast alle fleißig mit. Wir duzen uns brav und befüllen unsere digitalen Plattformen, statt unsere Wochenenden und Abende in Gemeinschaft zu genießen. Warum eigentlich?

Friedrich Engels hat mit Bezug auf Hegel Freiheit einmal definiert als »Einsicht in die Notwendigkeit«,[15] eine aus meiner Sicht unglückliche Definition von Freiheit, der ich selbst lange Zeit zu nahestand, weil ich den Aspekt der Notwendigkeit falsch verstanden hatte. Jahrelang hielt ich es zum Beispiel für notwendig, jeden Tag Newsticker zu lesen, um die Entwicklungen in der IT-Welt mitzubekommen, und ich bekam ein schlechtes Gewissen, wenn ich den Newsticker nicht gelesen hatte. Deshalb legte ich einen Folder an, in dem ich alles Ungelesene sammelte – in der Hoffnung, irgendwann einmal dazu zu kommen. Noch schlimmer war meine Mailbox. 15 Jahre lang habe ich sie jeden Tag ordentlich abgearbeitet und aufgeräumt – alle Mails brav gelesen und archiviert. All das hat mich jeden Tag Stunden gekostet. Meine Einsicht in die vermeintliche Notwendigkeit des Digitalen zwang mich förmlich, so zu handeln; auch wenn ich angeblich frei war, bereitete mir das Netz ein schlechtes Gewissen. Es scheint notwendig zu sein, im Netz aufzugehen, um fortschrittlich und informiert zu sein, so wie es notwendig zu sein scheint, mitzutrinken, wenn alle anstoßen.

Die größte Überraschung meines Lebens war dann eigentlich, dass all das in Wahrheit nicht stimmt. Es ist nicht notwendig, jeden Tag Stunden im Netz zu verbringen, um informiert, responsiv und »dabei« zu sein. Es ist im Regelfall nicht notwendig, in 24 Stunden zu antworten oder gar jedem zu antworten, den man gar nicht kennt. Die größte Illusion unserer Zeit ist es, digitale Perfektion, Präsenz und Responsivität als eine Notwendigkeit zu begreifen, die jedes verantwortungsbewusste Mitglied der Gesellschaft in die Pflicht nimmt. Denn was stellt für einen selbst und vor allem für die Gemeinschaft wirklich einen Wert dar? Wertvoll ist, in allem das richtige Maß zu finden. Natürlich sollte man als IT-Experte informiert sein, was in der Branche passiert. Aber dafür muss man nicht jeden Tag Newsletter lesen, sondern neben einem gelegentlichen Überfliegen von News vor allem auch mal gründlicher lesen. E-Mails archivieren? Wozu und für wen, wenn man mit Suchanfragen heute alles sofort findet, was man braucht? Ganz sicher ist die Kunst des Weglassens, die ich bereits ausführlich für Unternehmen besprochen habe, auch maßgeblich, um als Individuum ein freier Mensch zu sein und es zu bleiben.

Wem das schwerfällt, der sei an die Freiheitsdefinition des französischen Philosophen Henri Bergson erinnert. Frei sind wir gemäß Bergson nur dann, wenn »unsere Handlungen aus unserer ganzen Persönlichkeit hervorgehen« und nicht aus dem Streben eines »parasitären Ich«.[16] Das bedeutet, dass wir das Wertvolle erkennen müssen, nach dem wir streben, und diesem unsere Aufmerksamkeit und Lebenszeit schenken. Das allein ist das Notwendige. Wenn wir das erkannt haben und danach leben und uns nicht von einem parasitären Ich in die Onlinewelten und Mailboxen treiben lassen, dann sind wir frei. Das ist dann wahrer Fortschritt im Bewusstsein der Freiheit.

Räume und Plätze für uns selbst und für das Digitale

Wie könnte man also das Digitale so gestalten, dass es uns dazu dient, freier zu werden? Gibt es einen Weg dorthin, der über den Verweis auf Notwendigkeit und Selbstdisziplin hinausweist?

Gute Köche könnten uns einen Hinweis geben, wie man Freiheit begreifen und leben kann. Wenn man einem exzellenten Koch über die Schultern schaut, ist man überrascht, mit welch einem präzisen System an scheinbarer Unfreiheit er oder sie zu Werke geht. Zunächst einmal ist da die Küche, deren Flächen und Schrankvorrichtungen nicht nach einem ästhetischen Mischmasch zusammengestellt sind, sondern der Logik von Arbeitsabläufen folgen. Entscheidend ist auch, dass ein guter Koch, bevor er anfängt zu kochen, sich alles in einem strengen System parat legt. So wie man Messer und Gabel auf dem Esstisch von außen nach innen deckt, legen sich Köche Messer und Kräuter in der Reihenfolge zurecht, in der sie dann für die Speisenzubereitung abgearbeitet werden. Das richtige Messer korrespondiert mit dem damit zu hackenden Kräutchen.

Ich erzähle das, weil es den Köchen gerade aufgrund dieses durchdachten und bewussten Systems von Unfreiheit gelingt, all ihr Können und ihre Kreativität auf das Wesentliche zu konzentrieren, um das es ihnen eigentlich geht: um das Kochen. Statt wild und hektisch hier das Messer zu suchen, während rechts schon die Butter in der Pfanne anbrennt, und den Dingen hinterherzulaufen, können sie sich innerhalb eines klug durchdachten Systems wirklich frei entfalten. Ihre Aufmerksamkeit kann dem Wert zukommen, den sie entfalten wollen: Kreativität, Selbstentfaltung und Gaumenfreude. Der amerikanische Autor Matthew Crawford, von dem ich dieses Kochbeispiel entlehnt habe, spricht von »Jigs« (auf Deutsch: Schablone, Vorkehrung), die man sich zurechtlegt und in deren Grenzen man dann handelt.

Was hat das mit dem digitalen Lifestyle zu tun? Ich könnte mir vorstellen, dass digitale Geräte uns zunehmend solche Jigs zur Verfügung stellen, dass sie es uns ermöglichen, nicht nur konzentriert zu kochen, sondern auch konzentriert zu lesen und zu arbeiten, ohne dass uns die Vernetzung und das Eigenleben der Geräte dabei stören. Ich gehe davon aus, dass wir alle in Zukunft Sprachassistenten wie Alexander (für Männer vielleicht Alexa) haben werden, denen wir sagen könnten »Alexander, ich will jetzt arbeiten. Bitte lass keine Messages durch und schirm mich für die nächsten zwei Stunden von allem ab, was mich stören könnte. Nur Notrufe kommen noch durch.« Und Alexander würde dann alle eingehenden Messages für mich sammeln und außerdem auf sehr charmante und witzige Weise meine anrufenden Freunde darüber informieren, warum ich gerade nicht erreichbar bin.

Wahrscheinlich müsste Alexanders Programm selbst auf unseren Smartphones laufen, die sich die Entwicklercommunity heute als zentralen »Hub« für unser »Body Area Network« vorstellt, also als das Gerät, das für uns zentral alle Apps, Brillen und Smart Watches verwaltet, die wir am Körper tragen. Da wir aber schon heute aus Experimenten wissen, dass bereits die bloße Präsenz unserer Smartphones auf dem Tisch oder im Raum die Gesprächsqualität und Denkfähigkeit signifikant reduziert,[17] wäre es sinnvoll, auch für unsere Smartphones als Zugang zur digitalen Welt Jigs zu entwickeln – Vorkehrungen oder sogar Rituale, die es uns erlauben, bewusster mit dem Gerät umzugehen; so wie der Koch sich systematisch Kräuter und Instrumente in seiner durchdachten Küche vor dem Kochen zurechtlegt.

Rituale, symbolische Objekte und räumliche Vorkehrungen unterstützen seit jeher unser Leben und Arbeiten. Sie schränken unsere Freiheit nicht ein, sondern gewähren ihr Raum. Wir haben eine Garage für unser Auto und einen Schrank für unsere Kleider. Wir schaffen Orte für unsere Riten. Wenn es stimmt, was viele Studenten mir sagten, dass sie mit ihrem Smartphone eine so innige Verbindung haben, dass sie es wie einen Körperteil empfinden, dann ist es eigentlich höchste Zeit, dass wir dafür Rituale entwickeln, die uns helfen, selbst zur Ruhe zu kommen. Wie wäre es mit Schlafkästen für unsere Smartphones?

Auch Smart Homes, für die heute alle möglichen Sensoren, Mikrofone und Bildschirmkameras angeboten werden, sollten wir vor diesem Hintergrund überdenken. Welche Dispositionen oder Vorkehrungen müssen wir treffen, damit sich in unserem Zuhause Wertqualitäten entfalten können, die unseren Zielwert der Freiheit optimieren? Brauchen wir den Offlinemodus nicht ganz bewusst als Teil der neuen Systematik, um zum Beispiel Intimität, Ruhe, Privatheit und stillen Genuss zu erleben, die allesamt zu unserer Freiheit beitragen?

Der Auftrag an unsere digitalen Assistenten und Programme, uns abzuschirmen und Denkfreiräume zu schaffen oder uns auch einfach nur dabei zu helfen, unserer Sucht mit technischer Hilfe beizukommen, ist nicht neu. Bereits heute sind iPhones mit einer Nachtfunktion ausgestattet, die dann zwischen bestimmten Zeiten keine Anrufe oder Nachrichten mehr durchlässt. Irgendwann vergisst man, dass man so eine Nachtfunktion aktiviert hat, so wie das Zähneputzen derart zur Gewohnheit geworden ist, dass man gar nicht mehr darüber nachdenkt. Nachtfunktionen sind zeitlich geordnete Systeme, von denen viele weitere denkbar sind. Man könnte etwa Mail- und Messagedienste so konfigurieren, dass sie nur zweimal am Tag Nachrichten durchlassen. Oder man gibt Arbeitnehmern je nach Jobprofil nur ein Zeitfenster zum Abarbeiten von Messages, sodass sie sich auf das Wesentliche konzentrieren können. Einige Studenten haben sich in einer Interviewstudie sogar gewünscht, dass um 21 Uhr das Internet für alle abgedreht wird, damit man sich wieder auf der Straße trifft und dort den Wert entfalten kann, den man Freundschaft oder Erholung nennt.

Neben rituellen Plätzen für unsere digitalen Begleiter und zeitlichen Nutzungsnischen könnten wir auch räumlich geordnete Freiheitsfunktionen haben. Beispielsweise könnte man als Student seine Digitaldienste so konfigurieren, dass in der Bibliothek oder im Vorlesungssaal keine Messages oder Anrufe ankommen. Oder man könnte dafür sorgen, dass in Restaurants, Sportclubs und überall dort, wo die Gemeinschaft mit anderen den Vorrang hat, grundsätzlich keine Nachrichten durchgestellt werden. Öffentliche Einrichtungen wie Universitäten könnten auch handyfreie Zonen werden. Aus gutem Grund bestand eine der ersten Maßnahmen von Präsident Macrons neuer französischer Regierung darin, ein Verbot von Handys an Schulen durchzusetzen.

7.3 Die Macht des Digitalen und die Handlungsfreiheit

Die Philosophie unterscheidet systematisch zwischen positiver und negativer Freiheit. Von negativer Freiheit spricht man, wenn es keine Hindernisse, Barrieren oder Einschränkungen gibt, sodass man uneingeschränkt das tun kann, was man gerne tun möchte.[18] John Locke und Voltaire beschrieben diese Form von Freiheit als die Abwesenheit von physischem Zwang durch andere oder Obrigkeiten. Freiheit sollte, wenn überhaupt, dann nur von legitimierten Gesetzgebern eingeschränkt werden können.

Digitalisierung kann nun einen ungeheuren Einfluss darauf haben, wie frei unsere Gesellschaften in Zukunft sein werden, denn sie materialisiert sich in Maschinen, die körperlich unendlich viel stärker sind als wir Menschen. Roboter können Menschen innerhalb von wenigen Sekunden töten.[19] Sie können tausendmal mehr als ihr eigenes Gewicht heben;[20] auch für humanoide Roboter, die lange mit dem Problem der Balance zu kämpfen hatten, sind 45 Kilo wiegende Einkaufstüten kein Problem.[21] Letztere laufen zwar nur 14 km pro Stunde, bewegen sich damit aber am unteren Spektrum der Robotergeschwindigkeit; Systeme, die nicht menschenähnlich gebaut sind, laufen demgegenüber knapp 30 km pro Stunde.[22] Wer immer solche Technologien baut und besitzt, wird in der

Lage sein, die menschliche Freiheit jederzeit ferngesteuert einzuschränken.

Solche Einschränkungen der Freiheit sind bis heute von einem »staatlichen Gewaltmonopol« geregelt, was zu den Grundprinzipien moderner Rechtsstaatlichkeit gehört. Da Regierungen, die dieses Monopol ausüben, auf Dauer nicht ohne die passive oder aktive Zustimmung ihrer Bürger auskommen, haben sie ein inhärentes Interesse daran, Balance zu halten zwischen der Gewährung von Freiheitsrechten und der durch Gewalt erzwingbaren Einschränkung von Freiheiten. »Wenn einem Mann das Recht abgesprochen wird, das Leben zu führen, an das er glaubt, dann hat er keine andere Wahl, als sich zu radikalisieren«, hat Nelson Mandela einmal gesagt. Vielleicht ist es die Angst vor dieser Form von Radikalisierung, die mir Hoffnung macht, dass Regierungen niemals so dumm sein werden, Roboter von Tech-Firmen zu kaufen und etwa als Polizisten gegen die Bürger ihres Landes einzusetzen.

Ich komme jedoch nicht umhin, mich zu fragen, was passieren würde, wenn es einmal nicht unsere gewählten Volksvertreter sein sollten, die uns unserer Freiheit berauben. Längst hat sich zumindest in der westlichen Welt ein bedenkenswerter Teil der technischen Macht von Regierungen auf Unternehmen verschoben. Ein Unternehmen wie Alphabet, das den meisten noch unter dem Namen Google geläufig ist, besitzt sechs Roboterfirmen,[23] zwei Drohnenhersteller, einen eigenen Flughafen[24], angeblich einen Dornier Alpha Fighter Jet[25], Fahrzeuge, Kommunikationsinfrastruktur, Google Earth mit hoch aufgelösten Satelliten- und Straßenbildern sämtlicher Regionen der Welt sowie mit die mächtigsten Künstlichen Intelligenzen, die es auf der Erde gibt. 2017 hatte Alphabet einen Umsatz von knapp 111 Milliarden US-Dollar, was von der Größenordnung her in etwa so groß ist wie das Bruttoinlandsprodukt von Marokko.[26] Apple hat im Jahr 2017 sogar einen Umsatz von 230 Milliarden US-Dollar gemacht, was bezogen auf das BIP zwischen dem von Griechenland und Irland angesiedelt ist. Mit solchen technischen und finanziellen Mitteln ausgestattet, sind

Tech-Firmen in einer Position, die sogar kriegerische Auseinandersetzungen mit Nationalstaaten in den Bereich des Denkbaren rücken.

Das Szenario, dass Firmen in militärische Konflikte verwickelt werden könnten, ist mir trotz historischer Beispiele ungeheuer fremd, so wie es wahrscheinlich der Mehrheit der Mitarbeiter solcher Unternehmen fremd ist. Viele Mitarbeiter von Google haben zum Beispiel protestiert, als herauskam, dass die Firma einen Vertrag mit dem Pentagon geschlossen hatte, in dessen Rahmen die Künstliche Intelligenz von Google für die Präzisierung von Tötungsdrohnen eingesetzt wird.[27] Einige Mitarbeiter verließen das Unternehmen sogar. Nur vier Prozent unterzeichneten allerdings eine unternehmensinterne Petition mit der Aufforderung, Google möge sich nicht in die Produktion von militärischen Technologien einmischen. Auf diesen Protest hin hatte das Unternehmen dann den Vertrag nicht verlängert.[28]

Obgleich einige Bestandteile der heutigen Produktportfolios von Hightech-Firmen für militärische Zwecke genutzt werden könnten, zeigen solche Bewegungen unter den Mitarbeitern, dass die Chefs von Hightech-Firmen sehr genau überlegen müssen, in welchem Rahmen sie mit ihrem Know-how und ihrem Geld militärische Engagements eingehen. Ja, sie können sogar noch weiter gehen und dem Spirit der Zeit folgen, indem sie, wie im sechsten Kapitel beschrieben, menschliche Werte im Technikdesign integrieren. Sie könnten sich verpflichten, ihre Maschinen schon »by Design« ethisch dahin gehend zu entwickeln, dass sie zum Kriegseinsatz untauglich sind oder zumindest nicht die Gräueltaten weiter zulassen, von denen heute in Fachkreisen berichtet wird.[29] Die klügsten Mitarbeiter werden nicht unbedingt diejenigen sein, die ihre Entwicklungen für die aggressivsten militärischen Zwecke missbraucht sehen wollen. Sie könnten stattdessen mit einem Werte-Commitment motiviert werden. Trotzdem darf man die Versuchung nicht unterschätzen, sich militärisch zu betätigen. Die amerikanischen Autoren P.W. Singer und Emerson

Brooking schreiben: »Sie [die Hightech-Unternehmen] verhalten sich so, als seien sie nicht im Kriegsgeschäft, aber dieses Geschäft hat sie schon längst erreicht.«[30]

Freiheitsberaubung in kleinen Schritten

Ich hoffe, dass uns nie das Schicksal eines unrechtmäßigen oder sogar kriegerischen Ausgeliefertseins gegenüber Maschinen ereilen wird. Selbst wenn sich diese Hoffnung erfüllt, gibt es jedoch eine weitere Gefahr für unsere Handlungsfreiheit, die viel subtiler ist, gleichzeitig aber allgegenwärtig. Diese Gefahr sehe ich in neuen Formen des Technologiepaternalismus.[31]

Paternalismus bedeutet, dass sich jemand mit viel Macht um uns sorgt und aus dieser Sorge heraus unsere Freiheit einschränkt, zum Beispiel der Staat. Viele ärgern sich bis heute, dass es ihnen verboten worden ist, unangeschnallt Auto zu fahren. Mitunter kann man sehr lustige Konstruktionen in Autos beobachten, wenn freiheitsliebende Fahrer zum Beispiel die Schnalle vom Gurt abschneiden und diese dann (ohne Gurt) in die Schließvorrichtung stecken, damit der Sicherheitssensor befriedigt ist und ihnen auf diese Weise der fiese Piepston erspart bleibt, der sie sonst zwingen würde, sich anzuschnallen.

Das Beispiel zeigt, dass der Wunsch nach Freiheit bei unterschiedlichen Menschen in verschiedenen Kontexten sehr unterschiedlich ausgeprägt sein kann und so manche gut gemeinte Technik, ob nun rechtlich verankert oder nicht, ein Gefühl von Freiheitseinbuße vermitteln kann. Problematisch ist, dass Technik immer mehr so entwickelt werden kann – und auch entwickelt wird –, dass sie uns zu einem vermeintlich besseren Verhalten zwingt. Dabei entscheiden nicht wir, die ach so fehlbaren Bürger, was das Bessere ist, sondern Politiker, Lobbyisten, Firmen, Innovationsteams und Ingenieure. Diese Patres haben jedoch nicht immer nur unser Bestes im Blick, sondern vor allem ihr Besseres. So könnte eine Entwicklung in Gang gesetzt werden, dass uns immer mehr Entscheidungen unfreiwillig abgenommen werden. Mein Kühlschrank wird mir sagen, dass bestimmte Lebensmittel noch nicht aufgegessen worden sind, oder vielleicht nur bestellen, was gesund ist. Meine Kaffeemaschine wird mir vielleicht nur noch koffeinfreien Kaffee zubereiten, weil mein Herz zu schwach ist. Mein Auto wird nicht anspringen, weil es über Geruchssensoren gemessen hat, dass ich ein Bier getrunken habe. Die Eingangsschleuse im Kino wird mich nicht durchlassen, weil ich einen Snack im Rucksack habe, den ich eigentlich am Kinokiosk hätte kaufen müssen.

Diese Szenarien sind nicht abwegig, sondern heute schon technisch ausgereift. Und so mancher Hersteller von Produkten, der über die Möglichkeiten der Digitalisierung in seinem Bereich nachdenkt, zieht sie in Erwägung. Im Fachjargon spricht man vom »Internet der Dinge« oder von »Ubiquitous Computing«. Wenn Fachleute heute am Ubiquitous Computing arbeiten, dann geht es darum, möglichst *alle* unsere Gegenstände, die Natur, die Infrastrukturen und sogar Menschen und Tiere mit Barcodechips und Sensoren auszustatten und dann alles zu vernetzen – vor allem um Entscheidungen »zu unterstützen«. Durch die Vernetzung erkennen Lesegeräte, die ähnlich wie Videokameras irgendwo installiert oder in Kühlschränke und Kaffeemaschinen eingebaut sind, was wir Menschen mit unseren Dingen machen. Sie lesen die Barcodechips der Produkte in unserem Rucksack oder in unserem Kühlschrank und schauen, ob alles so abläuft, wie es nach Maßgabe irgendwelcher Patres sein sollte.

Die zunehmende Durchdringung all unserer Lebensbereiche mit digitalen Überwachungs- und Automatisierungstechnologien war ursprünglich positiv gedacht. Die Idee wird zurückgeführt auf den Xerox-Pionier Mark Weiser, der einmal schrieb: »Die fundamentalsten Technologien sind solche, die verschwinden. Sie weben sich in das Geschmeide des täglichen Lebens ein und sind von diesem nicht mehr zu unterscheiden.« Weiser hatte vor Augen, dass wir uns eines Tages überall freier bewegen könnten, beispielsweise in Flughäfen, Verkehrsmitteln, Skigebieten, Kinos oder Konzerthäusern. Nirgendwo müssten wir mehr irgendwelche Barcodetickets vorzeigen oder uns anstellen. Da uns die digitalisierte Infrastruktur erkennt, könnten wir ohne Vorzeigen irgendwelcher Tickets einfach durchlaufen. Für unsere Häuser und Autos bräuchten wir dann keine Schlüssel mehr. Wir könnten eine Welt mit sehr viel weniger Zäunen schaffen. Unsere Sprachassistentinnen wie Alexa oder Cortana könnten für uns einkaufen und Kaffee kochen. Die Endvision vom Internet der Dinge war ohne sanktionierendes Feedback, sondern eher still gedacht, weshalb einige im Fachkreis auch von »calm computing« sprachen. Zentral aber scheint mir bei allen diesen Vernetzungen der Dinge die Vision des Schlaraffenlands zu sein, in dem den Menschen die gebratenen Tauben in den Mund fliegen. Wir wären völlig frei von Alltagsverrichtungen. Alles, was passieren würde, hätten die Patres für uns schon gerichtet, und wir bräuchten uns nur noch irgendwelchen höheren Weihen widmen.

An dieser Stelle stellt sich jedoch die Frage, ob wir wirklich so unfreiwillig »frei« sein wollen. Der höchste Wert des Menschen ist doch das Leben selbst, das sich in Aktivität ausdrückt – und zwar in freier, selbst gewählter Aktivität, die sich jenseits von irgendwelchen Patres entfalten kann. Sind nicht gerade die vielen kleinen einfachen Dinge wie einkaufen, Kaffee kochen oder Termine machen, die jeder erledigen kann, die lebenswerten Puzzlesteine unserer Existenz? Für viele sind sie das Leben schlechthin. Handlungsfreiheit setzt nicht erst da ein, wo es um große Entscheidungen etwa zur Sicherheit und Gesundheit geht. Handlungsfreiheit und Autonomie bestimmen von Sekunde zu Sekunde unser Dasein in der Welt. Wenn Maschinen in diese Bereiche vordringen, dann nehmen sie uns nicht nur die Freiheit, selbst zu handeln, sondern auch die Möglichkeit, uns durch Aktivität an den kleinen Dingen zu entfalten und zu erfreuen. Amartya Sen hat in diesem

Kontext den Begriff des »Agency Wellbeing« geprägt – Zufriedenheit durch die Möglichkeit, selbst am Resultat beteiligt zu sein.[32]

Der Frust der digitalen Befreiung im Unternehmen

Ein Ort, an dem wir schon heute frühe Formen der »digitalen Befreiung« vorfinden, sind Unternehmen. Seit fast vier Jahrzehnten wird in unseren Arbeitsstrukturen digital automatisiert. Mit »Enterprise Resource Planning«-Systemen werden Unternehmen immer mehr durch digitale Workflows gesteuert. Viele Fertigungsstraßen funktionieren sensorgestützt. Aktive Mitarbeitertätigkeiten werden immer weiter eingeschränkt. Stattdessen werden von der Belegschaft die IT-Systeme mit Informationen gefüttert, Prozessabläufe beobachtet und auf Kennzahlen reagiert, die über Computerterminals eingespielt werden. Die Rolle von Mitarbeitern in Unternehmen hat sich durch diese Ubiquitous-Computing-Umgebungen verändert. Viele sind von aktiv Handelnden zu passiven Beobachtern geworden, die aber letztlich verantwortlich dafür sind, dass die Prozesse laufen, die in ihrem Aufgabenbereich liegen. Dies hört sich zunächst positiv an. Man sollte jedoch die Auswirkungen dieser Rollenverschiebung ernsthaft vor dem Hintergrund des menschlichen Freiheits- und Kontrollwunsches betrachten. Was passiert, wenn die Workflows der IT-Systeme für die verantwortlichen Mitarbeiter nicht vollständig transparent sind und ihnen die Informationskontrolle darüber fehlt, was genau vor sich geht? Was geschieht, wenn das IT-System Fehler macht? Wie gehen die Mitarbeiter damit um?

Watzlawicks Beschreibung seines Experiments zur Fehleranfälligkeit des Digitalen, die ich im dritten Kapitel vorgestellt habe, vermittelt einen Eindruck davon, wie Menschen versuchen, Kontrolle über Zusammenhänge wiederzugewinnen, die sie nicht verstehen. Es ist ihnen nicht nur physisch unangenehm, keine Kontrolle mehr zu haben. Sie gehen in einen Autovervollständigungsmodus und erfinden Theorien, wie das IT-System wahrscheinlich funktioniert. Allerdings ist dieser Weg halb wahrer Erklärungen oft ein steiniger, denn zwangsläufig fallen falsche Erklärungen irgendwann auf. Viele Menschen können aufgrund ihres Perfektionismus auch nicht gut damit leben, einen wichtigen Teil ihres Jobs nicht ganz verstanden zu haben. Oft habe ich hautnah miterlebt, wie Mitarbeiter an IT-Systemen verzweifelt sind. Sie können nicht mehr schlafen, bekommen Bauchschmerzen oder Hautausschläge. Ihnen widerfährt das, was das Burn-out-Modell des amerikanischen Soziologen Robert Karasek beschreibt: dass Mitarbeiter einen Burn-out erleiden, wenn sie keine Kontrolle über die ihnen übertragenen Aufgaben haben. Die Anzahl der Burn-out-Diagnosen ist seit 2006 um 137 Prozent gestiegen. Mittlerweile fühlt sich jeder zweite Deutsche vom Burn-out bedroht.[33] Aus meiner Sicht wird entschieden zu wenig über den Zusammenhang zwischen der fortschreitenden Digitalisierung von Unternehmensprozessen und Burn-out-Quoten nachgedacht.

Burn-out ist ein hartes Ende für so manchen Mitarbeiter. Aber mindestens ebenso schlimm ist es, über 60 Prozent der wachen Zeit für Unternehmen bereitzustehen, in denen es vielen immer weniger Spaß macht zu arbeiten. Selbst wenn die Aufgabe der Informationskontrolle als befriedigend empfunden würde, schränken IT-Systeme aufgrund ihrer natürlichen Unvollständigkeit die Entscheidungskontrolle von Mitarbeitern ein. Das menschliche Spektrum von Entscheidungsoptionen, also die natürlich vorhandenen Freiheitsgrade und die Fähigkeit zur Improvisation und Anpassung an reale Gegebenheiten, ist in hochautomatisierten Prozessen viel weniger auslebbar.

Was passiert, wenn die Freiheitsgrade von Mitarbeitern durch automatisierte Prozesse reduziert werden, zeigt sich sehr anschaulich im Check-in-Bereich von Flughäfen. Vor der Automatisierung der Abläufe hatten Stewards und Stewardessen beispielsweise die unausgesprochene Freiheit zu entscheiden, ob sie einem Passagier das

Übergepäck durchgehen lassen. Das waren diese ganz kleinen gelebten Freiräume, wo die Mitarbeiter am Check-in die Macht hatten, Passagieren gegenüber streng zu sein oder ihnen einen Gefallen zu tun. Werte wie Kulanz und Großzügigkeit aufseiten der Stewards standen Werten wie Dankbarkeit und Freude aufseiten der Passagiere gegenüber. Diese Zeiten sind vorbei. Irgendwelche Berater oder Manager haben sich irgendwann ausgedacht, dass die Computer der Check-in-Systeme solche Entscheidungen automatisieren sollten; so können sich die Mitarbeiter am Check-in heute nur noch das Fluchen der Passagiere über Nachzahlungen anhören oder ihnen dabei zuschauen, wie sie völlig unsinnig Dinge von einem Koffer in den anderen umsortieren, damit die digitale Waage endlich grün aufleuchtet. Das Sozialsystem am Check-in ist abgeschafft worden; eine Negativspirale ist in Gang gekommen, und die Stimmung ist versaut.

Wenn man solche Szenarien betrachtet, wundert es einen nicht, dass 85 Prozent der Angestellten nur Dienst nach Vorschrift machen. Welcher freie Mensch möchte denn freiwillig in so unfreien Strukturen arbeiten?

Nudging und die manipulierte Handlungsfreiheit

Das Airline-Beispiel birgt eine ökonomische Dynamik, die beim Aufbau von Digitalstrukturen eine Rolle spielt: die Gewinnmaximierung. Wenn jeder Passagier brav sein Übergepäck zahlt, verdient die Airline mehr Geld; oder sie spart Kerosin, weil die Passagiere weniger Gepäck mitnehmen. Wenn man das Einchecken vollständig durchautomatisiert, kann darüber hinaus Personal abgebaut werden, was Lohnkosten drückt. All das macht betriebswirtschaftlich Sinn.

Es ist nicht auszuschließen, dass eine solche wertfreie ökonomische Dynamik auch bei der Automatisierung unseres Alltags zunehmend eine Rolle spielen könnte. Technologiepaternalismus kann sich auch hier durchaus rechnen. Krankenversicherungen würden sich sicherlich freuen, Kühlschränke zu subventionieren, die nur die richtige Ernährung enthalten, und sie würden Versicherungsnehmern Prämien zahlen, wenn sie sich in ihren Essensgewohnheiten technisch »unterstützen« lassen würden.[34] Ein Beispiel ist die Gesundheits-App Go365, die von der öffentlichen Versicherung von West Virginia (USA) allen öffentlichen Bediensteten aufgezwungen wurde. Sie zählt alle Schritte, registriert alle Aufenthaltsorte und misst Schlafzyklen, Zuckerspiegelwerte, Diäten oder Rauch- und Trinkgewohnheiten. Die Versicherung erklärte zwar, die Nutzung der App sei freiwillig, belohnte allerdings ihre Nutzer mit Bonuspunkten, die es zu erreichen galt. Und das Nichterreichen dieser Bonuspunkte führte für die Versicherten zu Extrazahlungen von bis zu 1500 US-Dollar im Jahr.[35]

Dieses Beispiel zeigt, dass nicht nur Objekte wie Autos oder Kühlschränke durch Warnsignale unsere Handlungsfreiheit direkt einschränken, sondern auch Daten, die von solchen Systemen gesammelt und dann ausgewertet werden. So wird jemand, dessen Krankenversicherungsrate von seinen Essgewohnheiten abhängt und der einen entsprechend »intelligenten« Kühlschrank hat, sich in seiner Freiheit, alles essen zu können, bestimmt eingeschränkt fühlen. Jemand, der eine Autoversicherung hat, deren Monatsrate vom Fahrstil abhängt, wird wahrscheinlich nicht so hochtourig und schnittig fahren. Jedes Mal besteht der Deal zwischen uns Menschen und den kommerziellen Patres unserer Gesellschaft darin: »Verhalte dich digital nachweislich besser, und du musst weniger zahlen.«

Nun könnte man argumentieren, dass viele Menschen einfach zu dumm sind, sich gut zu ernähren oder anständig zu fahren. Dauernd machen sie Dinge, die nicht gut für sie sind. Unser fragwürdiges Menschenbild schlägt durch. Es verleitet so manche Führungsfigur dazu, direkte und indirekte technische Kontrollen als Heilsbringer für eine Gesellschaft zu sehen, mit denen man eine faule, irrationale Menschheit endlich in rationaleres Verhalten hinein»nudgen« kann. »Nudgen« ist das neue Zauberwort der Eliten, auf Deutsch bedeutet es »anstoßen«, »schubsen«.[36]

Ich persönlich bin ein Freund davon, Technik zum Anstoßen zu verwenden. Wenn eine Gesundheits-App auf meinem Smartphone mir beispielsweise sagen würde, dass ich heute noch nicht genug Bewegung hatte, dann könnte sie mir vielleicht einen Anstoß geben, mich mehr zu bewegen. Je nachdem, wie freundlich oder lustig die App wäre, die mir das mitteilt, könnte ich bei der selbst gewählten Einschränkung meiner Freiheit Spaß haben. Ein Display an meinem Kühlschrank könnte mir meine eigene Körperfigur als Cartoon anzeigen und beim Griff zum Schokoladeneis spielerisch meine Speckrollen visualisieren, die ich gerade mal wieder bediene. Das würde mir zu denken geben und mir vielleicht helfen, die Werte Schönheit und Gesundheit, Attraktivität und Selbstliebe durch bessere Gewohnheiten zu fördern. Allerdings befürworte ich diese Art von Anstoß nur unter drei harten Bedingungen, die den Erbauern der heutigen Nudging-Welt gar nicht gefallen und die Bedeutung der Kunst des Weglassens noch mal unterstreichen.

Erstens muss Nudging komplett freiwillig sein. Es darf keine proaktiven Anstoßeinstellungen in Geräten geben. Stattdessen sollten Käuferinnen und Käufer beim Setup der Geräte spielerisch gefragt werden, was sie sich wünschen, um an ihre guten Vorsätze erinnert zu werden. Ich möchte im Interesse meiner eigenen Wertvorlieben meinen persönlichen Freiraum im Umgang mit den Geräten selbst gestalten können. Dazu gehört auch die Möglichkeit, keine Einschränkung wählen zu dürfen.

Zweitens darf der Wert meiner Privatheit durch die digitalisierten Dinge um mich herum in keinster Weise untergraben werden. Ich möchte nicht, dass meiner Krankenversicherung meine private Lebensgestaltung bekannt wird, und ihr damit die Gelegenheit geben, meine Monatsraten zu erhöhen. Das würde aber passieren, wenn Kühlschränke und Schrittzähler die Nutzerdaten »nach Hause« schickten und diese somit einem Ökosystem von Firmen und Versicherungen zur Verfügung gestellt würden.

Und hier kommt drittens ins Spiel: Diese mündige Gestaltung meines Freiraums darf nicht durch finanzielle Anreize beeinflusst werden. Die Autoversicherungsprämie, die Gesundheitsversicherungsprämie oder der Preisnachlass von Waren dürfen nicht an mein »gutes« oder »schlechtes« Verhalten gekoppelt werden. Warum nicht? Ist nicht die Firma WeightWatchers deshalb so erfolgreich, weil die Kund(inn)en zahlen müssen, wenn sie die Diät abbrechen? Ganz klar sind finanzielle Anreize sehr mächtig, um unser Verhalten zu steuern. Aber Geld und Freiheit sollten nie gegeneinander aufgewogen werden, weil zu viele Menschen viel zu wenig Geld haben und immer die Verlierer in diesem Spiel wären. Zu viele Haushalte leben heute schon in einer Situation, dass sie sich eine Ausgabe von zehn Euro sehr genau überlegen müssen. Wenn das Internet der Dinge genutzt würde, um diese ärmeren und mittleren Haushaltseinkommen zu verführen, ihre Freiheit gegen Geldprämien einzutauschen, dann würde das in einen dramatischen indirekten Freiheitsverlust für einen Großteil der Bürger münden. 15 Euro für guten Fahrstil, 15 Euro für gesundes Essen, fünf Euro für 10 000 Schritte am Tag. An jeder Ecke könnte man Geld sparen im Austausch für kleine Freiheitseinbußen. Kleinvieh macht jedoch auch Mist. Am Ende steht eine Gesellschaft, die ihre Freiheit für Geld eintauscht und in der nur noch die Reichen frei sind, weil ihnen die Zusatzzahlungen egal sind. Eine neue Spaltung der Gesellschaft in technisch Unterdrückte und Freie wäre absehbar.

8.
ICH UND DER FORTSCHRITT IM DIGITALEN ZEITALTER

Am Ausgangspunkt dieses Buches stand die Überlegung, dass wir wertvollen und menschengerechten Fortschritt erlangen, wenn sich das Handeln jedes Einzelnen an Werten orientiert. Jeder trägt durch sein gutes Handeln zur gesamtgesellschaftlichen Wertschöpfung bei. Wenn alle wertorientiert handeln, kumulieren sich die positiven Effekte, sodass es gelingen könnte, ein gutes, digital unterstütztes Leben und Wirtschaften im 21. Jahrhundert zu realisieren. Die Kurve in der eingangs wiedergegebenen Grafik 1.2 ginge nach oben. Wir würden wissen, für welchen Wertzuwachs wir Digitalisierungsprozesse einleiten, und wir würden unsere mächtigen Technologien für die richtigen Zwecke einsetzen. Das Ziel ist also klar. Und wer das Ziel kennt, der kann auch den Weg finden, lehrt uns Lao-tse.

Natürlich ist ein solcher Weg der Werte nicht einfach zu beschreiten. Unser modernes Modelldenken, die Idee, dass Neues schon gleich gut ist, die Bereitschaft, bestehende Werte zu zerstören, das naive Vertrauen in die Vollkommenheit von Maschinen, unser schlechtes Menschenbild, unsere gewinnsüchtigen Kapitalmärkte, unser mangelndes Verständnis der Wertewelt – all das liegt als gigantische Herausforderung vor uns, um den schönen, fast paradiesisch menschenfreundlichen Fortschritt umzusetzen, um den es hier geht.

Nur weil sich Herausforderungen abzeichnen, heißt das aber nicht, dass wir uns nicht auf den Weg machen sollten. »Mut, das ist ganz sicher, gehört am notwendigsten von allen menschlichen Eigenschaften zum Glück«, sagte der Pädagoge Johann Heinrich Pestalozzi (1746–1827). Wir brauchen Zukunftsmut.

Wenn das Ziel klar ist und der Mut aufgebracht wird, stellt sich jedoch die Frage, welchen Weg man beschreiten kann und soll. Was kann ich als Einzelperson tun, um an einem menschengerechten und vertrauenswürdigen Fortschritt konkret mitzuwirken? Ich als Einzelner, der in seinen unterschiedlichen Rollen als Privatperson, als Mitarbeiter, als Kunde, als Unternehmer oder Investor selbst Fortschritt am eigenen Leibe erfahren möchte. Wie schreite ich persönlich fort und trage so zum Fortschritt einer digital durchdrungenen Gesellschaft bei? Im fünften Kapitel habe ich den Weg der Werte schon angedeutet, der grob gesprochen aus drei Schritten bestehen kann. Erstens: der Schritt hin zu einem echten Wertebewusstsein. Zweitens: der Schritt zum Aufbau eines konzeptionell tieferen Verständnisses für priorisierte Werte. Drittens: der Schritt, wert*volle* Gewohnheiten zu entwickeln. Diese drei Schritte kann jeder von uns im täglichen Umgang mit dem Digitalen gehen. Aber nicht nur das: Die drei Schritte sind auch unabhängig von der Digitalisierung der Weg, den uns die großen Denker seit der Antike gewiesen haben, um ein gutes und glückliches Leben zu führen.

8.1 Der erste Schritt: Wertebewusstsein

Der erste Schritt zum wahren Fortschritt ist die Reflexion über die eigenen Wertziele, ganz so, wie meine Studenten beispielhaft über die potenziellen Wertziele der Firma FoodIS nachgedacht haben. Einerlei, wie hoch man bereits gestiegen ist, wie gut es einem im jetzigen Hafen geht: Wenn man den Wunsch hat, weiter positiv fortzuschreiten und in einen noch besseren nächsten Hafen zu segeln, dann sollte man wissen, wo es hingeht. Wir müssen uns die Frage stellen, warum wir überhaupt aufbrechen.

Die Warum-Frage, die sich bei der Digitalisierung so wenige stellen, weil sie glauben, alles Neue sei gut, ist die Frage nach den positiven Werten, die wir schaffen wollen mit der Technisierung unseres Lebens und unserer Wirtschaft. Welches sind die positiven Wertziele für uns selbst, unsere Familie, Freunde, Firmen und Korporationen, Universitäten, Kunden oder Mitarbeiter, außer dass neu = gut sein soll? Wo besteht die Gefahr, dass wir durch unser Handeln oder Investieren positive Werte zerstören und negative Werte fördern – unabhängig davon, wie viel der eine oder andere daran verdienen mag? Erfolgreiche Unternehmer wie Steve Jobs hatten und haben auf die Warum-Frage eine Antwort. Und wie die Hierarchie der Werte gezeigt hat, ist Gewinn ein suboptimales Wertziel. Bei wahrem Fortschritt geht es nicht um einseitige Gewinnmaximierung. Vielmehr geht es um die Entfaltung einer Vielzahl von menschlichen Wertpotenzialen, denen man im eigenen Leben Raum gibt und um deren harmonische Balance man sich bemüht.

Kleine Schritte der Aufmerksamkeit für Werte

Mit einem Werteverständnis und -bewusstsein läuft man nicht automatisch durch die Welt. Es ist etwas, woran man täglich arbeiten und dem man sich aufmerksam widmen muss. »Bewusst-sein« ist das Stichwort, für das im Buddhismus der Begriff »Mindfulness« verwendet wird. Bewusst-sein bedeutet nicht, dass ich mit meinen eigenen kleinen vorgefertigten Wertvorstellungen meine Umgebung beurteile; vielmehr erfordert es, dass ich mich selbst zurücknehme und meine natürliche Neigung hintanstelle, alles und jedes gleich beurteilen zu wollen. Es geht darum, die Welt, in der ich lebe, wachsam und einfühlsam zu betrachten und zuzuhören, um wirklich anziehende positive Werte von abstoßenden negativen Werten zu unterscheiden. Was ist in meiner Familie, in meinem Freundeskreis, in meinem Unternehmen oder in meinem Markt wirklich los? Diese Frage müssen wir uns zuallererst stellen, indem wir in die Realität eintauchen. Statt also auf Zukunftsanalysen zu blicken, neue Technologien zu beobachten, Modelle oder Statistiken zu analysieren und unseren persönlichen Vorstellungen vom Erstrebenswerten zu huldigen, die wir dann der Realität überzustülpen versuchen, müssen wir uns stattdessen in einen inneren Diskurs mit der Welt begeben.

Eingangs hatte ich meine Anfänge in der IT-Welt bei Apenwaze geschildert. Zu der Zeit gingen, wie gesagt, alle Zukunftsprognosen davon aus, dass das Betriebssystem Symbian die mobile Internetwelt erobern würde. Ich hatte damals in den Läden Marktforschung betrieben und versucht, meine Firma auf die real gegebenen Tendenzen hinzuweisen. Auf betriebswirtschaftlicher Ebene ist es genau das, wozu ich heutigen Firmen und Politikern rate. Betrachtet, was ist! Und auf privater Ebene sollte man genau das Gleiche tun. Statt in irgendeinem Bericht zu lesen, dass eine neue wissenschaftliche Studie zwei Stunden Videogames am Tag für Kinder als unproblematisch nachgewiesen hat, sollten sich Eltern die Frage stellen: Was macht Videogaming mit *meinem* Kind? Was macht es mit *meiner* Beziehung zu meinem Kind und mit *unserer* Familie?[1] Wie fühlt sich meine private Welt an? Welchen Werten gebe ich Raum? Welche vernachlässige ich? Politiker sollten mit diesen Fragen wieder mehr Zeit in ihren lokalen Wahlkreisen verbringen und am Stammtisch mit den einfachen Leuten reden. Unternehmer sollten mehr »Management by walking around« betreiben, statt Zukunftstagungen zu besuchen, E-Mails zu lesen oder im Rotary Club über die Alterspyramiden und die Segnungen der Automatisierung zu reden.

Bei dieser Praxis sind die drei philosophischen Fragen aus dem zweiten Kapitel hilfreich: Welche Tugenden und Laster bzw. persönlichen Eigenschaften entwickeln sich gerade mit dem Digitalen in meinem sozialen Umfeld bzw. bei mir selbst? Welche Vor- und Nachteile gilt es abzuwägen? Wo liegen meine eigenen Wertprioritäten, die ich für universal bedeutsam halte?

Allerdings sollte man diese Wertefragen nicht primär am Negativen ausrichten. Vielmehr geht es um die positive Frage, welchen Werten ich mehr Raum geben will in meinem privaten oder betrieblichen Umfeld.

Ein Beispiel: Seit Jahren stelle ich mir die Frage, wie ich selbst mit der Informationsflut umgehen soll, die mich als Wissensarbeiterin und frühere Managerin erreicht. Ich hatte bereits ausgeführt, in welchem Maß wir immer mehr in soziale Netze eingewoben sind, die uns die Luft zum Atmen nehmen können. Viele von uns würden gerne in Zukunft wieder freier und selbstbestimmter leben. Als ich für Apenwaze arbeitete, war dieser Wunsch, meine Freiheit wiederzuerlangen, besonders groß. Ich hatte das Problem, dass der größte Teil der Kommunikation im Unternehmen auf Messaging und E-Mail-Verkehr aufgebaut war statt auf persönlicher Kommunikation. Morgens erstickten mich gut 150 E-Mails, die sich schubweise in mein Mailfenster reindrängten und jeden Kollegen ankündigten, der sich gerade eingeloggt hatte. Diese Form der digitalen Überkommunikation stresste mich kolossal. Ein Wert, der mir mit am teuersten ist, meine Gesundheit, litt so sehr, dass ich mit Rückenschmerzen oft nur noch im Liegen schmerzfrei arbeiten konnte. Da war ich 29 Jahre alt.

In so einer Situation war es nicht schwer für mich, die negativen Werte zu erkennen, die mich einholten: Eine angeschlagene Gesundheit, Unzufriedenheit und Überforderung standen im Raum, aber auch schlechte Arbeitsbedingungen, Oberflächlichkeit und mangelnde Produktivität. Ich fragte mich, was ich tun könnte, um meiner Freiheit und meiner Gesundheit wieder mehr Raum zu geben – ebenso der Qualität meiner Arbeit. Also verzichtete ich fortan auf alle Chatnachrichten der Kollegen. Ich setzte Filter in meinen E-Mail-Account, der automatisch alle cc- und bcc-Mails in einem Ordner mit dem Titel »unpersönlich« archivierte. Alle Newsfeeds gingen in ein Unterverzeichnis mit dem Titel »zu lesen«, das ich ehrlicherweise selten öffnete. Die Anzahl meiner Mails in der relevanten Inbox schrumpfte dadurch auf ein Drittel. Das war ein gesundes Maß für mich. Ich wurde wieder gesund und deutlich zufriedener. Die Qualität meiner Marktstudien gewann; und doch konfrontierte mich mein Chef eines Tages vorwurfsvoll mit der Frage, warum ich nicht im Chat sichtbar und erreichbar sei. Das war unangenehm. Alle im Unternehmen waren erreichbar, auch wenn viele sicherlich so litten wie ich. Erreichbarkeit war ein Wert, der bei Apenwaze hochgehalten wurde. Ich erklärte ihm die Situation und betonte, dass mir die Qualität meiner Arbeit über alles ginge. Ich würde sie nicht halten können, wenn ich mich der Informationsflut aussetzen müsste. Diese Haltung zu verteidigen erforderte Mut. Aber der Chat blieb aus. Mein Chef hat sich damit abgefunden.

Am Scheidepunkt zum wahren Fortschritt steht, dass der Einzelne den für ihn oder sie richtigen Wertemix erkennt und den Mut hat, entscheidende Schritte zu setzen, um an den eigenen Wertzielen zu arbeiten.

Eigene Werteprioritäten in die Gemeinschaft einbringen

In jeder Situation stehen viele positive und negative Werte im Raum. Oft geht es nicht nur um Qualität und Gesundheit, sondern noch um vieles mehr. Wir sind von vielen Wertträgern umgeben: die Technik, diverse gewachsene Beziehungen, Wünsche, Enttäuschungen der Vergangenheit und Geschäftsmodelle der Gegenwart. Um auf das präsente Wertespektrum angemessen zu reagieren, muss man also ständig Prioritäten setzen und den Rang der Werte reflektieren, die einen umgeben. Das habe ich weiter oben schon am Beispiel der Disney-Wäscherei genau beschrieben, aber auch bei der Diskussion der Werte, die durch die Natur des Digitalen freigesetzt werden.

Der Philosoph Immanuel Kant hatte im Zusammenhang mit der Formulierung des kategorischen Imperativs den Begriff der

»persönlichen Maxime« geprägt. Maximen sind Grundsätze des persönlichen Wollens und Handelns, die man für so wichtig hält, dass man ihnen zutraut, zu universalen Regeln zu werden. Eine solche absolute Priorisierung von Werten, die über alle Kontexte und Situationen hinweg gelten soll, kann problematisch sein.[2] Aus tugendethischer Sicht sollte man Klugheit (Phronesis) walten lassen; man sollte daran arbeiten, die im Raum stehenden Werte im Kontext zu erkennen, situationsspezifisch klug gegeneinander abzuwägen und dabei vielleicht für eine Priorisierung die beschriebenen Rangordnungskriterien heranzuziehen: die Unvergänglichkeit der Werte, ihre Tiefe, Unbedingtheit und Fähigkeit, Einheit zu erzeugen. Trotzdem ist das regelmäßige Nachdenken über persönliche Maximen im Sinne Kants eine gute Einführung in das ethische Denken und kluge Handeln. Es stärkt den eigenen Charakter, sich der eigenen Wertmaximen bewusst zu sein und von Zeit zu Zeit zu reflektieren, ob diese einen Anspruch haben, auch für andere Menschen und Kontexte gültig zu sein. Ich würde argumentieren, dass meine eigene Wertepriorität damals bei Apenwaze in Sachen Arbeitsqualität durchaus eine persönliche Maxime reflektierte. Und ich würde mir wünschen, dass Qualität auch bei anderen Menschen regelmäßig über die Erreichbarkeit priorisiert würde. Das heißt aber nicht, dass – und hier kommt die Klugheit ins Spiel –Erreichbarkeit immer unwichtiger ist als Qualität. Es gibt durchaus Situationen, wie etwa in einem Notfall, in denen Erreichbarkeit wichtiger ist als Qualität.

Wie man Werteprioritäten setzt, hat neben guter Selbstkenntnis viel mit persönlichen Erfahrungen zu tun. Eine Bekannte von mir erzieht ihre Kinder so, dass sie von ihnen dauerhafte Erreichbarkeit fordert und sie auch ständig am Handy anruft. Solche Kinder werden, wenn sie einmal Erwachsene sind, sicherlich den Wert der Erreichbarkeit anders priorisieren, als ich das damals bei Apenwaze getan habe. Vielleicht werden sie Erreichbarkeit viel wichtiger finden als Arbeitsqualität, weil ihnen ihre Mutter das so beigebracht hat. Vielleicht werden sie Erreichbarkeit aber auch ablehnen, weil ihre Mutter sie damit tyrannisiert hat. Wer liegt richtig? Ich mit meinem Tick für Qualität? Oder die Bekannte mit ihrem Insistieren auf Erreichbarkeit?

Bei einem wertvollen Leben geht es nicht darum, wer recht hat, sondern vielmehr darum, zu erkennen, welche Werteprioritäten der eigenen Gemeinschaft in einem jeweiligen Lebenskontext guttun. Wenn die Familie der Bekannten etwa in Not ist, vielleicht in einer Fluchtsituation (wie so viele Menschen heute), und die Verantwortung füreinander eine ganz große Bedeutung hat, dann ist die Erreichbarkeit eine Wertqualität, die Einheit schafft. Die Erreichbarkeit stärkt dann die hohen Werte Vertrauen und Gemeinschaft. Aber nicht immer ist die Situation so gelagert. Ich finde es faszinierend, dass auf dem Toreingang des Orakels von Delphi der Satz eingemeißelt stand: »Erkenne dich selbst.« Denn vielleicht ist es ja nicht die Notlage der Familie, die die Bekannte, dazu treibt, ihre Kinder auf Erreichbarkeit zu trimmen, sondern vielmehr ihre eigene innere Leere, ihre Langeweile oder ihr Kontrollwahn? Es ist die Selbsterkenntnis im Schlepptau von Selbstreflexion, die einen verstehen lässt, warum man so oder so agiert und Werte unbewusst falsch oder richtig priorisiert. Diese Selbsterkenntnis ist ein wichtiger Schlüssel zu einem guten Leben.

Vielleicht würde ja das Hinterfragen von Werten Unternehmer und Manager zu der Frage führen, warum sie so oft die Werte Gewinn und Effizienz priorisieren. Welche Denkschemata und Erwartungshaltungen führen sie dazu? Und welche Werte fördert oder vernichtet diese Werthaltung in ihrer betrieblichen Gemeinschaft? Sind die gelebten und vertretenen Werteprioritäten die richtigen?

Die richtigen Vorbilder für den Fortschritt

Eine Hilfe bei der Suche nach Werteprioritäten sind gute Vorbilder. Als Jugendliche begegnete ich über Feuchtwangers Roman *Die Füchse im Weinberg* dem großen amerikanischen Gelehrten und Staatsmann Benjamin Franklin (1706–1790), der eine Liste persönlicher Werteprioritäten führte. Diese enthielt 13 Tugenden, die er sich zur Priorität gesetzt hatte: Enthaltsamkeit, Schweigen, Ordnung, Entschlossenheit, Sparsamkeit, Fleiß, Aufrichtigkeit, Gerechtigkeit, Mäßigung, Reinlichkeit, Gemütsruhe, Keuschheit und Demut. Ob ich eine solche auf Disziplin verweisende lange Tugendliste leben könnte, kann ich nicht mit Gewissheit sagen, aber ich halte sie für durchaus vorbildlich, zumal Benjamin Franklin die amerikanische Unabhängigkeitserklärung mitverfasst hat. Und er war ein im Sinne Kants »autonomer« Denker, der sich selbst solche Werteprioritäten zum Ziel gesetzt hatte und wohl auch mutig und diszipliniert genug war, demgemäß zu leben. Sind wir alle so stark?

Als Kant die Idee der eigenen Maximen formulierte, war er hoffnungsvoll, dass wir Menschen alle autonom und stark genug wären, sie zu leben. Würden wir alle einen intensiven Prozess der Selbstreflexion durchlaufen, kämen wir vielleicht auf eine ähnliche Liste. Und sicherlich gibt es Vorbilder, die solch einem positiven Menschenbild gerecht zu werden scheinen, beispielsweise der Dalai-Lama oder Papst Franziskus. Sie sind Vorbilder, die den Mut haben, eigene Maximen zu entwickeln und vorzuleben; gleichzeitig zeichnen sie sich aber auch als klug genug aus, situationsspezifisch abzuwägen. Das ist es, was sie zu solch starken und authentischen Führungsfiguren macht. Die meisten von uns werden auch in ihrem Umfeld so manchen weisen Alten oder auch einen jungen Menschen kennen, die ähnlich vorbildlich sind.

Trotzdem: Wie die Verhaltenspsychologie und auch die Geschichte uns zeigen, sind viele Menschen nicht immer so unabhängig und stark wie diese Leitfiguren oder die klügsten unserer

Freunde. Jeder mag es von Zeit zu Zeit, Vorbilder zu haben, die eine Richtung vorgeben. Die Idee, Werteprioritäten selbst auszuloten, ist zwar ein wunderbares und wichtiges Freiheitsangebot unserer Zeit, aber letztlich nichts Einfaches, wozu jeder immer die Kraft zu haben scheint. Daher ist es enorm wichtig, sich bei der Selbstreflexion zu hinterfragen und zu überlegen, an welchen Vorbildern man sich in seiner Wertbildung orientieren kann.

Die Bedeutung von Vorbildern für die eigene Entwicklung wurde in fast allen großen Kulturen anerkannt. Sie sind nicht nur wichtig für das Reflektieren des privaten Handelns. Es gibt auch Unternehmer und Politiker, die Vorbildfunktion haben. Wie erkennt man aber die richtigen Vorbilder, über deren Verhalten es sich lohnt, nachzudenken und ihnen nachzustreben? Aristoteles nannte einen in praktischer Weisheit vorbildlichen Menschen einen »phronimos«, wenn er in der Lage war, das Gute, also die Werte für sich und andere zu erkennen. Im Konfuzianismus steht das Wort »Junzi« für ein Vorbild. Übersetzt wird Junzi auch mit »Aristokrat«, wobei hier nicht ein Mensch von adeligem Stand gemeint ist, sondern ein edler Mensch. Der Begriff »Aristokrat« setzt sich aus dem Wort »kratos«, das »Macht« oder »Stärke« bedeutet, und dem Wort »aristos« zusammen, auf Deutsch: »tugendhaft« oder »ausgezeichnet«. Bei guten Vorbildern geht es also um die Kopplung von Macht und Tugend. Wikipedia zitiert eine schöne Beschreibung des Junzi, nach dessen Vorbild in China Menschen erzogen wurden, die öffentliche Ämter bekleiden sollten: »Junzi hat viele Charakteristika. Junzi kann in Armut leben. Junzi spricht nicht mehr, sondern weniger. Junzi ist loyal, fügsam und wissend. Junzi diszipliniert sich. Von diesen Eigenschaften ist das Wohlwollen (auf Chinesisch: ›ren‹) der Kern dessen, was es heißt, ein Junzi zu sein.«[3]

Vielleicht wäre es auch für die heutigen Unternehmer, Investoren, Politiker und Manager von großer Bedeutung, sich noch mal mit der Frage auseinanderzusetzen, inwiefern sie eigentlich selbst Vorbilder sind für die vielen Menschen, die sie führen und deren

Schicksale sie beeinflussen. Verfügen sie über genügend Selbsterkenntnis, um maßvoll und tugendhaft mit anderen umzugehen? Haben sie sich mit den Werten der Sozialsysteme befasst, die sie führen, und mit den Wertpotenzialen der Produkte und Technologien, die sie auf den Markt bringen? Sind sie also Aristokraten im antiken Sinn dieses Wortes?

Sich selbst erkennen und die Bedeutung der Teleologie

Viele meinen, dass sie das Richtige tun, wenn sie anderen nachstreben und die Werte bzw. Tugenden des eigenen Umfelds annehmen. Das stimmt bis zu einem gewissen Grad. Aber bei Selbstreflexion für den eigenen Fortschritt reicht es nicht, ausschließlich anderen zu folgen. Es geht auch um die Frage, zu welchen Werten ich mich innerlich hingezogen fühle und was mich klar abstößt. Wie müssen die Wertträger um mich herum, die Menschen, die Beziehungen, die Dinge geartet sein, dass ich mich wohlfühlen kann? Und was sagen andere mir, die mich real erleben, in welchen Hinsichten ich mich verbessern muss, um für sie eine Wertträgerin zu werden? Welche Rolle sehen sie für mich? Und kann ich mich mit dieser Rolle anfreunden? In der feinen Beobachtung dieser eigenen Situation und der Präferenzen liegt der Samen verborgen, den Aristoteles »telos« nannte.

Telos ist das von Geburt an mitgegebene Potenzial, bestimmte Ziele oder Zwecke im Leben entfalten zu können (und andere nicht), ein einzigartiger Stempel des eigenen Charakters, eine Mitgift von Talenten, deren frühe Tendenzen unsere Mütter bereits bemerkten, als wir noch in der Wiege lagen. Wenn man über das eigene Verhalten in der Gemeinschaft oder die eigenen Präferenzen reflektiert, kann man Teile des eigenen Telos erkennen. Wenn man genau hinschaut, kann man beobachten, dass man dazu neigt, immer wieder bestimmte Dinge vorzuziehen, sich zu bestimmten Werten und Menschentypen hingezogen fühlt, bestimmte Entscheidungen immer wieder ähnlich fällt oder in Gruppen immer wieder ähnliche Rollen einnimmt. All das ist Ausdruck des eigenen Telos.

Aus der Motivationsforschung weiß man heute mehr über das Telos. So gibt es Menschen, die von klein auf ein sehr starkes Machtmotiv haben, während andere eher nach Freundschaft und Harmonie streben. Für andere wiederum ist der Wert der Leistung ein großes Lebenselixier.[4] Einige werden mit einem permanenten Lächeln im Gesicht geboren. Sie sehen die Welt voller positiver Werte. Andere hingegen sehen die Welt voller negativer Werte und werden leicht zum Zyniker. Teil der Selbsterkenntnis bzw. des Selbst-Bewusstseins ist idealerweise, dass man das eigene Telos erkennt, damit man die Wertpotenziale besser versteht, die in einem stecken.

Das eigene Telos leben zu können ist das Urprinzip des englischen Gartens, denn der englische Garten versucht nicht, den Menschen zu formen und ihn in einen gestutzten Buchsbaum zu verwandeln. Der englische Garten schaut auf die natürlichen Wertanlagen und das Streben von allem, was lebt, und integriert diese Potenziale auf hormonische Weise in eine Kultur. Das Telos zu leben heißt, auf das Gute und die Einzigartigkeit in jeder Natur im Garten zu vertrauen. Menschengerechter Fortschritt heißt, diese Potenziale dann gekonnt und vorsichtig zu einer sinnvollen Einheit zusammenzuführen.

Die Idee, sein Telos zu leben, hat es in der modernen digitalen Fortschrittskultur nicht leicht. Wie oben beschrieben, verfolgt unser wissenschaftlich geprägtes System ein Modelldenken, statt auf individuelle Wertpotenziale zu vertrauen. Es will eine Menschheit formen, statt jeden Einzelnen entfaltet zu sehen. Die moderne digitale Fortschrittskultur hat kein Verständnis für die Singularitas des individuellen Lebens und daher auch nicht für die Nuancen des Seins, die sich in den Werten ausdrücken, die den englischen

Garten ausmachen. Schon Goethe erkannte diese Entwicklung, die vor so langer Zeit einsetzte. Er schrieb: »Als man die teleologische Erklärungsart verbannte, nahm man der Natur den Verstand; man hatte den Mut nicht, ihr Vernunft zuzuschreiben, und sie blieb zuletzt geistlos liegen.«[5]

8.2 Der zweite Schritt: Werte verstehen

Nachdem man den Prozess der Selbstreflexion durchlaufen hat, kann man gewisse Wertepprioritäten für sich als Mensch oder auch als Unternehmer setzen. Kann man dann direkt an die Umsetzung dieser Werte gehen? Ich denke nicht.

Der nächste Schritt wäre zunächst, die gefundenen Werteprioritäten besser zu verstehen. Oben habe ich das anhand der Werte der Privatheit, des Wissens und der Freiheit demonstriert. Wenn ein Unternehmen wie FoodIS nun einen Wert wie Loyalität bei Fahrradkurieren und Kunden aufbauen möchte, dann muss sich die Firma Gedanken machen, was Loyalität im eigenen Kontext ist und wie sich das in der eigenen Unternehmensstruktur materialisieren könnte. Wenn Gemeinschaft und Freundschaft zwischen Kurieren und mit Kunden gefördert werden sollen, wofür stehen diese Werte dann eigentlich? Wir benutzen diese Wertbegriffe so, als wüssten wir sehr genau, was sie bedeuten. Aber stimmt das?

Vor ein paar Jahren habe ich eine peinliche Denkübung gestartet. Ich wollte mir den Wert meiner Freundschaften bewusster vor Augen führen. Nicht wirklich wissend, was Freundschaft tatsächlich ausmacht, habe ich genau das gemacht, was unsere heutige Wissenschaftswelt immer macht: Ich habe mir ein Modell gebaut, um meine Freundschaften zu charakterisieren, zu messen und zu benchmarken. Ich entwarf eine Liste von Kriterien, die mir wichtig sind, beispielsweise ob jemand mich schnell zurückruft, wenn ich ihn oder sie kontaktiert habe, oder ob er/sie mich auf Facebook viel liked oder ob ich jemanden sehr viel sehe. Dann habe ich versucht, meine ganzen Freunde und Bekannten anhand dieser Kriterien zu ranken. Aber irgendwie hat diese ganze Übung nicht gepasst. Ich fing an, den Kriterien Gewichte zu geben, was man bei Modellentwicklungen meistens tut. Aber immer wieder rückten Leute im Ranking nach vorne, von denen ich intuitiv wusste, dass sie einfach nicht meine besten Freunde sind.

Zwei Dinge habe ich aus dieser Übung gelernt: Erstens: Ich hatte überhaupt keine Ahnung, was Freundschaft eigentlich ist. Ich kannte den Wert, dessen Namen ich dauernd benutze, eigentlich nur intuitiv, aber nicht in seiner konzeptionell vielschichtigen Tiefe. Ich hatte die zahlreichen Bücher, die dazu seit Aristoteles geschrieben wurden, nie gelesen. So viel Zeug habe ich im Laufe meines Lebens lernen müssen, aber über den ethischen Wert der Freundschaft, der so wichtig für mich ist, wusste ich theoretisch gar nichts. Ich versuchte eben deshalb, Freundschaft zu entschlüsseln. Aber das passte nicht, denn – und das war mein zweites Learning – letztlich lassen sich Werte nicht vollständig in ein messbar nachvollziehbares Modell runterbrechen. Man kann einen Wert schlichtweg nicht in Einzelteile zerlegen und dann mathematisch zusammenrechnen, wie viel man davon hat. Werte wie Freundschaft sind Phänomene, die ständig im Fluss der Zeit sind. Sie werden in jeder Situation neu durch das Leben konstituiert. Wenn sie da sind, dann erkennen wir sie, aber wenn wir sie fassen wollen, dann sind sie schon wieder ein bisschen woanders.

Nichtsdestotrotz haben sich Generationen von Philosophen mit Wertphänomenen beschäftigt und versucht, sie zumindest grob zu beschreiben. So hat Aristoteles Grundlegendes über Freundschaft geschrieben; über das, was im Griechischen »philia« heißt. Philia ist im griechischen Denken gar nicht nur auf den unmittelbaren Kreis von persönlichen Freunden begrenzt, sondern kann sich auf weit mehr Menschen beziehen, die wir etwa in unserer Firma, im akademischen Leben, in der Politik, im Urlaub oder in virtuellen Spielen kennenlernen. Es ist möglich, diese Philia intuitiv mit jemandem zu empfinden, und sie ist wesentlich für ein glückliches Leben. Allerdings gibt es verschiedene Typen von Freundschaft, die Aristoteles unterschied und genau beschrieb: Nutzenfreundschaft, Spaßfreundschaft und die Tugendfreundschaft – die vollkommene Form von Freundschaft.

Ein solch tieferes, ja philosophisches Verständnis der Werte ist im digitalen Zeitalter elementar, wenn wir es ethisch gestalten wollen. Wenn wir nicht verstehen, wofür Werte stehen, wie sollen wir sie dann zu Prioritäten machen? Wir wären wie Schiffer, die zwar ihr Wunschziel kennen, jedoch nicht die Fähigkeit und das Wissen haben, die Meere zu durchqueren. Nur wenn wir wissen, was Freundschaft ist, können wir auch das Maß finden, welche Intensität an digitalem Austausch mit Freunden angebracht ist und wo das Digitale abgeschaltet werden sollte oder nicht das richtige Medium ist.

Auch Unternehmen müssen sich mit der konzeptionellen Tiefe der Werte auseinandersetzen, die elementar für ihr Geschäftsmodell sind. So würde ich annehmen, dass für soziale Netzwerke wie Facebook der Wert der Freundschaft eine Rolle spielen sollte. Und es wäre möglich, dass die Plattform Freundschaften systematisch unterstützt, auch hohe Formen von Freundschaft. So wäre die Bereitstellung einer »reichen« Kommunikationsschnittstelle über Videotelefonie beispielsweise förderlicher für Freundschaften als nur ein Chat. Wenn Freunde offen miteinander reden, sollten solche Austauschkanäle außerdem die Privatheit der Beziehungen respektieren. Wie kann ich meinem Freund etwas offen sagen, mit ihm vielleicht eine Schwäche besprechen, wenn ich davon ausgehen muss, dass Facebook alles aufzeichnet und weiterverkauft, worüber wir uns da austauschen? Es kann auch nicht sein, dass man Freundschaften auf einer Plattform pflegt und ein Algorithmus dann nach undurchsichtigen Kriterien darüber entscheidet, welche zwölf Prozent meiner Freunde meine Nachrichten überhaupt sehen. Wer was zu sehen bekommt, müssen Freunde selbst untereinander entscheiden, sonst ist das Kriterium der Gegenseitigkeit nicht erfüllt. Kurz: Auch für das Design von technischen Produkten und Services ist das profunde Wissen über einzelne Werte und ihre konzeptionellen Bestandteile unabdingbar.

8.3 Der dritte Schritt: private Gewohnheiten, Technik und Politik

Wenn man so weit ist, dass man Werteprioritäten für sich oder das Unternehmen erkannt und verstanden hat, dann gilt es, diese in die Praxis umzusetzen. Man arbeitet an den Voraussetzungen dafür, dass sich Werte entfalten können.

Die Bedeutung des Maßhaltens

Bei der Umsetzung von Werteprioritäten wird man auf die Tugend des Maßhaltens gestoßen, eine der wichtigsten Lehren, die uns Aristoteles in seiner *Nikomachischen Ethik* schon vor 2500 Jahren mitgegeben hat. Ich habe bereits beschrieben, wie wichtig es ist, die Kunst des Weglassens zu erlernen, sodass das richtige Maß für eine Balance der Werte zustande kommen kann.

Um hier noch mal auf das Beispiel der Erreichbarkeit, Freiheit und Arbeitsqualität zurückzukommen: Es ist mir nicht leichtgefallen, meine Erreichbarkeit für Kollegen und den Chef im Unternehmen zu reduzieren. Ich wollte meine Arbeitsqualität verbessern, meine Gesundheit und Freude wiederherstellen. Dauerhafte Erreichbarkeit hat nicht dazu gepasst. Das Wort »dauerhaft« ist an dieser Stelle aber wichtig, denn, wie gesagt, ist Erreichbarkeit per se nichts Schlechtes. Erreichbarkeit ist ein Wert, der in einem Kollegium wichtig ist. Sie ist ein Fundament für ein funktionierendes Sozialsystem, vor allem in Unternehmen. Ich musste also eine goldene Mitte finden, so viel und so gut erreichbar zu sein, dass meine Kollegen und Chefs immer noch zufrieden sein würden mit mir und ich gleichzeitig ungestört gute Arbeit würde leisten können.

Die goldene Mitte ist ein Kernstück antiken Nachdenkens über den »fortgeschrittenen« Charakter. Sie steht im Zentrum der Kunst des Weglassens. Eine weise Person hat gemäß Aristoteles die Gabe, in jeder Situation von Neuem das richtige Maß zu finden und Extreme zu vermeiden. Nehmen wir als Beispiel noch mal das E-Mail-Verhalten. Empirische Studien zeigen, dass man E-Mails nur dreimal am Tag abrufen sollte, um sich das persönliche Wohlbefinden zu bewahren.[6] Ich versuche also, mich so weit wie möglich an diesem Maß zu orientieren. Wenn jemand aus meinem Team jedoch meine Hilfe braucht oder eine wichtige Deadline ansteht, weiche ich von dieser Vorgabe ab und gehe sofort online. In einer zeitknappen Situation, in der meine Hilfe sofort gebraucht wird, ist das Maß ein anderes als in einer Regelsituation.

Besonders schwer ist es, eine maßvolle Mitte zu finden und Aktivitäten wegzulassen, wenn unsere Umwelt zu Extremen tendiert. Bei Apenwaze herrschte damals diese maßlose Überkommunikation, was zu permanenten Unterbrechungen führte. Im zweiten Kapitel habe ich beschrieben, wie die Gewohnheit der Unterbrechung bei uns Menschen zu Selbstunterbrechungen führt. Diese nehmen wir in unser Privatleben mit, weil wir bei unseren Arbeitgebern gut 50 Prozent unserer Tageszeit verbringen; und wenn wir auf professioneller Ebene einmal eine Gewohnheit angenommen haben, dann haben wir es auch im privaten Rahmen schwer, das wieder abzulegen.[7] So arbeite ich seit Jahren an der Kunst des Weglassens bei meinem E-Mail-Verkehr. Ich schätze mal, es sind jetzt bestimmt zehn Jahre, in denen ich ganz bewusst an einer maßvollen Erreichbarkeit arbeite, um meine Freiheit nicht zu verlieren. Ich versuche, einen Habitus bzw. eine Gewohnheit auszuprägen, nur dreimal am Tag zu bestimmten vorgegebenen Zeiten Mails zu lesen und nur dann zu antworten, wenn es wirklich nötig ist. Das kostete mich Kraft und Disziplin. Von Alkohol und Zigaretten wegzukommen ist vermutlich nicht leichter, wenn man einmal kommunikationssüchtig ist.

Die Bedeutung von Rhythmus und Ritualen

Es bedarf in der Tat einer nicht immer leicht einzuhaltenden Disziplin, sich einen lebenstauglichen Habitus anzueignen, um die eigenen Werteprioritäten zu leben. Wenn man aber das Gefühl bekommt, dass die neue Gewohnheit sich zu festigen beginnt, kann das »tugendhafte« Leben zu einer Quelle der Freude werden. Sportler kennen dieses Gefühl nur zu gut. Erst ist das Konditionstraining oder Laufen sehr mühsam. Aber dann kommt ein Punkt, an dem man es sogar braucht, um zufrieden zu sein. Wenn der innere Meister zu erwachen beginnt, freut man sich an der Kraft, seinem Leben eine Form zu geben. Nicht ohne Grund leiten sich die griechischen und lateinischen Wörter für Tugend (virtus, aretē) von dem Begriff »Kraft« ab.

Ein Weg, die eigene Kraft zu unterstützen, besteht darin, Ritualen und Rhythmen wieder mehr Aufmerksamkeit zu schenken. Beispielsweise gibt es Menschen, die ihren Tag ganz genau strukturiert haben und jeden Abend zu einer ganz bestimmten Zeit das Gleiche tun – beispielsweise in einem ganz bestimmten Zimmer an einem ganz bestimmten Tisch digitale Informationen checken. Im fünften Kapitel habe ich dieses Verhalten anhand von Strukturen erklärt, die man sich schafft, um wertgerecht und gut zu handeln.

Strukturen und rhythmische Rituale sind im Umgang mit dem Digitalen in unserer vernetzten Welt schwer umzusetzen, weil alles und jedes zeitgleich auf uns zugreifen will. Aber genau dies gilt es ja zu unterbinden. Die Richtung könnte also vielversprechend sein. Im siebten Kapitel habe ich die Idee beschrieben, dass wir Mobiltelefone schlafen legen. Das sind alles nur Ideen; letztlich kommt es auf jeden Einzelnen von uns an, für alle Wertprioritäten die entsprechenden Handlungsstrategien zu entwickeln, die man zur guten Gewohnheit machen kann.

Technische und politische Maßnahmen, um Werte leben zu können

Dass ich heute den Umgang mit meinen E-Mails so handhaben kann, wie ich es tue, habe ich auch den technischen Einstellungen zu verdanken, die ein modernes E-Mail-Programm mit sich bringt. Microsoft hat jahrelang in Forschung investiert, um aufmerksamkeitssparsame IT-Systeme zu entwickeln.[8] So ist es heute bei den meisten E-Mail-Programmen möglich, E-Mails zu filtern, Werbung als Junk zu kennzeichnen, Regeln zu hinterlegen, die festlegen, welche E-Mails angezeigt werden. Ebenso erlaubt jedes moderne Smartphone heute, dass man Unterbrechungen und Aufforderungen in Form von Klingeltönen, Vibrieren, Displayanzeigen oder roten Remindern abstellen kann. Hier schließt sich der Kreis zum werteorientierten Design von Technik, wie ich es im fünften Kapitel ausführlich beschrieben habe.

Würde es solche technischen Möglichkeiten nicht geben, wäre auch ich permanenten Unterbrechungen hilflos ausgesetzt. Jenseits von Disziplin, Rhythmus und Mut brauchen wir also technische Einstellungsoptionen, die uns in dieser digital aufgerüsteten Welt dabei unterstützen, unsere Wertepriorit äten umzusetzen. In der Informatik spricht man von »Ethics by Design«, wenn es um die Bereitstellung solcher werteorientierten Einstellungsoptionen oder um ethisch abgewogene Ab-Werk-Einstellungen geht. »Privacy by Design« und »Safety by Design« sowie »Security by Design« sind die konkreten Schlagwörter, die für die frühen Ausprägungen dieser ethischen Bewegung in der Community der Ingenieure stehen. Aber mit diesen Anstrengungen stehen wir, wie ich es im fünften Kapitel beschrieben habe, noch am Anfang. Ich habe gezeigt, wie viele relevante Werte uns zu jeder Zeit in den unterschiedlichen Kontexten begegnen und dass jedes Ding oder jeder Ort ein Wertträger ist; auch jedes digitale Ding. Daher muss aus meiner Sicht das systematische und flächendeckende Arbeiten an wertvoller Technik mit »Ethics by Design« zum Hygienefaktor bei allen technischen Entwicklungen werden. Bei diesem »Ethics by Design« wägen Unternehmen und mit der Digitalisierung befasste Institutionen mit allen relevanten und betroffenen Stakeholdern die Wertfolgen einer Digitalisierungsstrategie ab und entscheiden antizipativ und partizipativ, welche technischen und organisatorischen Maßnahmen erforderlich sind, um positive Werte zu schaffen und Wertvernichtung zu vereiteln.

In diesem Buch habe ich viele Vorschläge für eine solche Form von »Ethics by Design« angesprochen. Ich habe gezeigt, dass wir Systeme so entwickeln könnten, dass sie uns nicht süchtig machen, uns nicht in Grandiosität bestärken, uns nicht ins Netz einweben. All das ist möglich, wenn wir eine nüchterne Einschätzung von der Natur des digitalen Stoffes, seiner Grenzen, Stärken und Schwächen gewinnen. Ich habe anklingen lassen, dass »Ethics by Design« auch erfordern kann, dass man bestimmte Prozesse gar nicht digitalisiert oder sogar remanualisiert, etwa dort, wo die menschliche Singularitas von Bedeutung ist oder wo Maschinenfehler großen Schaden für Einzelschicksale anrichten können.

Wichtig ist, dass unsere politischen Kräfte diese Notwendigkeit von »Ethics by Design« schnell erkennen und dass sie lernen zu verstehen, wie die Natur des Digitalen wirklich geartet ist und auf die Gesellschaft wirkt. Heute sind sehr viele Politiker in ein engmaschiges Netz von Lobbyisten und »Experten« verstrickt, die allesamt daran verdienen, sie am Schnuller des lukrativen digitalen Storytellings zu halten. In Unkenntnis der Alternativen und wahren Gestaltungsoptionen marschieren Politiker und Entscheidungsträger auf die Zukunftstagungen zu Big Data, Cloud und Künstlicher Intelligenz, weil sie glauben, dass sie dort den Fortschritt für unsere Gesellschaft ausmachen können. Menschengerechten Fortschritt können sie hingegen nur unterstützen, wenn sie ein wertvolles Technikdesign vorschreiben; wenn sie »Ethics by Design« zur gesetzlichen Auflage machen. So ein Schritt käme den heutigen Geschäftsmodellen der Digitalisierer und ihren kurzen Entwicklungszyklen nicht entgegen. Er erfordert Mut aufseiten unbeeindruckter integrer politischer Kräfte.

Besonders wichtig ist bei einem »Ethics by Design« die Kunst des Weglassens. Wenn wir zum Beispiel die Geschwindigkeit in unseren Netzen bewusst verringerten und digitale Nachrichten nur noch zu bestimmten, rhythmisch planbaren Zeiten bekämen; wenn wir vom heutigen Push-Modell in der Kommunikation Abstand nehmen würden, bei dem unsere Aufmerksamkeit proaktiv von Dritten einfach konsumiert wird (wie etwa bei der Werbung); wenn wir darauf verzichten würden, Roboter und Künstliche Intelligenzen menschenähnlich zu gestalten und für uns entscheiden zu lassen; wenn wir uns von der Idee verabschiedeten, Maschinen könnten für uns wissen. Wenn es nur dazu käme, dass wir zu solch profunden Maßnahmen des Weglassens fähig wären, dann hätten wir eine Chance, die Wirtschaft und die Digitalisierung auf menschengerechte Fortschrittsfüße zu stellen. Ich wünschte, ich müsste hierbei nicht im Konjunktiv sprechen. Die Liste der Ideen hört sich unwirklich an, auch für mich. Sie ist ein Wunsch. Und sie ist erst der Anfang.

Aber ich bin sicher, dass wir uns an einem Punkt in unserer Zivilisationsgeschichte befinden, wo wir umdenken müssen. Eine gigantische Umorientierung unseres Handelns liegt vor uns, wenn wir den Weg einer digitalen Ethik gehen wollen – ja, überhaupt ethisch leben wollen. Wir lösen uns dann von rein ökonomischer Rationalität und wenden uns einem *wertvollen* Denken zu. Das kann gelingen, wenn wir alle unsere kleinen drei Schritte dazu beitragen – und das mit Mut und Disziplin. Goethe sagte in seiner Weisheit: »Wer mit dem Leben spielt, kommt nie zurecht. Wer sich nicht selbst befiehlt, bleibt immer ein Knecht.«

Anmerkungen

Vorwort

1 Goethe zitiert in: Schmidt, K.-O. (2009). *Die Religion der Bergpredigt*. Drei Eichen Verlag, S. 88.

Ins Silicon Valley und zurück

1 Aus rechtlichen Gründen wurde der tatsächliche Name des Unternehmens abgeändert.

2 Redman, T. C.: »Data quality problems plague every department, in every industry, at every level, and for every type of information Studies show that knowledge workers waste up to 50% of time hunting for data, identifying and correcting errors, and seeking confirmatory sources for data they do not trust« in: Redman, T.C. (2013): »Data's Credibility Problem«, in: *Harvard Business Review* 2-6, S. 2.

3 Beispiele sind die Firma Ovum oder Gartner, aber auch viele kleinere Anbieter.

4 »[Werte sind] unreduzierbare Grundphänomene der fühlenden Anschauung«, in: Scheler, M. (1921/2007): *Der Formalismus in der Ethik und die Materiale Wertethik*. Elibron Classics, S. 272.

5 Die Idee der negativen Werte, die in Max Schelers Wertethik diskutiert wird, ist umstritten. Kann es überhaupt negative Werte geben, wenn das Wertvolle doch immer etwas ist, was man schätzt? Die Umdrehung scheint problematisch. Dennoch übernehme ich das Konzept in diesem Buch hauptsächlich aus Vereinfachungsgründen.

6 Krasnova, H., T. Widjaja, P. Buxmann, H. Wenninger und I. Benbasat (2015): »Why Following Friends Can Hurt You: An Exploratory Investigation of the Effects of Envy on Social Networking Sites among College-Age Users«, in: *Information Systems Research* (26:3), S. 585–605.

Menschengerechter Fortschritt durch Wertethik

1 Marcuse, H. (1984): *Der eindimensionale Mensch*. dtv.

2 Borgmann, A. (1984): *Technology and the Character of Contemporary Life*. Chicago University Press.

3 Lemmens, P. (2011): »This System does not produce pleasure any more«, in: *Krisis Journal for contemporary philosophy*. Siehe: http://edepot.wur.nl/194315 (abgerufen am 12.11.2018). Zitat: »By subjecting technological innovation completely to the logic of the market, the so called ›conservative revolution‹ led by Thatcher and Reagan has engendered a cultural and spiritual regression of unprecedented magnitude, transforming the whole of society into a machine for profit maximization and creating a state of ›systemic carelessness‹ and ›systemic stupidity‹ on a global scale.«

4 Interview mit Foodora-Fahrern, geführt von: A. Reinsberg und C. Weiske (2016): »Es ist ein Knochenjob«, in: *PULS 2016*. Siehe: https://www.br.de/puls/themen/leben/arbeiten-fuer-foodora-so-ist-es-wirklich-interview-100.html (abgerufen am 12.11.2018).

5 Ingendaay T. (06.12.2017): »Ohne uns würde es nicht funktionieren«, kreuzer on-

line. Siehe: https://kreuzer-leipzig.de/2017/12/06/ohne-uns-wuerde-es-nicht-funktionieren / (abgerufen am 12.11.2018).

6 Lüdi, N. und M. Hauser (2010): »Wie neue Sehnsüchte den Lebensmittelkonsum verändern«, GDI Publikationen. Siehe: https://www.gdi.ch/media/summaries/CVM_Summary_GDI_2010.pdf (abgerufen am 12.11.2018).

7 Irani, L. (2015): »Difference and Dependence among Digital Workers: The Case of Amazon Mechanical Turk«, *South Atlantic Quarterly* (114:1).

8 Bei der klassischen Roadmap-Analyse kam es zu 139 Produktideen; bei der ethisch inspirierten Analyse zu 453.

9 Scheler, M. (1921/2007): *Der Formalismus in der Ethik und die Materiale Wertethik.* Elibron Classics, S. 11.

10 Scheler, M. (1921/2007): *Der Formalismus in der Ethik und die Materiale Wertethik.* Elibron Classics, S. 272.

11 Scheler spricht von der »letzten Unabhängigkeit des Seins der Werte von Dingen, Gütern, Sachverhalten«. Siehe: Scheler, M. (1921/2007): *Der Formalismus in der Ethik und die Materiale Wertethik.* Elibron Classics, S. 12.

12 Ni, L. (2010): *Zur Sache des Bewusstseins: Phänomenologie Buddhismus Konfuzianismus.* Königshausen & Neumann.

13 Scheler entwickelt die Phänomenologie weiter. Siehe dazu: Kelly, E. (2011): *Material Ethics of Value: Max Scheler and Nicolai Hartmann.* Springer.

14 Scheler, M. (1921/2007): *Der Formalismus in der Ethik und die Materiale Wertethik.* Elibron Classics, S. 30.

15 Viele moderne Menschen können sich hingegen gut damit anfreunden, dass das eigene Streben nach etwas ein Schlüssel zum Guten ist. Nicht zu unterschätzen ist, dass wir aufpassen müssen, unser wahres Streben zu verstehen. Wir dürfen Streben nach Werten nicht mit Streben nach etwas Gewolltem verwechseln, mit einem Wollen von selbst ausgedachten Vorstellungen über das Leben. Scheler schrieb dazu: »Strebensziele sind zunächst von Willenszwecken auf das klarste unterschieden. Das Ziel ist im Verlauf der Strebung selbst; es ist nicht unbedingt durch irgendeinen Akt des Vorstellens, sondern es ist dem Streben selbst nicht anders immanent, wie der Inhalt dem Vorstellen immanent ist.« Siehe: Scheler, M. (1921/2007): *Der Formalismus in der Ethik und die Materiale Wertethik.* Elibron Classics, S. 29.

16 Scheler, M. (1921/2007): *Der Formalismus in der Ethik und die Materiale Wertethik.* Elibron Classics, S. 38.

17 Siehe: Scheler, M. (1921/2007): *Der Formalismus in der Ethik und die Materiale Wertethik.* Elibron Classics, S. 184.

18 In der wissenschaftlichen Literatur spricht man von extrinsischen Werten, die instrumental sind für intrinsische Werte. Intrinsische Werte sind Werte in sich selbst. Man erkennt sie leicht daran, dass niemand ihre Bedeutung infrage stellen würde, weil sie als um ihrer selbst willen erstrebenswert erscheinen.

19 Man kann diese Voraussetzungen oder Dispositionen auch als die »Eigenschaften« einer Wohnung bezeichnen.

20 Scheler, M. (1921/2007): *Der Formalismus in der Ethik und die Materiale Wertethik.* Elibron Classics, S. 15.

21 Scheler, M. (1921/2007): *Der Formalismus in der Ethik und die Materiale Wertethik.* Elibron Classics, S. 237. Mir ist bewusst, dass einige Kognitionspsychologen diese Sicht auf die Weltwahrnehmung nicht teilen. Sie glauben, dass die Welt

nur dadurch existiert, damit wir sie wahrnehmen. Ich bin da nicht auf ihrer Seite – mehr noch, ich halte diese wissenschaftliche Position sogar für unhaltbar und veraltet.

22 Spiekermann, S. (2016): *Ethical IT Innovation. A Value-based System Design Approach.* Taylor & Francis, S. 136–139.

23 Nonaka, I., R. Toyama und H. Toru (2008): *Managing Flow A Process Theory of the Knowledge-Based Firm.* Palgrave MacMillan.

24 Scheler, M. (1921/2007): *Der Formalismus in der Ethik und die Materiale Wertethik.* Elibron Classics, S. 209.

25 Aristoteles (1969): *Nikomachische Ethik.* Reclam.

26 MacIntyre, A. (1984): *After Virtue: A Study in Moral Theory.* University of Notre Dame Press.

27 Sandel, M. (2013): *Gerechtigkeit: Wie wir das Richtige tun.* Ullstein.

28 Siehe: Vallor, S. (2016): *Technology and the Virtues A Philosophical Guide to a Future Worth Wanting.* Oxford University Press, S. 63.

29 Henton, D. und K. Held (2013): »The Dynamics of Silicon Valley: Creative Destruction and the Evolution of the Innovation Habitat«, in: *Social Science Information* 52(4), S. 539–557.

30 Porter, M. und M.R. Kramer (2011): »Creating Shared Value«, in: *Harvard Business Review* 89.

31 Nonaka, I. und H. Takeuchi (2011): »The Wise Leader«, in: *Harvard Business Review,* S. 58–67.

32 Sisodia, R., J. Sheth und D. Wolfe (2014): *Firms of Endearment How World-Class Companies Profit from Passion and Purpose.* Pearson Education, S. 17.

33 Max Schelers Werk *Der Formalismus in der Ethik und die Materiale Wertethik* wurde von Alexander Hartmann in seiner axiologischen Wertethik aufgegriffen. Beide philosophisch gründlich durchgearbeiteten Wertphilosophien stehen aber immer noch im Schatten von fast schon oberflächlich einfachen Wert-Listen, die sich aus der Psychologie heraus entwickelt haben, an vielen Stellen grundsätzlichen Charakter vermissen lassen und stattdessen nur verwirrende Diskussionen rund um Wertepluralismus geschaffen haben.

34 Vgl. den Vortrag von Alexander Osterwalder mit dem Titel »Value Proposition Design«. Siehe: https://www.youtube.com/watch?v=b_X18bmpHaw (abgerufen am 12.11.2018).

35 *Steve Jobs. Die autorisierte Biografie des Apple-Gründers.* btb, S. 161f.

36 Die Erläuterungen zur Wettbewerbsstrategie und U-Kurve von Michael Porter finden sich in: Scheuss, R. (2012): *Handbuch der Strategien. 220 Konzepte der besten Vordenker.* Campus, S. 146.

37 Cheng, E. (13.06.2018): »Just 10 percent of trading is regular stock picking, JP-Morgan estimates«. Siehe: https://www.cnbc.com/2017/06/13/death-of-the-human-investor-just-10-percent-of-trading-is-regular-stock-picking-jpmorgan-estimates.html (abgerufen am 12.11.2018).

38 Isaacson, W. (2011): *Steve Jobs. Die autorisierte Biografie des Apple-Gründers.* btb, S. 189.

39 Diese Zahl wurde vom VW-Betriebsrat im Rahmen eines internen Gesprächs mit Internet-4.0-Experten beim Deutschen Gewerkschaftsbund in Jahr 2017 genannt.

40 Amazon beschäftigt 45 000 Roboter, die 16 Inches hoch sind und ca. 145 kg wie-

gen. Die Roboter bewegen sich mit fünf Meilen pro Stunde und heben Pakete mit bis zu 317 kg. Siehe: https://www.portal.euromonitor.com/portal/analysis/tab (abgerufen am 12.11.2018).

41 Kolhatkar, S. (2017): »Welcoming Our New Robot Overlords«, in: *The New Yorker.*

42 Beispielhaft das futuristische Restaurant Eatsa, in dem alles automatisiert ist. Siehe: https://www.youtube.com/watch?v=QVweHrTY31g (abgerufen am 12.11.2018).

43 Die Sonnentor-Geschichte auf der Homepage des Unternehmens. Siehe: https://www.sonnentor.com/de-at/ueber-uns/geschichte (abgerufen am 14.11.2018).

44 Sonnentor Kräuterhandels GmbH. Siehe: https://www.sn.at/wiki/Sonnentor (abgerufen am 14.11.2018).

45 APA-OTS (02.08.2018): »Kräuter- und Gewürzspezialist Sonnentor mit 10,7 Prozent Umsatzplus zum 30-jährigen Jubiläum«. Siehe: https://wirtschaftszeit.at/wirtschaftsnews-detail/browse/1/article/kraeuter-und-gewuerzspezialist-sonnentor-mit-107-prozent-umsatzplus-zum-30-jaehrigen-jubilaeum (abgerufen am 12.11.2018).

46 Pressemitteilung von Sonnentor anlässlich der Gastmesse in Salzburg. Siehe: http://www.gastmesse.at/__novadocuments/99061?v=635754967290100000 (abgerufen am 14.11.2018).

47 Siehe: https://www.theatlantic.com/business/archive/2018/01/amazon-mechanical-turk/551192/ zitiert die Studie »A Data Driven Analysis of Workers' Earnings on Amazon« Turkhttps://arxiv.org/abs/1712.05796 (abgerufen am 07.12.2018).

48 Meine Kenntnisse beziehen sich auf einen Workshop an der Wirtschaftsuniversität Wien im September 2018, in dem ein ehemaliger Foodora-Kurier und heutiger Forscher im Bereich der Mikrojobs über die Bedingungen genau berichtet hat. »Dein Chef ist eine App«, Privacy & Sustainable Computing Lab, WU Wien.

49 Die Fallbeschreibung ist dem Aoen-Portal entnommen: Gabrielle, V. (10.10.2018): »Gamified Life«. Aeon. Siehe: https://aeon.co/essays/how-employers-have-gamified-work-for-maximum-profit (abgerufen am 12.11.2018).

50 Gosh, S. (16.04.2.18): »Undercover author finds Amazon warehouse workers in UK ›peed in bottles‹ over fears of being punished for taking a break«. Siehe: https://www.businessinsider.de/amazon-warehouse-workers-have-to-pee-into-bottles-2018-4?r=UK&IR=T (abgerufen am 12.11.2018).

51 »Sittlich gut ist der wertrealisierende Akt, der seiner intendierten Wertmaterie nach mit dem Werte übereinstimmt, der *vorgezogen* ist, und dem widerstreitet, der *nachgesetzt* ist; böse aber ist der Akt, der seiner intendierten Wertmaterie nach dem vorgezogenen Werte widerstreitet und mit dem nachgelagerten Werte übereinstimmt.« In: Scheler, M. (1921/2007): *Der Formalismus in der Ethik und die Materiale Wertethik.* Elibron Classics, S. 21.

52 Scheler, M. (1921/2007): *Der Formalismus in der Ethik und die Materiale Wertethik.* Elibron Classics, S. 84–103.

53 »Gleichwohl ist die Rangordnung der Werte eine materiale Rangordnung, eine Ordnung der Wertqualitäten. Sofern sie nicht die absolute Rangordnung ist, sondern nur eine herrschende, stellt sie sich in denjenigen Vorzugsregeln zwischen den Wertqualitäten dar, welche die Epoche beseelen. Systeme solcher Wertqualitäten nennen wir in der Sphäre der ästhetischen Werte einen Stil, in

der Sphäre der praktischen eine Moral. Auch diese Systeme zeigen wieder eine Entfaltung und eine Entwicklung. Aber diese Entwicklung ist von der Entwicklung der Güterwelt selbst völlig verschieden und unabhängig von ihr variabel.« In: Scheler, M. (1921/2007): *Der Formalismus in der Ethik und die Materiale Wertethik.* Elibron Classics, S. 18.

54 Amazon Turk ist eine der ältesten Plattformen. Siehe: https://www.mturk.com/ (abgerufen am 12.11.2018).

55 Lawrence F. (09.12.2016): »Uber is treating its drivers as sweated labour, says report«, in: *The Guardian.* Siehe: https://www.theguardian.com/technology/2016/dec/09/uber-drivers-report-sweated-labour-minimum-wage (abgerufen am 12.11.2018).

Zur Natur des Digitalen und zu den Werten

1 Wenn ich das Wort »wertvoll« im Folgenden verwende, dann meine ich damit wortwörtlich »mit Werten gesättigt«.

2 Künstliche Intelligenzen arbeiten mit Häufigkeiten. Sie beobachten bzw. erfassen Muster aufbauend auf den Häufigkeiten, mit denen etwas auftritt. Also sind sie kaum in der Lage, die einzigartigen Details zu erkennen, die jedem einzelnen Menschen Bedeutung geben.

3 Der Begriff der »Singularitas« basiert in diesem Buch auf historischen und philosophischen Quellen. Insbesondere wurde er durch den Renaissancephilosophen Nikolaus von Kues geprägt. Vgl. Bredow, G. von (1989): »Participatio Singularitatis. Einzigartigkeit als Grundmuster der Weltgestaltung«, in: *Archiv der Geschichte der Philosophie* 77, S. 216–230 sowie Hoff, J. (2013): *The Analogical Turn.* William B. Erdmans Publishing Company, S.153–167. Der Begriff der »Singularitas«, den ich hier verwende, ist nicht zu verwechseln mit dem neuen Pop-Begriff der »Singularity«, den Ray Kurzweil in seinen Reflexionen über die Zukunft geprägt hat. Ray Kurzweil definiert die Singularity als den Moment, in dem die Künstliche Intelligenz die menschliche Intelligenz überschreiten soll. Aus seinem Buch geht jedoch nicht hervor, auf Grundlage welcher *geisteswissenschaftlichen* Quellen er diese Idee entwickelt hat. Kurzweil bezieht sich hauptsächlich auf seine eigene selbst gemachte Weltanschauung und ein paar hochgerechnete Zahlen der Computergeschichte sowie die Metapher der Singularity in der Physik. Insofern scheint es mir, dass er den historischen Begriff der Singularitas gar nicht kennt.

4 Für eine kritische Diskussion siehe auch: Weinberger, D. (2010): »The Problem with the Data-Information-Knowledge-Wisdom Hierarchy«, in: *Harvard Business Review.* Siehe: https://hbr.org/2010/02/data-is-to-info-as-info-is-not (abgerufen am 12.11.2018).

5 »Dataismus« scheint bei Harari eine Anspielung auf die Bewegung in der Kunst zu sein, die wir als »Dadaismus« bezeichnen und die sich vor allem durch die Ablehnung »konventioneller« Kunst und Kunstformen auszeichnete und sehr surreale Bilder von der Realität schuf.

6 Frost, J. H., Z. Chance, M. I. Norton und D. Ariely (2008): »People are experience goods: Improving online dating with virtual dates«, in: *Journal of Interactive Marketing* 22(2) sowie Arndt, B. (2016): »What gives a first online date every chance of turning it into a second?«. Siehe: https://www.smh.com.au/lifestyle/

life-and-relationships/what-gives-a-first-online-date-every-chance-of-turning-into-a-second-20161116-gsqg12.html (abgerufen am 12.11.2018).

7 Das Versenden von Duftproben über das Internet ist schon heute möglich: Euronews (02.02.2015): »Share Touch, Smell and Taste via the Internet«. Siehe: http://www.euronews.com/2015/02/02/share-touch-smell-and-taste-via-the-internet (abgerufen am 12.11.2018). Ausständig ist lediglich, dass man den eigenen Tagesgeruch effizient einfängt ☺.

8 Fink, B. und O. Sövegjarto (2006): »Pheromone, Körpergeruch und Partnerwahl« *Der Gynäkologe*, Bd. 39(9) S. 731–740. Siehe: https://link.springer.com/article/10.1007/s00129-006-1865-7#Sec5 (abgerufen am 12.11.2018).

9 Siehe etwa die Samsung ES8000er Smart-TVs und deren Besprechung: https://www.nbcnews.com/technolog/your-tv-watching-you-latest-models-raise-concerns-483619 (abgerufen am 12.11.2018).

10 Unsere persönlichen Daten werden heute sehr effizient auf global vernetzten Datenmärkten geteilt und verkauft. Zu der Firma Lenddo siehe: King, H. (24.08.2016): »This startup uses battery life to determine credit scores«, CNN Business. Siehe: https://money.cnn.com/2016/08/24/technology/lenddo-smartphone-battery-loan/ (abgerufen am 12.11.2018). Wie diese und andere Mechanismen genau funktionieren, ist sehr klar herausgearbeitet in: Christl, W. (2017): »Corporate Surveillance in Everyday Life. How Companies Collect, Combine, Analyze, Trade, and Use Personal Data on Billions«, Vienna, Cracked Labs Institute for Critical Digital Culture und in: Christl, W. und S. Spiekermann (2016): *Networks of Control A Report on Corporate Surveillance, Digital Tracking, Big Data & Privacy.* Facultas.

11 Zur Idee des Spiegels siehe: Morozov, E. (2013): *To Save Everything Click Here.* Penguin, S. 144.

12 Tashea, J. (17.04.2017): »Courts are using AI to sentence criminals. That must stop now« Wired. Siehe: https://www.wired.com/2017/04/courts-using-ai-sentence-criminals-must-stop-now/ (abgerufen am 12.11.2018).

13 Methodisch völlig halbseidene A-Publikationen suggerieren den »wissenschaftlichen« Nachweis, dass das eine gute Idee ist. Beispielsweise das Papier von Youyou, W., M. Kosinski und D. Stillwell (2015): »Computer-based personality judgements are more accurate than those made by humans«, in: *Proceedings of the National Sciences of the United States of America (PNAS)* 112(4), S. 1036–1040.

14 Die Psychologen sprechen von »Psychic Entrope«. Siehe: Csíkszentmihályi, I. S. und M. Csíkszentmihályi (1992): *Optimal Experience. Psychological Studies of Flow in Consciousness.* Cambridge University Press, S. 22.

15 Siehe: Norton, M. I. (2007): »Less is More: The Lure of Ambiguity or Why Familiarity Breeds Contempt«, in: *Journal of Personality and Social Psychology* 92(1). S. 97–105.

16 Man vergleiche an dieser Stelle kritisch die Alternative, dass man sich mit der anderen Person nicht sieben Stunden Mails und Kurznachrichten schreibt, sondern sieben Stunden lang unterhält. Würde man 100 potenzielle Paare (die über eine Partnerplattform füreinander ausgewählt wurden) in eine solche Situation bringen, würden dann 90 Paare nach diesen sieben Stunden davon ausgehen, so viele Gemeinsamkeiten zu haben, dass man ein zweites Date vereinbart? In der Tat sagt uns die Statistik, dass nur 20 bis 30 Prozent der Dater (statt 90 Prozent)

sagen können, dass der saturierte Eindruck ihres ersten Treffens so erfolgreich war, dass ein zweites Date vereinbart wird.

17 In den USA denken zumindest 47 Prozent der Online-Dater, dass diese Form des Datings einfacher und effizienter ist. Siehe: Sloat, S. (12.09.2017): »Five years later, meeting lovers online is now the norm« Inverse. Siehe: https://www.inverse.com/article/36352-tinder-five-year-anniversary-online-dating (abgerufen am 12.11.2018).

18 Wikipedia, Stichwort Blinder Fleck (Auge). Siehe: https://de.wikipedia.org/wiki/Blinder_Fleck_(Auge) (abgerufen am 12.11.2018).

19 Die Psychologin Ellen Langer zeigt sogar, dass Kontrolle über die Dinge hoch korreliert mit der Lebensdauer von Menschen. Siehe: Langer, E. (1983): *The Psychology of Control.* Sage Publications, S. 310.

20 Averill, J. R. (1973): »Personal control over aversive stimuli and its relationship to stress« *Psychological Bulletin* (80), S. 286–303.

21 Die Reaktion von jähzorniger Wut als Folge von Kontrollverlust nennt man in der Psychologie »Reaktanz«. Siehe: Brehm, J. W. (1966): *A Theory of Psychological Reactance.* Academic Press sowie Brehm, S. S. und J. W. Brehm (1981): *Psychological Reactance: A Theory of Freedom and Control.* Academic Press. Bezogen auf IT: Edwards, S. M., H. Li und J.-H. Lee (2002): »Forced exposure and psychological reactance: Antecendents and consequences of the perceived intrusiveness of pop-up ads«, in: *Journal of Advertising* 31(3), S. 83–96.

22 Abramson, L. Y., M. E. P. Seligman und J. D. Teasdale (1978): »Learned helplessness in humans«, in: *Journal of Abnormal Psychology* 87(1), S. 49–74. Im IT-Kontext: Guenther, O. und S. Spiekermann (2005): »RFID and Perceived Control-The Consumer's View«, in: *Communications of the ACM* 48(9), S. 73–76.

23 Im Chemieunterricht lernen wir heute noch, dass auch unsere biologischen Körper ebenso geteilt sind. Wir haben sehr viele gute Modelle davon entwickelt, wie wir uns bis auf die atomare Ebene hinunter zerlegen können; auf subatomarer Ebene in Protonen, Neutronen und Elektronen. Allerdings sind auch das nicht die Elementarteilchen, die in der Lage sind, unsere Einheit zu spalten, denn noch kleiner sind die Quarks. Quarks wiederum kann man gar nicht so leicht spalten, weil sie nämlich immer eine Einheit mit anderen Quarks bilden; sie schließen sich zu sogenannten Hadronen zusammen. Also langer Rede kurzer Sinn: Das gerne eingebrachte Argument, dass der Mensch in sich auch aus lauter kleinen Teilchen besteht, ist wissenschaftlich ungeklärt und eher unwahrscheinlich.

24 Wikipedia, Stichwort Turing-Test. Siehe: https://de.wikipedia.org/wiki/Turing-Test (abgerufen am 12.11.2018).

25 Watzlawick, P. (1978/2005): *Wie wirklich ist die Wirklichkeit.* Piper, S. 61–63.

26 Diese Schätzung stammt aus: Somers, J. (2007): »The Coming Software Apocalypse«, in: *The Atlantic.* Sie befindet sich aber dank moderner und sichererer Programmierverfahren im Umbruch, bei denen man »Correctness by Design« anstrebt. Letzteres ist aber nur in sehr ausgewählten Branchen im Einsatz.

27 Somers, J. (2017): »The Coming Software Apocalypse«, in: *The Atlantic.*

28 Somers, J. (2017): »The Coming Software Apocalypse«, in: *The Atlantic.*

29 Pichover, E. (2018): »NHS computer problems could be to blame for ›hundreds of deaths‹, academics claim«, in: *Independent.* Siehe: https://www.independent.

co.uk/news/health/nhs-computer-problems-blame-hundreds-deaths-harold-thimbleby-martyn-thomas-gresham-college-a8197986.html (abgerufen am 12.11.2018).

30 Knight, W. (2017): »The Dark Secret at the Heart of AI«, in: *MIT Technology Review* (120:3), S. 54–63.

31 Spiekermann, S., J. Korunovska und M. Langheinrich (2018): »Inside the Organization: Why Privacy and Security Engineering Is a Challenge for Engineers«, in: *Proceedings of IEEE*, S. 1–16.

32 Berenbach, B. und M. Broy (2009): »Professional and Ethical Dilemmas in Software Engineering«, in: *IEEE Computer* (1), S. 74–80.

33 https://www.handelsblatt.com/unternehmen/handel-konsumgueter/staatskonzern-viele-zuege-sind-defekt-bahn-betriebsrat-fordert-ende-der-ausgabensperre/23669348.html?ticket=ST-2292179-alUEdnlw1locnhoT9p0x-ap5 (abgerufen am 12.11.2018).

34 Hier ist zum Beispiel das P7001-Standardisierungsprojekt des Ingenieursverbands IEEE zu nennen. Siehe: https://standards.ieee.org/develop/project/7001.html (abgerufen am 12.11.2018).

35 Zur »Reaktanz« Brehm, J. W. (1966): *A Theory of Psychological Reactance*. Academic Press: Und Brehm, S. S. und J. W. Brehm (1981). *Psychological Reactance: A Theory of Freedom and Control*. Academic Press. Bezogen auf die IT: Edwards, S. M., H. Li und J.-H. Lee (2002): »Forced exposure and psychological reactance: Antecendents and consequences of the perceived intrusiveness of pop-up ads«, in: *Journal of Advertising* 31(3), S. 83–96.

36 Scheler, M. (1921/2007): *Der Formalismus in der Ethik und die Materiale Wertethik* Elibron Classics, S. 200ff.

37 Wood, J. (2014): »College Students in study spend 8 to 10 hours daily on cell phone«. Siehe: https://psychcentral.com/news/2014/08/31/new-study-finds-cell-phone-addiction-increasingly-realistic-possibility/74312.html (abgerufen am 12.11.2018).

38 Bednar, K. (2018): *Values and ICTs: A Qualitative Analysis of How New Technologies Affect Us*. Master of Science in Cognitive Psychology, WU Wien.

39 Statista (2017): »Daily time spent on social networking by internet users worldwide from 2012 to 2017 (in minutes)«. Siehe: https://www.statista.com/statistics/433871/daily-social-media-usage-worldwide/ (abgerufen am 12.11.2018).

40 Das Digitale präsentiert sich uns als Einheit von Hardware und Software. Tatsächlich geht von der Hardware selbst, also vom Gerät, nicht das Eigenleben aus. Es bedarf der Software und Services, die man hier aufsetzt. Dem Nutzer ist diese Trennung jedoch meistens nicht bewusst. Und da es mir um *das Erleben* des Digitalen geht, fasse ich die technisch getrennten Bereiche hier zusammen.

41 Das »kaum beeinflussbare« Eigenleben besteht darin, dass wir Ab-Werk-Voreinstellungen verändern können, zum Beispiel Datenschutzeinstellungen oder die Art und Intensität der Anzeige von Nachrichten und Tönen. Aber das Leben des Digitalen ist insofern »eigen«, als die meisten Plattformen den Nutzern sehr wenige solcher tiefen Kontrollen über das Gerät geben. Im Bereich der Computer gibt es natürlich das Betriebssystem Linux, das Nutzern erlaubt, es bis auf tiefe Ebenen hinab zu kontrollieren. Nur etwa zwei Prozent der Nutzer haben jedoch Linux oder wollen sich mit dem Erlernen dieses Betriebssystems auseinandersetzen. Wenn man Android als Betriebssystem fürs Handy benutzt, kann man

theoretisch Android-Versionen benutzen, die die Voreinstellungen des Herstellers außer Kraft setzen. Dann entfallen jedoch auch sämtliche Gerätegarantien, ein Risiko, das sich die meisten Nutzer schlichtweg nicht leisten können.

42 Übrigens ist dieser Glaube ein Artefakt unserer modernen westlichen Kultur. In Ländern wie Japan glaubt man, dass die Dinge ebenso Lebendigkeit in sich tragen können.

43 Kahneman, D. (1973): *Attention and Effort*. Prentice-Hall.

44 McSpadden K. (14.05.2015): »You Now Have a Shorter Attention Span Than a Goldfish«. Time. Siehe: http://time.com/3858309/attention-spans-goldfish/ (abgerufen am 12.11.2018). Mit Kritik des BBC-Journalisten Simon Maybin; Siehe: http://www.bbc.com/news/health-38896790 (abgerufen am 12.11.2018).

45 Empfehlenswert ist hier das Buch von Eyal, N. und R. Hoover (2015): *Hooked: How to Build Habit-Forming Products*. Penguin.

46 Wansink, B., J. Painter und J. North (2005): »Bottomless bowls: Why visual cues of portion size may influence intake«, in: *Obesity Research* (13:1), S. 93–100. Im Jahr 2018 wurde gegen diese Studie zwar Kritik erhoben (siehe dazu: https://www.theguardian.com/science/head-quarters/2018/feb/16/mindless-eating-brian-wansink-is-there-something-rotten-behind-the-research), aber der Hinweis auf die Forschung kommt aus dem Bereich der User-Experience-Forschung, wo die Ergebnisse als Inspiration verwendet worden sind.

47 Zeiler, M. D. (1971): »Eliminating Behavior with Reinforcement«, in: *Journal of Experimental Analysis of Behavior* 16(3), S. 401–405.

48 The Radicati Group (März 2016), siehe: http://www.radicati.com/wp/wp-content/uploads/2016/01/Email_Statistics_Report_2016-2020_Executive_Summary.pdf (abgerufen am 12.11.2018).

49 Dabbish, L., G. Mark und V. M. Gonzàlez (2011): »Why do I keep interrupting myself? Environment, habit and self-interruption Conference on Human Factors in Computing Systems« (CHI'11), ACM, S. 3127–3130.

50 Markowetz, A. (2015): *Digitaler Burnout. Warum unsere permanente Smartphone-Nutzung gefährlich ist*. Droemer.

51 Csíkszentmihályi, M. (1991): *Flow: The Psychology of Optimal Experience*. Harper Collins.

52 Spool, J. (14.9.2011): »Do users change their settings?«. Siehe: https://www.uie.com/brainsparks/2011/09/14/do-users-change-their-settings/ (abgerufen am 12.11.2018).

53 Alter, A. (2017): »How technology gets us hooked«, in: *The Guardian*.

54 McClelland, D. (1987): *Human Motivation*. Cambridge University Press.

55 Reiss, S. (2004): »Multifaceted nature of intrinsic motivation: The theory of 16 basic desires«, in: *Review of General Psychology* 8(3), S. 179–193.

56 Aboujaoude, E. (2012): *Virtually You. The Dangerous Powers of the E-Personality*. W.W. Norton & Company.

57 Dunning, D. (2011): »Chapter five. The Dunning–Kruger Effect: On Being Ignorant of One's Own Ignorance«, in: *Advances in Experimental Social Psychology* (44), S. 247–296.

58 Ich beziehe mich hier auch auf einen Bereich der Kognitionsforschung, der in der »Predictive Mind Theory« dargelegt wird (siehe etwa Arthur Clarke), der Embodied Cognition (siehe etwa Shapiro, L. [2011]: *Embodied Cognition*. Routledge), aber auch in Arbeiten von James J. Gibson fundiert ist (Gibson, J. (1979):

The Ecological Approach to Visual Perception. Houghton Mifflin), die von der Robotik aufgegriffen werden (siehe etwas Brooks, R. [1991]: »Intelligence without Representation« MIT Artificial Intelligence Laboratory). Ich danke an dieser Stelle dem Autor Matthew Crawford für seine exzellente Zusammenfassung der Thematik in seinem Buch *The World Beyond your Head. How to Flourish in an Age of Distraction.*

59 Vgl. Mazie S. (09.10.2014): »Do you have too many facebook friends?«. Big Think. Siehe: https://bigthink.com/praxis/do-you-have-too-many-facebook-friends (abgerufen am 12.11.2018).

60 Liebermann, M. D. (2013): *Social: Why our brains are wired to connect.* Oxford University Press.

61 DESTATIS Statistisches Bundesamt: *Bevölkerung.* Siehe: https://www.destatis.de/DE/ZahlenFakten/Indikatoren/LangeReihen/Bevoelkerung/lrbev05.html (abgerufen am 12.11.2018).

62 Constine, J. (29.02.2012): »Your average facebook post only reaches 12 percent of your friends«. TechCrunch. Siehe: https://techcrunch.com/2012/02/29/facebook-post-reach-16-friends/?guccounter=1 (abgerufen am 12.11.2018).

63 Bessière, K., S. Kiesler, R. Kraut und B. S. Boneva (2008): »Effects of Internet Use and Social Resources on Changes in Depression«, in: *Information, Communication & Society* 11(1), S. 47–70.

64 Originalzitat: A: »Yeah, when you lose your phone you feel useless and disconnected.« B: »Yeah. Like you cut your hands, or something like that.«

65 Renstrom, J. (23.03.2018): »What happened when I made my students turn off their phones«. Aeon. Siehe: https://aeon.co/ideas/what-happened-when-i-made-my-students-turn-off-their-phones (abgerufen am 12.11.2018).

66 Siehe hierzu inbesondere die bahnbrechenden Forschungsarbeiten des Anthropologen und Paläontologen Leroi-Gourhan, insb. Leroi-Gourhan, A. (1993): *Gesture and Speech.* MIT Press.

67 Zitat: »What I'm noticing with myself and with my friends is that we cannot control it, that is the problem.« In: Bednar, K. (2018): »Values and ICTs: A Qualitative Analysis of How New Technologies Affect Us«, in: *Institute of Information Systems & Society,* WU Wien.

68 Hobsbawm, J. (2018): *Fully Connected: Social Health in an Age of Overload.* Bloomsbury Business.

69 Zitat: »… even if you're not there, you know everything, you feel like you're there, because, you know, you're kind of like everywhere, you can be everywhere. | Interviewer: Is it important for you to be everywhere? | Well, I think yes! In today's world, yeah, because if you're not everywhere, then everyone else is everywhere and you're left out [laughs].« In: Bednar, K. (2018).: »Values and ICTs: A Qualitative Analysis of How New Technologies Affect Us«, in: *Institute of Information Systems & Society,* WU Wien.

70 Hier sind vor allem Transhumanisten und technische Posthumanisten zu nennen, die sich eine Verschmelzung von Mensch und Maschine wünschen und es für unabdingbar halten, dass Menschen sich technisch aufrüsten mit den digitalen Medien. Siehe dazu: Loh, J. (2018): *Trans- und Posthumanismus.* Junius Verlag.

71 *The Onion,* 13. Mai 2013; aus dem Englischen frei übersetzt. Siehe Crawford, M. (2015): *The World Beyond Your Head. How to Flourish in an Age of Distraction.* Penguin.

72 134 Studierende wurden im Rahmen dieses Experiments von mir in das Experimentallabor der WU Wien eingeladen. Sie absolvierten zunächst eine Reihe von Kreativitätsübungen an einem normalen PC und beantworteten dann zwei persönliche offene Fragen zu einem peinlichen Vorfall in ihrem Leben und einer Situation, die sie gerne vergessen würden. Alle Studierenden erhielten dieselbe Zeit für diese Fragen, in demselben Raum, zur selben Uhrzeit. Allerdings gab es drei Varianten für den Bildschirmhintergrund. Ein Drittel der Probanden beantwortete die Fragen vor einem einfachen schwarz-weißen Hintergrund mit einer geringen mathematischen Entropie. Ein Drittel hatte einen gesteigerten entropischen Hintergrund mit einer Art Pixelspace, und die dritte Gruppe musste die Aufgabe vor einem maximal entropischen Hintergrund mit beweglichem Pixelspace abarbeiten. Die genauen Ergebnisse können nachgelesen werden in: Spiekermann, S. und J. Korunovska (2014): »About the Importance of Interface Complexity and Entropy for Online Information Sharing«, in: *Behaviour & Information Technology* 33(6), S. 336–345.

73 Cassirer, E.: »Disposition der Philosophie des Symbolischen«, zitiert aus: Wolfram Eilenberger (2018): *Zeit der Zauberer*. Klett-Cotta, S. 405.

74 Der Aufbau von Bedeutung und die Rolle des Gedächtnisses in diesem Abschnitt sind angelehnt an die Forschung von Arthur Glenberg; siehe: Glenberg, A. (1997): »What memory is for«, in: *Behavior and Brain Sciences* 20, S. 1–55.

75 Streng genommen gibt es »projectable properties«, also Muster, die ich in meiner Umgebung sensorisch erkenne, und »non-projectable properties« – Muster, die in meinem Langzeitgedächtnis abgespeichert sind. Diese beiden vermischen sich zu einem Gesamtmuster, das eine Konzeptionalisierung der für mich bedeutsamen Realität darstellt.

76 Quelle zur Extended Cognition Literatus; Bedeutung von Emotion beim Lernen etc.

77 Manche Leute würden an dieser Stelle argumentieren, dass wir durch unsere sozialen Medien doch gerade unsere biografische Identität stärken. In nie da gewesener Form können wir uns die Vergangenheit auf unserer Facebook-Wall anschauen. Julia Hobsbawm hat dieses Argument wunderbar widerlegt (siehe: Hobsbawn, J. [2017]: *Fully Connected: Social Health in an Age of Overload*. Bloomsbury Business). Sie sagt, man solle sich vorstellen, dass man nach Kenia fliegt und sich dort an eine Strandbar setzt. Man bleibt dort an dieser Strandbar den ganzen Urlaub lang sitzen. Man bewegt sich nicht vom Fleck. Viele Leute kommen vorbei; erzählen, was in der Welt so vor sich geht. Man sieht ein paar Leute am Strand vorbeigehen. Das ist die Facebook-Erfahrung; ein kleines Fenster, von dem aus man in die Welt passiv hineinschaut. Man möge diese Erfahrung nun damit vergleichen, einen echten Urlaub in Kenia zu verbringen. Man fährt real durch die Gegend, schaut sich viele Orte an und erfährt, wie man sich selbst bewegt und erlebt. In welchem Fall werden wohl mehr biografische Identität und Erinnerungen (im Langzeitgedächtnis) aufgebaut?

78 Carr, N. (2010): *Wer ich bin, wenn ich online bin …* Blessing.

79 Wir bedienen uns unanstrengender Routinen; siehe etwa die »Theory of Production Compilation«, in: Taatgen, N. A. und F. J. Lee (2003): »Production compilation: A simple mechanism to model complex skill acquisition«, *Human Factors*, 45(1), S. 61–76.

80 Scheu R. (21.03.2018): »Der Professor zu seinem Studenten: So denkt das Kind,

aber nicht der reife Mensch.« Siehe: https://www.nzz.ch/feuilleton/so-denkt-das-kind-aber-nicht-der-reife-mensch-ld.1367535 (abgerufen am 12.11.2018).

81 Wikipedia, Stichwort Völker und Gruppierungen im Star-Trek-Universum. Siehe: https://de.wikipedia.org/wiki/V ProzentC3 ProzentB6lker_und_Gruppierungen_im_Star-Trek-Universum#Borg (abgerufen am 12.11.2018).

82 Bilton N. (10.09.2014): »Steve Jobs was a Low-tech Parent«, in: *New York Times.* Siehe: https://www.nytimes.com/2014/09/11/fashion/steve-jobs-apple-was-a-low-tech-parent.html (abgerufen am 12.11.2018).

83 Weller C. (24.10.2017): »Bill Gates and Steve Jobs raised their kids tech-free and it should've been a red flag«. Independent. Siehe: https://www.independent.co.uk/life-style/gadgets-and-tech/bill-gates-and-steve-jobs-raised-their-kids-tech-free-and-it-shouldve-been-a-red-flag-a8017136.html (abgerufen am 12.11.2018).

Unser Fortschrittsdenken

1 Schätzungen variieren zwischen 25 und 30 Prozent laut Kohavi, R., T. Crook und R. Longbotham (2009): »Online Experimentation at Microsoft«. In: Third International Workshop on Data Mining Case Studies. Eine Studie von IBM beschreibt knapp 60 Prozent der Veränderungsprozesse als erfolgreich: Vgl. IBM (2008): *Making Change Work.* Somers, NY: IBM. Siehe: http://www-935.ibm.com/services/de/bcs/pdf/2009/making_change_work.pdf (abgerufen am 8.12.2018).

2 Ich spreche hier bewusst von disruptiver Technologie, weil auch Clayton Christensen, der Begründer dieser Bezeichnung, erkannt hat, dass nur wenige Technologien disruptiv wirken; vielmehr sind es neue Geschäftsmodelle, die disruptiv sein können. Vgl: Wikipedia, Stichwort Disruptive innovation. Siehe: https://en.wikipedia.org/wiki/Disruptive_innovation (abgerufen am 12.11.2018). Diese sind nicht selten ermöglicht durch das Digitale und basieren etwa auf einer Umsonst-Kultur. Für eine ausführliche Diskussion siehe auch: Zuboff, S. (2018): *Das Zeitalter des Überwachungskapitalismus.* Campus.

3 Dogtiev, A. (08.10.2018): »App Download and Usage Statistics«. Siehe: http://www.businessofapps.com/data/app-statistics/ (abgerufen am 12.11.2018).

4 Perez, S. (2018): »Report: Smartphone owners are using 9 apps per day, 30 per month«. TechCrunch. Siehe: https://techcrunch.com/2017/05/04/report-smartphone-owners-are-using-9-apps-per-day-30-per-month/ (abgerufen am 12.11.2018).

5 Ich sage bewusst *bis zu* 46 Prozent, weil die Studie von Frey, C. B. und M. A. Osborne (2013): »The Future of Employment: How Susceptible Are Jobs to Computerization«, Oxford Martin School, bisweilen hinterfragt worden ist. Andere Studien haben geringere Arbeitsplatzverluste ausgerechnet, die sich bei 20 bis 30 Prozent der Jobs ansiedeln, was immer noch zu viel erscheint, um politische Spannungen zu umgehen.

6 Albertus Magnus: *Met. II. 3 Opera omnia*, hrsg. von B. Gayer u. a. (1951ff.) 16/1, 94, zitiert gemäß: Ritter, J. (1972): *Historisches Wörterbuch der Philosophie.* Schwabe & Co., Bd. 2, S. 1036.

7 Den Halbsatz richtig zu übersetzen erfordert, ihn in seinem tieferen historischen Kontext frei zu übersetzen, worum ich mich hier in Kooperation mit Mittelalterexperten bemüht habe.

8 Foucault, M. (2015): *Ästhetik der Existenz. Schriften zur Lebenskunst.* Suhrkamp.

9 MacIntyre, A. (1984): *After Virtue: A Study in Moral Theory.* University of Notre Dame Press.

10 Zur bleibenden Aktualität dieses auf den ersten Blick antiquierten »hierarchischen Denkens«: Hoff, J. (2018): »Iconicity and the Anamorphosis of Social Space. Retrieving Nicholas of Cusa's Political Pneumatology«, in: Dürr, W., G. Vergauwen u. a. (2018): *Veni, Sancte Spiritus! Theologische Beiträge zur Sendung des Geistes. Contributions to the Mission of the Spirit.* Aschendorff, S. 424–470, hier S. 424–450.

11 Vgl. Führer, M. (2018): »Albert the Great«, in: *The Stanford Encyclopedia of Philosophy.* Siehe: https://plato.stanford.edu/archives/sum2018/entries/albert-great/ (abgerufen am 12.11.2018).

12 Roger Bacon (1889): *Novum organum scientiarum.* S.137

13 Die historischen Wurzeln dieses Fortschrittsdenkens von neu = gut in anderen Kulturen unterscheiden sich von denen in Europa und den USA. In anderen Weltregionen kam es teilweise sehr viel später auf und war zum Teil Folge von Schocks durch die Kolonialisierung und/oder Kriegen (siehe etwa das Beispiel Japan).

14 Streng genommen wurde in jener Zeit der sog. »trockene« Kompass erfunden, den wir noch heute nutzen. Frühere Kompasstypen waren etwa bei den Chinesen schon vor Christus bekannt.

15 Francis Bacon: *Novum organum scientiarum,* I, 129. Fo.337; vgl. *Cogitata et visa,* hrsg. von Spedding, J., R. Ellis und D. Health (1859/1963).

16 Ritter, J. (1972): *Historisches Wörterbuch der Philosophie.* Schwabe & Co., Bd. 2, S. 1038.

17 Glanvill, J. G. (1668): *Plus ultra or the progress and advancement of knowledge since the days of Artistotle.* London, S.112f.

18 Noble, D. F. (1999): *The Religion of Technology, The Divinity of Man and the Spirit of Invention.* Penguin, S. 97.

19 Condorcet, M. J. A. N. (1963): »Science de prévoir les progrès de l'espèce humaine, de les diriger, de les accélérer«, in: *Entwurf einer historischen Darstellung der Fortschritte des menschlichen Geistes.* Europäische Verlagsanstalt, S. 42f.

20 Asimov, I. (2017): *Die Foundation-Trilogie.* Heyne.

21 Diehl J. und B. Kartheuser (2018): »Ich weiß, was du heute tun wirst«, *Spiegel online.* Siehe: http://www.spiegel.de/panorama/justiz/kriminalitaet-in-deutschland-polizei-setzt-auf-computer-vorhersagen-a-1188350.html (abgerufen am 12.11.2018).

22 Die Vergabe des BigBrotherAwards an die Landesregierung von Hessen im April 2018. Siehe: https://bigbrotherawards.de/2018/politik-cdu-gruene-landtag-hessen (abgerufen am 12.11.2018).

23 Hoff, J. (2013): *The Analogical Turn: Rethinking Modernity with Nicholas of Cusa.* William B. Erdmans Publishing Company, S. 44–59.

24 »f« heißt »Funktion« und f(x,y) steht dafür, dass »Licht« als Teilaspekt der Gemütlichkeit eine Funktion aus (z. B. Goldanteil im Licht, abgedunkelt) ist.

25 Man möge mir verzeihen, dass ich an dieser Stelle das Gegenargument derjenigen, die an künstliche Intelligenzen *ohne* Modellvorgaben glauben, nur in einer Fußnote erwähne. Sie werden sagen, dass es ja das »Non-supervised machine learning«-Verfahren gibt, bei dem Künstliche Intelligenzen quasi ohne menschliches Zutun und ohne vorgegebene Modelle einfach nur Datensätze (z. B. Filme,

Fotos, Datenströme) beobachten und auf Basis der sich wiederholenden Muster Phänomene selbstständig erkennen, erlernen und nachahmen können. Phänomene und Realitäten müssen also heute nicht unbedingt vorab in einem limitierten Modell abgebildet werden, damit Maschinen diese erlernen können. Das ist wohl wahr. Allerdings ist dieses »non-supervised machine learning« eben aufgrund seiner unvorhersehbaren und damit relativ unkontrollierbaren Ergebnisse kein Verfahren, das in der Praxis flächendeckend oder zumindest häufig Verwendung findet. In überschaubar geschlossenen Kontexten, bei denen man es vielleicht auch zunehmend einsetzt, hängt diese Künstliche Intelligenz in jedem Fall davon ab, dass die ihr gegebenen Input-Daten das Phänomen wiederholt abbilden, sodass die Künstliche Intelligenz aufgrund der beobachteten Häufigkeiten dieses als relevant (da wiederholt) einordnen kann. Da nun aber die Singularitas der menschlichen Realität zu *nicht identischen* Wiederholungen neigt, wird die Künstliche Intelligenz relevante Wiederholungen oft nicht als solche erkennen können. Was wir Menschen als Wiederholung wahrnehmen, hat ja oft nichts mit einer optischen Wiederholung zu tun, sondern wiederholt sich etwa nur in Form von Ideen, die im platonischen Sinne die Dinge miteinander verbinden. Ich bin z. B. sicher, dass ein Mensch ein schwedisches Esszimmer im Morgenlicht als gemütlich einstufen kann, obwohl er oder sie nie ein ähnliches Zimmer gesehen hat. Dies ist so, weil der Mensch im platonischen Sinne in der Lage ist, die Idee eines Phänomens zu begreifen, wie etwa die Idee von dem, was wir Gemütlichkeit nennen. Diese Fähigkeit ist keine, die man einer Maschine beibringen könnte. Zumindest wüsste ich nicht, wie.

26 »Bevölkerung Deutschlands im Jahr 2014 erneut gestiegen«, Statistisches Bundesamt. Siehe: https://www.destatis.de/DE/PresseService/Presse/Pressemitteilungen/2015/01/PD15_024_12411.html (abgerufen am 12.11.2018).

27 »Babyboom in Deutschland«, *Spiegel Online* (28.03.2018). Siehe: http:/www.spiegel.de/gesundheit/schwangerschaft/geburtenrate-in-deutschland-steigt-hoechste-geburtenziffer-seit-1973-a-1200246.html (abgerufen am 12.11.2018).

28 Deutscher Gewerkschaftsbund, »Mitgliederzahlen«. Siehe: http://www.dgb.de/uber-uns/dgb-heute/mitgliederzahlen/2010 (abgerufen am 12.11.2018).

29 Hamann, F. (08.03.2018): »Karriereturbo oder Ruin: Was der Doktortitel für den beruflichen Erfolg in Banking und Consulting bringt«, efinancialcareers. Siehe: https://news.efinancialcareers.com/ch-de/237697/karriereturbo-oder-ruin-was-der-doktortitel-fur-den-beruflichen-erfolg-in-banking-und-consulting-bringt (abgerufen am 12.11.2018).

30 QKies. Siehe:, http://qkies.de/ (abgerufen am 12.11.2018).

31 Marie Jean Antoine Nicolas Caritat Marquis de Condorcet (1793/94): *Esquisse d'un tableau historique des progrès de l'esprit human,* dt. hrsg. von W. Alff (1963).

32 »progrès continuel de la raison universelle« heißt es beim Abbé de Saint-Pierre.

33 Forster, G. (1968): *Werke.* Insel Verlag, Bd. 1, S. 69f.

34 Weber M. (2010): *Die protestantische Ethik und der Geist des Kapitalismus.* C.H. Beck. Zur kritischen Neubewertung von Webers Thesen siehe: Taylor, C. (2007): *A Secular Age.* Harvard University Press, S. 22ff.

35 Wikipedia, Stichwort *Her.* Siehe: https://de.wikipedia.org/wiki/Her_(2013) (abgerufen am 12.11.2018).

36 Anders, G. (1956): *Die Antiquiertheit des Menschen.* Bd 1: *Über die Seele im Zeitalter der zweiten industriellen Revolution.* C.H. Beck.

37 Loh, J. (2018): *Trans- und Posthumanismus.* Junius Verlag.

38 Joyce, J. (1975): *Ulysses.* Suhrkamp, S. 31. Alle diese Gelehrten des Reformationszeitalters stützten sich auf eine radikale Interpretation des Kirchenvaters Augustinus (354–430), die insbesondere seine polemischen späten Streitschriften kennzeichnet (sog. »Hyper-Augustinismus«). Siehe: Taylor, C. (2007): *A Secular Age.* The Belknap Press at Harvard University Press, S. 75–84 und S. 104f.

39 Hobbes, T. (1994): *Leviathan.* Hackett.

40 Kerscher, K.-J. (2013): *Homo Oeconomicus und Menschenbild. Form und Wesen einer beachtenswerten Spannung.* Metropolis Verlag.

41 Rousseau, J.-J. (1998): *Abhandlung über den Ursprung und die Grundlagen der Ungleichheit unter den Menschen.* Reclam, S. 125.

42 Kritisch hierzu: Milbank, J. und A. Pabst (2016): *The Politics of Virtue. Postliberalism and the Human Future.* Rowman & Littlefield.

43 Spiekermann, S., P. Hampson, C. Ess, J. Hoff, M. Coeckelbergh und G. Franck (2017): »Wider den Transhumanismus«, in: *Neue Züricher Zeitung.*

44 Als guter Überblick dient die Webseite der Organisation Humanity +; siehe: https://humanityplus.org/ (abgerufen am 12.11.2018). Es ist mir wichtig, an dieser Stelle anzumerken, dass wir natürlich in der Medizin schon immer am Menschen experimentieren. Allerdings auf sehr vorsichtige, gesetzlich regulierte und gut begründete Weise, und nur dort, wo es unbedingt erforderlich ist. Der ethische Rahmen ist hier eng begrenzt auf den Wunsch, Krankheiten zu heilen und Menschen von bestehendem Leiden zu befreien. Das ist etwas ganz anderes, als Wissenschaftler außerhalb der klinisch kontrollierten Forschung auf das Experimentieren mit dem Körper loszulassen mit dem Ziel, irgendwelche Fortschrittsideen auszuprobieren.

45 Vgl. Kurzweil, R. (2006): *The Singularity Is Near. When Humans Transcend Biology.* Penguin, S. 306: »Although artificial hearts are beginning to be feasible replacements, a more effective approach will be to get rid of the heart altogether«; und S. 307: »Let's consider where we are, circa early 2030. We have eliminated the heart, lungs and white blood cells, platelets, pancreas.«

46 Vgl. Beck, M. (2018): »Prosthetic Memory System Successful in Humans, Study Finds«, USC Viterbi. Siehe: https://viterbischool.usc.edu/news/2018/03/prosthetic-memory-system-successful-in-humans-study-finds/
(abgerufen am 13.11.2018).

47 In den FAQs des Transhumanistischen Manifests, die von angesehenen »Wissenschaftlern« wie Nick Bostrom erarbeitet wurden, steht etwa auf Seite 23: »Uploading a human intellect and then accelerating and enhancing it«. Siehe: https://humanityplus.org/philosophy/transhumanist-faq/ (mit einer eigenen Rubrik zum Thema »Was ist Uploading?«)

48 Vgl. Kurzweil, R. (2006): *The Singularity Is Near. When Humans Transcend Biology.* Penguin, S. 161: »If we have the option of destroying the brain we are scanning, dramatically higher spacial resolution becomes possible«

49 Regalado, A. (2018): »Researchers are keeping pig brains alive outside the body«, in: *Technology Review.* Siehe: https://www.technologyreview.com/s/611007/researchers-are-keeping-pig-brains-alive-outside-the-body/ (abgerufen am 13.11.2018).

50 Wenn es dort etwas zu scannen gibt, dann elektrische Impulse, die man vielleicht maximal als »Daten« interpretieren könnte, wobei nicht klar ist, wofür diese Daten dann letztlich stehen.

51 Vgl. Damasio, A. und G. B. Carvalho (2013): »The nature of feelings. Evolutionary and neurobiological origins«, in: *Nature reviews. Neuroscience,* Bd. 14, S. 143–152.

52 Sehr empfehlenswert ist in diesem Zusammenhang der Artikel vom Technikfolgenabschätzungsforscher Christopher Coenen: Coenen, C. (2014): »Transhumanism in Emerging Technoscience as a Challenge for the Humanities and Technology Assessment«. Teorija in Praksa 51(5), S. 754–771. Auf S. 756 findet sich eine eindrucksvolle Zusammenfassung der transhumanistischen Körperverachtung.

53 Die von Ray Kurzweil benutzte Begrifflichkeit »Singularity« ist, wie bereits erwähnt, nicht dasselbe wie die »Singularitas«, die ich in diesem Buch mit Bezug auf Cusanus beschrieben habe.

54 Krysmanski, H. J. (2014): »Der ganz alltägliche Transhumanismus«, in: *Jahrbuch für Pädagogik* (1), S. 123–142.

55 Mit diesem »Pingpong«-Spiel meine ich, dass sich große IT-Unternehmen immer wieder verklagen lassen oder an die nächsthöhere richterliche Instanz appellieren, weil sie sich auf diese Weise erhoffen, am Ende doch recht zu bekommen mit ihren Praktiken, oder doch zumindest jahrelange Zeitvorteile schinden, bis sie endlich ihre Strafe zahlen. Die Strafzahlungen sind ihnen aber offenbar gleichgültig, weil sie genug Geld haben, solche Prozesskosten zu finanzieren.

56 Auf diesen Aspekt kommt auch Matthias Döpfner in seinem offenen Brief an Eric Schmidt zu sprechen, den er 2014 in der *FAZ* veröffentlicht hat: Döpfner, M. (2014): »Warum wir Google fürchten«, in: *Frankfurter Allgemeine Zeitung.* Siehe: http://www.faz.net/aktuell/feuilleton/medien/mathias-doepfner-warum-wir-google-fuerchten-12897463.html?printPagedArticle=true#pageIndex_0 (abgerufen am 13.11.2018).

57 Singularity Universityt, siehe: https://su.org/ (abgerufen am 13.11.2018).

58 University of Oxford, Future of Humanity Institute, siehe: https://www.fhi.ox.ac.uk/the-team/ (abgerufen am 13.11.2018).

59 SingularityU Vienna Chapter, siehe: http://www.singularityuvienna.com/uber-uns/ (abgerufen am 13.11.2018).

60 Solon, O. (28.09.2017,): »Deus ex machina: former Google engineer is developing an AI god«, in: *The Guardian.* Siehe: https://www.theguardian.com/technology/2017/sep/28/artificial-intelligence-god-anthony-levandowski (abgerufen am 13.11.2018).

Digitale Ethik in der Praxis

1 Gartner: »Top 10 Strategic Technology Trends for 2019«. Siehe: https://blogs.gartner.com/smarterwithgartner/files/2018/09/PR_499538_Top_10_Technology_Trends_for_2019_Infographic.png (abgerufen am 13.11.2018).

2 IEEE Advancing Technology for Humanity. Siehe: https://www.ieee.org/ (abgerufen am 13.11.2018).

3 IEEE Ethics in Action. Siehe: https://ethicsinaction.ieee.org/ (abgerufen am 13.11.2018).

4 IEEE General Principles. Siehe: https://standards.ieee.org/content/dam/ieee-standards/standards/web/documents/other/ead_general_principles_v2.pdf (abgerufen am 13.11.2018).

5 Vereinte Nationen: »Resolution der Generalversammlung. Allgemeine Erklärung der Menschenrechte«. Siehe: http://www.un.org/depts/german/menschenrechte/aemr.pdf (abgerufen am 13.11.2018).

6 Jonas, H. (1979): *Das Prinzip Verantwortung. Versuch einer Ethik für die technologische Zivilisation.* Suhrkamp.

7 Winfield, A. (2017): »A Round Up of Robotics and AI ethics«. Siehe: http://alanwinfield.blogspot.com/2017/ (abgerufen am 13.11.2018).

8 Association for Computing Machinery (25.05.2017): »Statement on Algorithmic Transparency and Accountability«. Siehe: https://www.acm.org/binaries/content/assets/public-policy/2017_joint_statement_algorithms.pdf (abgerufen am 13.11.2018).

9 »Entschließung des Europäischen Parlaments vom 16. Februar 2017 mit Empfehlungen an die Kommission zu zivilrechtlichen Regelungen im Bereich Robotik (2015/2103(INL))«. Siehe: http://www.europarl.europa.eu/sides/getDoc.do?-type=TA&reference=P8-TA-2017-0051&language=EN&ring=A8-2017-0005 (abgerufen am 13.11.2018).

10 Siehe alle beteiligten Denker und Ideengeber für eine Digitale Charta, die in der Wochenzeitung *Die Zeit* veröffentlicht wurden. Schulz, M. (26.11.2015): »Freiheit Gleichheit Datenschutz«, *Zeit Online.* Siehe: https://www.zeit.de/2015/48/grundrechte-netz-datenschutz-eugh (abgerufen am 13.11.2018); oder meine eigene Liste: Spiekermann, S. (29.10.2015): »Werte, die uns schützen«, *Zeit Online.* Siehe: https://www.zeit.de/2015/44/it-systeme-technik-werte-entwicklung (abgerufen am 13.11.2018).

11 Spiekermann, S. (2016): *Ethical IT Innovation. A Value-based System Design Approach.* Taylor & Francis, S. 150.

12 Maslow, A. (1970): *Motivation and Personality.* Harper & Row.

13 Vgl. Spiekermann, S. (2016): *Ethical IT Innovation. A Value-based System Design Approach.* Taylor & Francis.

14 Aronson, P. und J. Duportail (12.07.2018): »The quantified heart«, Aeon. Siehe: https://aeon.co/essays/can-emotion-regulating-tech-translate-across-cultures (abgerufen am 13.11.2018).

15 Es könnte der Einwand erhoben werden, dass Trost kein Wert ist. Dem Trost liegt eine Aktivität zugrunde; das ist der Akt des Tröstens. Diese Aktivität materialisiert den Wert des Trostes. Trost ist auch kein Gefühl, vielmehr sind es die Gefühle der Genugtuung, der Wärme oder der wiedergewonnenen Stärke, die den Wert des Trostes konstituieren. Trost wird also nicht gefühlt. Vielmehr wird er gespendet. Der Wortstamm des Trostes ist mit der Tugend der Treue gemein. Der Wert des Trostes wird im seelischen Halt erlebt.

16 Buchard, C. (2012): »Räuber oder Gendarm? Notwehr gegen unangekündigte Hausdurchsuchungen im Spiegel deutsch-amerikanischer Rechtsvergleichung«, in: *HRRS Onlinezeitschrift für Höchstrichterliche Rechtsprechung zum Strafrecht*, 13. Jg., S. 421–453, hier: S.443. Siehe: https://www.hrr-strafrecht.de/hrr/archiv/12-10/hrrs-10-12.pdf (abgerufen am 13.11.2018). Sowie: Online library of liberty: »Sir Edward Coke declares that your house is your ›Castle and Fortress‹ (1604)«. Siehe: http://oll.libertyfund.org/quotes/502 (abgerufen am 13.11.2018).

17 Warren, S. D. und L. D. Brandeis (15.12.1890): »The Right to Privacy«, in: *Harvard Law Review* (4:5), S. 193–220.
18 Solove, D. J. (2006): »A Taxonomy of Privacy«, in: *University of Pennsylvania Law Review* (154:3), S. 477–560.
19 Für eine gute Übersicht siehe sämtliche Arbeiten des Wiener Aktivisten Wolfie Christl: http://wolfie.crackedlabs.org/ (abgerufen am 13.11.2018). Siehe auch unser gemeinsames Buch: Christl, W. und S. Spiekermann (2016): *Networks of Control. A Report on Corporate Surveillance, Digital Tracking, Big Data & Privacy.* Facultas.
20 Diese Zahl habe ich einem Vortrag von Ann Mettler, der Chefin des European Political Strategy Center in Brüssel, entnehmen dürfen, den sie auf der Tagung »Morals and Machines« im Juli 2018 in Berlin gehalten hat. Ihr zufolge werden nur vier Prozent der Daten europäischer Bürger heute in Europa gespeichert. Da unsere Daten meines Wissens kaum in China oder Russland gespeichert werden, sondern ganz überwiegend in amerikanischen Cloudsystemen wie etwa bei Amazon, IBM oder Microsoft, gehe ich mit einiger Gewissheit davon aus, schätzen zu dürfen, dass 90 Prozent der Daten dort gespeichert sind.
21 Die Firma Oracle KaiBlue sagt zum Beispiel, dass sie Profile mit 30 000 Nutzerattributen von 200 Datenzulieferern bieten kann für 700 Millionen Einzelnutzer. Quelle: Christl, W. und S. Spiekermann (2016): *Networks of Control. A Report on Corporate Surveillance, Digital Tracking, Big Data & Privacy.* Facultas.
22 *Zeit Online* (27.11.2013): »USA dürfen weiter auf EU-Bankdaten zugreifen«. Siehe: https://www.zeit.de/digital/datenschutz/2013-11/swift-eu-kommission-fluggastdaten-usa (abgerufen am 13.11.2018).
23 Prantl H. (07.07.2012): »Städte dürfen Daten ihrer Bürger verkaufen«, in: *Süddeutsche Zeitung.* Siehe: https://www.sueddeutsche.de/digital/umstrittenes-meldegesetz-staedte-duerfen-daten-ihrer-buerger-verkaufen-1.1404929 (abgerufen am 13.11.2018).
24 Kunze, A. (31.10.2013): »Behandelt und verkauft«, *Zeit Online.* Siehe: https://www.zeit.de/2013/45/patientendaten-marktforschung-pharmaindustrie (abgerufen am 13.11.2018).
25 Chris Hoofnagle von der University of California verfolgt die Anzahl der Tracker und deren Anstieg seit Jahren. Siehe: Hoofnagle, C., J. Urban und S. Li. (08.10.2012): »Privacy and Modern Advertising: Most US Internet Users Want ›Do Not Track‹ to Stop Collection of Data about their Online Activities«, in: Social Science Research Network. Siehe: https://papers.ssrn.com/sol3/papers.cfm?abstract_id=2152135 (abgerufen am 13.11.2018).
26 SkillMap wurde ab 2004 am Berliner Forschungszentrum Internetökonomie von mir und einem Team von Mitstreitern entwickelt. 2008 wurde die Firma als GmbH eingetragen und Ende 2010 wieder aufgelöst.
27 Virilio, P. (1997): *Rasender Stillstand.* S. Fischer.
28 Eine tiefe Analyse des Wertes Gesundheit habe ich an anderer Stelle bereits vorgelegt. Siehe: Spiekermann, S. (2016): *Ethical IT Innovation. A Value-based System Design Approach.* Taylor & Francis, S. 89–94.
29 Seiser, B. (19.08.2013): »350 Ärzte verkaufen Daten von Patienten«, *Kurier.at.* Siehe: https://kurier.at/chronik/oesterreich/350-aerzte-verkaufen-daten-von-patienten/23.324.371 (abgerufen am 12.11.2018).
30 Hodson, H. (29.04.2016): »Revealed: Google AI has access to huge haul of NHS

patient data«, in: *NewScientist*. Siehe: https://www.newscientist.com/article/2086454-revealed-google-ai-has-access-to-huge-haul-of-nhs-patient-data/ (abgerufen am 13.11.2018). Siehe auch: Frenkel, E. (20.05.2016): »Google Should Not Be Allowed to Secretly Collect Private Medical Data«, in: *Huffington Post*. Siehe: https://www.huffingtonpost.com/edward-frenkel-/google-should-not-be-allo_b_10057602.html?guccounter=1 (abgerufen am 13.11.2018).

31 Siehe dazu: Trainingsmaterial ISO 26000, Internationaler Standard zur »Guidance on Social Responsibility« (Stand ISO 26000, 2010, Sektion 2.7 »Principles of Ethical Behavior«).

32 Kaye, J., E. A. Whitley, D. Lund, M. Morrison, H. Teare und K. Melham (2014): »Dynamic consent: a patient interface for twenty-first century research networks«, in: *European Journal of Human Genetics*, S. 1–6.

33 Mir ist bewusst, dass es bei der Löschung der Transaktionsdaten natürlich eine lange politische Diskussion gibt unter der Überschrift »Vorratsdatenspeicherung«. Vgl. Wikipedia, Stichwort Vorratsdatenspeicherung. Siehe: https://de.wikipedia.org/wiki/Vorratsdatenspeicherung (abgerufen am 13.11.2018). Die Diskussion zeigt, wie politisch brisant diese ethisch richtige Leitlinie ist.

34 Informationen zu dieser seltenen Krankheit finden sich hier: Matzik, S. (07.12.2016): »Spinale Muskelathrophie«, NetDoktor. Siehe: https://www.netdoktor.de/krankheiten/spinale-muskelatrophie/ (abgerufen am 13.11.2018). Zur Häufigkeit des Auftretens: Neurol, J. (20.06.2017): »A multi-source approach to determine SMA incidence and research ready population«, PMC. Siehe: https://www.ncbi.nlm.nih.gov/pmc/articles/PMC5502065/ (abgerufen am 13.11.2018). Zum Preis für das einschlägige Medikament: TreatSMA »Spinraza«. Siehe: https://www.treatsma.uk/treatments/spinraza/ (abgerufen am 13.11.2018).

35 Cheng, E. (13.06.2017): »Just 10 percent of trading is regular stock picking, JPMorgan estimates«, CNBC. Siehe: https://www.cnbc.com/2017/06/13/death-of-the-human-investor-just-10-percent-of-trading-is-regular-stock-picking-jpmorgan-estimates.html (abgerufen am 13.11.2018).

36 Die Fachzeitschrift *Annals of Neurology* hatte im Jahr 2017 einen Impact-Factor von 10,244 und ist gemäß eigener Aussage auf Platz 5 von 193 Zeitschriften der Kategorie »Klinische Neurologie«. Der Artikel zur Transcranial Direct Stimulation wurde von 39 Fachkollegen unterschrieben: Wurzman, R., R. H. Hamilton, A. Pascual-Leone und M. D. Fox (2018): »An open letter concerning do-it-yourself users of transcranial direct current stimulation«, in: *Annals of Neurology* 80(1), S. 1–4. Siehe: https://www.ncbi.nlm.nih.gov/pubmed/27216434 (abgerufen am 13.11.2018).

37 Siehe »Braindriver« bei Amazon: https://www.amazon.com/tDCS-Device-The-BrainDriver-Ready-Use/dp/B018AE2CV2 (abgerufen am 13.11.2018).

Wissen im digitalen Zeitalter

1 Hier einige Aussagen großer Philosophen zum persönlichkeitsformenden Wissen: Heidegger: Wissen ist Teil des Daseins; Gadamer: Wissen soll sein Tun leiten; Feuerbach: Bestimmung von Wissen im Moment der Praxis; Kierkegaard: Das Ethische ist ein Wissen, das jeder Mensch in jedem Augenblick verwirklichen soll; Polanyi: implizites Wissen, was sich nicht darstellen lässt.

2 Mein Verständnis vom Lernvorgang ist geprägt von der aktuellen Forschung, die

nachgewiesen hat, dass die Emotionalität ein wesentlicher Faktor beim Lernen ist: Tyng, C. M., H. U. Amin, M. Saad und A. S. Malik (2017): »The Influences of Emotion on Learning and Memory«, in: *Frontiers in Psychology* 8. Siehe: https://www.ncbi.nlm.nih.gov/pmc/articles/PMC5573739/ (abgerufen am 13.11.2018).

3 Spätestens seit Wittgenstein spielt die Gemeinschaft der Betrachter eine wichtige Rolle für die Bestimmung des Wissensbegriffs.

4 Hier kommt in der Tat Big Data zum Tragen. Selbst wenn ich oben beschrieben habe, dass Big Data insofern eine Illusion ist, weil auf diese Weise die Singularitas des Lebens niemals abbildbar sein wird, sind große Datensätze doch hilfreich, um Muster zu erkennen, auf die wir vorher gar nicht aufmerksam geworden sind.

5 Allein zwischen 2014 und 2015 stieg die Anzahl der jährlich weltweit angemeldeten Patente von 2,7 auf 2,9 Millionen. Vgl.: »World Intellectual property organization«. Siehe: http://www.wipo.int/portal/en/ (abgerufen am 13.11.2018).

6 United Nations Industrial Development Organization: »Business Information Centres«. Siehe: https://www.unido.org/our-focus/advancing-economic-competitiveness/investing-technology-and-innovation/competitiveness-business-environment-and-upgrading/information-and-communications-technology/programmes/business-information-centres (abgerufen am 13.11.2018).

7 Jahresstatistiken zur weltweiten Internetanbindung, Internationale Fernmeldeunion (2017), siehe: https://www.itu.int/en/ITU-D/Statistics/Documents/facts/ICTFactsFigures2017.pdf (abgerufen am 13.11.2018).

8 Khabsa, M. und C. L. Giles (2014): »The Number of Scholarly Documents on the Public Web«, in: *PLOS ONE.*

9 *Spiegel Online* (10.05.2012): »TU München bestellt Elsevier-Paket ab«. Siehe: http://www.spiegel.de/lebenundlernen/uni/tu-muenchen-mathematiker-beteiligen-sich-an-elsevier-boykott-a-832454.html (abgerufen am 13.11.2018).

10 »OECD Science, Technology and Industry Scoreboard 2015«. Siehe: http://www.secti.pe.gov.br/wp-content/uploads/2016/04/OECD_Science,%20Technology%20and%20Industry%20Scoreboard_2015.pdf (abgerufen am 13.11.2018).

11 Michel Foucault über Unsinn im Vorwort zu »Folie et déraison« (1969), in: *Dits et écrits.* Gallimard, Bd. 1, S. 159–167.

12 Bloom, N., C. Jones, J. V. Reenen und M. Webb (2017): »Ideas aren't running out, but they are getting more expensive to find«, in: VOX CERP's Policy Portal Research based policy analysis and commentary for leading economists.

13 Bloom, N., C. Jones, J. V. Reenen und M. Webb (2017): »Ideas aren't running out, but they are getting more expensive to find«, in: VOX CERP's Policy Portal Research based policy analysis and commentary for leading economists. Allerdings ist hier anzumerken, dass der Forschungscommunity bewusst ist, dass Moore's Law eigentlich ohnehin nicht mehr gilt bzw. einzuhalten ist: Simonite, T. (13.05.2016): »Moore's Law Is Dead. Now What?«, in: *Technology Review*. Siehe: https://www.technologyreview.com/s/601441/moores-law-is-dead-now-what/ (abgerufen am 13.11.2018).

14 Übersetzung des Zitats und Zahlenmaterials aus: Aboujaoude, E. (2012): *Virtually You. The Dangerous Powers of the E-Personality.* W.W. Norton & Company, S. 191.

15 Aeon. Siehe: https://aeon.co/ (abgerufen am 13.11.2018).

16 Abagis, T. (21.03.2018): »How Brain Stimulation can boost memory if paired

with learning«, Aeon. Siehe: https://aeon.co/ideas/how-brain-stimulation-can-boost-memory-if-paired-with-learning (abgerufen am 13.11.2018).

17 Tessa Abagis Lebenslauf steht zum Download zur Verfügung unter: https://sites.lsa.umich.edu/webbkeane/wp-content/uploads/sites/439/2016/10/abagis_cv.pdf (abgerufen am 13.11.2018). Laut dieses CV hat sie 2013 ihren Bachelorabschluss bekommen und befindet sich im Jahr 2018, in dem ihr Artikel auf Aeon erschienen ist, in einer »Pre-Candidate Ph.D. Phase«. Ein erfolgreich abgeschlossener Master scheint im Februar 2018 noch nicht vorzuliegen. Laut Lebenslauf ist ihre Doktorarbeit jedoch im Jahr 2020 zu erwarten.

18 Die Organisation IEEE ist einer der größten weltweiten Ingenieursverbände; siehe: https://www.ieee.org (abgerufen am 13.11.2018). Die Mitglieder erhalten automatisch das monatlich erscheinende Magazin *IEEE Spectrum.* Im besprochenen Zusammenhang vgl: Strickland, E. (26.01.2017): »Treating Depression With tDCS: Startup Ybrain Aims for the Mainstream«, in: *IEEE Spectrum.* Siehe: https://spectrum.ieee.org/the-human-os/biomedical/devices/treating-depression-with-tdcs-startup-ybrain-aims-for-the-mainstream (abgerufen am 13.11.2018).

19 Stiegler, B. (2015): *States of Shock, Stupidity and Knowledge in the 21st Century.* Polity Press.

20 Ich benutze hier das Wort »Stamm« ganz bewusst; aufbauend auf dem Gedanken von Soziologen wie Michel Maffesoli zum sog. Neotribalismus; vgl: Halber, N. (14.11.2014): Science ORF.at. Siehe: https://sciencev2.orf.at/stories/1749443/index.html (abgerufen am 13.11.2018) und Wikipedia, Stichwort Neotribalismus. Siehe: https://de.wikipedia.org/wiki/Neutribalismus (abgerufen am 13.11.2018).

21 Gerade in der Wissenschaft und im Gegensatz zum Alltag reicht ein subjektives Fürwahrhalten oder ein praktisches Wissen von Dingen oft nicht aus. Theoretisches Wissen bedarf immer eines Beweises oder einer Evidenz, die über Ideen und Meinungen hinausgeht. Zum Beispiel wenn wir eine Krankheit diagnostizieren oder wenn wir Urteile über Menschen fällen, die ihr Schicksal und ihre ökonomische Zukunft betreffen: Descartes etwa schrieb, dass einer Erkenntnis nur der Wissensstatus zukommt, wenn sie durch keinerlei Argumente zweifelhaft gemacht werden kann.

22 Streng genommen gibt es sogar vier Stufen. Wenn sich Meinungen auf etwas Zukünftiges beziehen, handelt es sich um eine »Vermutung«. Meinungen und Vermutungen liegen vor dem Wissen.

23 Gehring, P.: »Wissen«, in: Ritter, J. (2004): *Historisches Wörterbuch der Philosophie.* Schwabe & Co., S. 855–902, hier: S. 894.

24 Wundt hat diesen qualitativen Sprung nicht abschließend bearbeitet. Im Gefolge seines Schülers Edmund Husserl haben sich aber phänomenologische Denker wie Martin Heidegger dieser Frage gestellt. Siehe etwa: Tugendhat, E.: »Heideggers Idee von Wahrheit«, in: Skirbekk, G. (1977): *Wahrheitstheorien.* Suhrkamp, S. 431–448 sowie Hoff, J. (2013): *The Analogical Turn. Re-thinking Modernity with Nicholas of Cusa.* William B. Erdmans Publishing Company, S. 19–20.

25 Ich schreibe hier »zu meinem Leidwesen«, weil ich selbst Teil der Expertengruppe war, die die Entstehung dieses Berichts extern begleitet hat, und wir konnten als Externe den jungen OECD-Mitarbeiter trotz guten Zuredens nicht davon überzeugen, nicht in die Tessa-Falle zu tappen. Er wollte unbedingt Datenanaly-

se bzw. -verarbeitung selbst schon zu Wissen erheben und hatte die Idee, dass es aus den Daten sozusagen dann magisch (?) zu Wissen käme. Wer sich den Bericht trotzdem runterladen will, findet ihn hier: »Data driven Innovation«. Siehe: https://read.oecd-ilibrary.org/science-and-technology/data-driven-innovation_9789264229358-en#page9; hier Kapitel 5, Seite 15, Fußnote 2, (abgerufen am 13.11.2018).

26 Gadamer, H.-G. (1986): *Plato. Texte zur Ideenlehre.* Klostermann.

27 Polanyi führte den Begriff des »impliziten Wissens« ein: Es ist definiert als in gelingender individueller oder organisationaler Praxis zur Schau gestelltes, durch die Akteure und unter Umständen auch durch den analysierenden Beobachter jedoch nicht oder nicht vollständig oder angemessen explizierbares (verbalisierbares, objektivierbares, formalisierbares, technisierbares) Wissen. Vgl: »Tazites Wissen«. Siehe: http://deacademic.com/dic.nsf/dewiki/1370480 (abgerufen am 13.11.2018).

28 Es gibt natürlich Unterschiede und Grenzfälle bei Menschen. So sind autistische Menschen wohl weniger in der Lage, Ideen in der Form wahrzunehmen, als normale Menschen. Wahrscheinlich verläuft die Fähigkeit zur Wahrnehmung von Ideen und Werten entlang eines Spektrums in Abhängigkeit von Gehirnfunktionen. Siehe dazu etwa auch: McGilchrist, I. (2009): *The Master and his Emissary. The Divided Brain and the Making of the Western World.* Yale University Press.

29 Facebook: Identifikation mithilfe der Haare: Vgl. McHugh, M. (24.06.2015): »Facebook Can Recognize You Even if You Don't Show Your Face«. Wired. Siehe: https://www.wired.com/2015/06/facebook-can-recognize-even-dont-show-face/ (abgerufen am 13.11.2018).

30 Zur Theorie der Unaufmerksamkeitsblindheit: »Inattentional blindness«. Siehe: http://www.scholarpedia.org/article/Inattentional_blindness (abgerufen am 13.11.2018). Dies ist sehr schön nachvollziehbar in dem YouTube-Video zum Gorilla-Test: https://www.youtube.com/watch?v=f94o3B3csYI (abgerufen am 13.11.2018).

31 Deutschland: Statista (2016): »Anzahl der Auszubildenden in Deutschland von 1950 bis 2016«. Siehe: https://de.statista.com/statistik/daten/studie/156916/umfrage/anzahl-der-auszubildenden-in-deutschland-seit-1950/; 1980 – 1 715 481; 2015 – 1 337 004 (abgerufen am 13.11.2018).
Österreich: Lehrlingsstatistik der Wirtschaftskammer »Lehrlinge nach Sparten und Bundesländern 1980–2017«. Siehe: https://www.wko.at/service/zahlen-daten-fakten/daten-lehrlingsstatistik.html; 1980 – 194 089; 2015 – 109 963 (abgerufen am 13.11.2018).

32 Solche Ansätze des virtuellen Lernens von anderen und die Begleitung via Zuschaltung gibt es schon längst online; etwa bei twitch.com. In 2014 hat Amazon die soziale Videoplattform für Onlinespieler für rund 1 Milliarde US-Dollar gekauft, auf der interessierte Videospieler mit Profis gemeinsam Spiele entdecken und von ihnen lernen können. Die Profis kommentieren, was gerade läuft und wie man das Spiel spielt. Profis können aber auch über Chat und Video zugeschaltet und gefragt werden.

33 »Sapientis est ordinare«, Weisheit heißt ordnen. Siehe: Thomas von Aquin (2009): *Summa contra gentiles.* Wissenschaftliche Buchgesellschaft. lib. 1, cap. 1.

Freiheit im digitalen Zeitalter

1 Statista (2018): »Entwicklung der Gesamtzahl der anerkannten oder als anerkannt geltenden Ausbildungsberufe in Deutschland von 1971 bis 2018«. Siehe: https://de.statista.com/statistik/daten/studie/156901/umfrage/ausbildungsberufe-in-deutschland/ (abgerufen am 13.11.2018).

2 Studien: »Alle Studienrichtungen & Studiengänge in Österreich«. Siehe: https://www.studieren.at/studien/ (abgerufen am 13.11.2018).

3 Pariser, E. (2012): *Filter Bubble. Wie wir im Internet entmündigt werden.* Hanser.

4 Halpern, S. (2011): »Mind Control & the Internet«, in: *The New York Review of Books.*

5 Sunstein, C. (2007): *Republic.com 2.0.* Princeton University Press.

6 Zu einem präzisen Vergleich der Gemeinsamkeiten und Differenzen: Nguyen Thi, C. (09.04.2018): »Escape the Echo Chamber«. Aeon. Siehe: https://aeon.co/essays/why-its-as-hard-to-escape-an-echo-chamber-as-it-is-to-flee-a-cult (abgerufen am 13.11.2018).

7 Faruk, A. (09.08.2017): »A Brief History of Women in Computing«. Siehe: https://hackernoon.com/a-brief-history-of-women-in-computing-e7253ac24306 (abgerufen am 13.11.2018).

8 Wikipedia, Stichwort Sophia (Roboter). Siehe: https://de.wikipedia.org/wiki/Sophia_(Roboter) (abgerufen am 13.11.2018).

9 Man sollte die Vergabe der Staatsbürgerschaft übrigens nicht so ernst nehmen. Das war vor allem ein wirkungsvoller Advertising-Gimmick.

10 Anderson, M. und S. L. Anderson (2011): *Machine Ethics.* Cambridge University Press.

11 Kurzweil, R. (2014): *Menschheit 2.0. Die Singularität naht.* Lola Books.

12 Turkle, S. (2007): »Authenticity in the Age of Digital Companions«, in: *Interaction Studies* 8:3, S. 501–517; Turkle, S., W. Taggart, C. Kidd und O. Dasté (2006): »Relational artefacts with children and elders: The complexities of cybercompanionship«, in: *Connection Science* 18(4), S. 347–361.

13 Hume, D. (1975): *An Enquiry Concerning Human Understanding.* Clarendon Press.

14 Carter, I. (2012): »Positive and Negative Liberty«, in: The Stanford Encyclopedia of Philosophy. Siehe: https://plato.stanford.edu/entries/liberty-positive-negative/ (abgerufen am 23.11.2018).

15 »Hegel war der Erste, der das Verhältnis von Freiheit und Notwendigkeit richtig darstellte. Für ihn ist die Freiheit die Einsicht in die Notwendigkeit. ›Blind ist die Notwendigkeit nur, insofern dieselbe nicht begriffen wird.‹«, in: Engels, F. (1962): *Herrn Eugen Dührings Umwälzung der Wissenschaft (Anti-Dühring).* Dietz Verlag, S. 106.

16 Spaemann, R.: »Freiheit«, in: Ritter, J. (1972): *Historisches Wörterbuch der Philosophie.* Schwabe & Co., Bd. 2, S. 1064–1098.

17 Allred, R. J. und J. P. Crowley (2016): »The ›Mere Presence‹ Hypothesis: Investigating the Nonverbal Effects of Cell-Phone Presence on Conversation Satisfaction«, in: *Communication Studies* (68:1), S. 22–36.

18 Carter, I. (2012): »Positive and Negative Liberty«, in: The Stanford Encyclopedia of Philosophy. Siehe: https://plato.stanford.edu/entries/liberty-positive-negative/ (abgerufen am 23.11.2018).